채근담
(菜根譚)

洪自誠 지음
朴良淑 해역

지유문고

『채근담(菜根譚)』이란 무엇인가?

　『채근담』이란 명(明)나라 때 환초도인(還初道人)인 홍자성 (洪自誠)이 지은 저서 이름이며 총 2권으로 이루어졌다.

　『채근담』의 내용은 하늘의 이치와 인간의 정(情)을 근본으로 삼아 덕행을 숭상하고 명예와 이익을 가볍게 보았으며 문체가 있고 아담한 풍류의 경향이 있다.

　그러므로 『채근담』은 글자 그대로 '나물뿌리의 이야기'이며 '채소뿌리의 맛'과 같은 인생의 이야기인 것이다.

　채근(菜根)이란 중국 송대(宋代)의 유명한 유학자(儒學者)인 왕신민(汪信民 : 이름은 革)이 "맛있는 음식을 구하지 않고 항상 채근같이 거친 음식을 달게 여기며 사는 사람은 어떤 일이라도 성취할 수 있다(人常咬得菜根 則百事可做)."라고 한 말에서 딴 것이다.

　이 말의 본래 뜻은 가난한 생활 속에서 어려움을 견뎌내는 것을 의미하는 것으로 이러한 생활을 견뎌낼 수 있는 사람은 인생의 모든 일을 달성할 수 있다는 것이다.

　또 한 걸음 더 나아가 채소뿌리같은 섬유질이 많은 음식을 꼭꼭 잘 씹을 수 있는 사람이라면 사물의 참맛도 은근히 음미할 수 있는 사람이라는 의미를 내포하고 있기도 하다.

　우공겸(于孔兼)도 이 책의 제사(題詞)에서 "이 글들을 채근이라고 이름붙인 것은 본래 스스로 가난과 괴로움을 겪고 단련하는 가운데서 이루어진 것이기 때문이다." 하였듯이 어려움을 참고 견뎌내며 인생의 참맛을 찾는 길을 모색하게 하는 책이다.

고량진미(膏粱珍味)에만 이끌리지 말고 나물뿌리라도 그것을 맛있게 먹을 수 있는 마음가짐과 인생에의 달관이 있다면 오히려 고량진미만을 맛들인 자보다 더 뜻있고 자유롭게 삶을 즐길 수 있을 것이다.

곧 세상의 부귀영화에 유혹되어 그것에 얽매여 끝없는 불만족의 속세에서 일생을 보내는 것보다는 부질없는 부귀영화에서 벗어나 덕(德)과 수양을 쌓으며 깨끗한 일생을 살아간다면 인생의 참다운 길을 알게 된다는 것이다.

후집(後集) 125문장에서도 "만약 한 번 몸을 잃어 저자거리의 거간꾼이 되면 시궁창에 빠져 죽더라도 그 정신과 육체는 오히려 맑은 것만 못하다."라고 했듯이 속된 사람들이 무절제하게 명리(名利)를 쫓으며 이 사회를 병들게 하는 것에 대한 경계를 가득 담고 있다.

주로 알려진 『채근담』은 두 가지 판본이 있다.

하나는 명(明)나라 환초도인(還初道人) 홍자성(洪自誠)의 판본이고, 또하나는 청(淸)나라 건륭연간(乾隆年間)의 환초당주인(還初堂主人) 홍응명(洪應明)의 판본이다.

두 판본의 내용을 보면 홍자성본은 전집(前集) 225장, 후집(後集) 134장, 도합 359장으로 되어 있고 홍응명본은 수성(修省) 응수(應酬) 평의(評議) 한적(閑適) 개론(槪論)의 5장으로 나누고 홍자성본보다 장수도 많으며 공통된 것이 있으나 순서가 다르고 개론장은 홍자성본의 내용과 거의 같다.

그러므로 홍응명본은 홍자성본을 저본으로 하여 증보하였다는 설이 타당하다 하겠다.

또 홍자성본은 만력본(萬曆本)이라 하고 홍응명본은 건륭본(乾隆本)이라고도 한다.

저자 홍자성에 대하여는 아무런 자료가 없다. 그가 언제 태어나고 죽었으며 어떤 인물인지 어떤 일을 했는지에 대해서는 전혀 알 수가 없다.

다만 제사(題詞)를 쓴 우공겸(于孔兼)이 우인(友人)이라 하였고 채근담을 써서 가지고 와 서문을 써달라고 했다는 점으로 미루어보아 우공겸과 동시대 사람이라는 정도를 추정할 수 있을 뿐이다.

또한 우공겸이 산중에 은거할 때 교유하던 사람으로 산림에 은거하면서 채근담의 처세관을 스스로 실천하며 맑고 깨끗하게 산 사람 같으며 우공겸의 제사 내용으로 보아 많은 식견과 여러 인생 경험이 풍부한 사람으로 보인다.

제사를 쓴 우공겸은 금단(金壇) 사람으로 호는 삼봉주인(三峰主人)이고 만력(萬曆) 8년(1580)에 진사(進士)에 합격하여 여러 관직을 거쳐 의제랑중(儀制郎中)에 올랐다.

그는 항상 정론(正論)을 간(諫)하다 신종(神宗) 황제의 미움을 사 만력 21년(1593)에 관직에서 물러났다.

그러므로 그는 채근담의 내용을 읽고 처음의 냉담한 반응에서 벗어나 채근담의 내용에 더욱 공감이 갔고 그 내용을 극찬하기에 이르렀을 것이다.

『채근담』의 내용 중에는 『시경(詩經)』『논어(論語)』『대학(大學)』『중용(中庸)』『주역(周易)』 등의 유학 경서(經書)에서 보이는 내용들이나 명(明)나라 진백사(陳白沙) 북송(北宋)의 소요부(邵堯夫 : 雍) 북송의 소동파(蘇東坡 : 軾) 당(唐)나라 백거이(白居易 : 樂天) 등 유학자(儒學者)들의 시구(詩句)를 인용하고 있는 부분이 많으며, 또 오유[吾儒]라는 말이 가끔 보여 채근담이 유학사상에 바탕을 두고 있음을 보여주고 있다.

　그런가하면 때로는 석가(釋迦)나 고승(高僧)의 말을 인용하고 있으며, 때로는 『노자(老子)』『장자(莊子)』의 말을 인용하기도 하였다.

　이것으로 보아 유학과 불교와 도교가 추구하는 진리의 공통점을 찾아내 합치시키려 한 것으로 보이는 데 많은 부분에서 유학의 도를 가져다 불교와 도교의 도를 합리화 시키려 하지 않았나 하는 생각을 갖게 한다.

　채근담은 유학의 중용사상(中庸思想), 불교의 색즉시공 공즉시색(色卽是空空卽是色), 도교의 자연회귀사상(自然回歸思想)을 바탕으로 인생의 참진리를 찾아가는 길을 모색하고 있다.

　『채근담』을 일단 접해본 사람이라면 누구라도 한번쯤 생각해보고 겪어보았던 내용이라는 것을 알 수 있고 그렇기에 더 쉽게 다가오는지도 모른다.

　옛 사람들의 입에서 자주 회자되던 이 책은, 현대에 있어서도 세상을 살아가는 데 있어 처세의 방법을 알려주는 그 가치는 조금도 변함이 없으며 지금도 많은 사람들의 입에 오르내리고 있다.

　시대는 달라도 세상 인정(人情)이란 언제나 같은 것이다. 전편(全篇)에 흐르는 한결같이 담박하고 질박한 것을 귀하게 여기는 문장들은 현대와 같이 복잡하고 메마른 시대에 마음을 걸러주는 신선한 청량제(淸凉劑)라 하겠다.

　채근담은 40년전 교직에 있을 때부터 관심을 가졌었으나 사업관계로 이제야 가까스로 번역하게 되었다. 내 나이 벌써 고희(古稀)를 넘기다보니 생각도 손도 무디어져 원고가 산만해졌다. 이 산만한 원고를 자유문고 편집부 강운숙 차장이 정리해 주었다. 강 차장에게고마움을 표한다.

1998년 7월

차 례

후집(後集) / 173

제1권 전집(前集)

척을 읽어도 성현의 덕을
배우지 못하면 글이나 가져다 쓰는
심부름꾼에 지나지 않는다.
관직에 있으면서 백성을
사랑하지 않는다면 의관(衣冠)을 입은
도둑에 지나지 않는다.
학문을 가르치면서 몸소
실천하지 않는다면 입으로만
선(禪)을 하는 것에 지나지 않는다.
큰 사업을 하면서 은덕을
심는 것을 생각하지 않는다면
눈앞의 꽃에 지나지 않는다.

1. 권세에 아부하면 만고에 처량하다

도(道)와 덕(德)을 닦고 지키는 사람은 한때만 적막하게 지내지만 권력과 세도에 의지하고 아부하는 사람은 영원히 처량하게 되는 것이다.

도리(道理)에 통달한 사람은 세속적 물질 밖의 물(物)을 보고 육신이 죽은 후의 자신의 명예를 생각하게 되는 것이다.

차라리 한때의 적막함을 받을지라도 영원히 처량하게 될 일을 취하지 말라.

▨ 인생을 어떻게 살 것인가에 대한 길을 도색할 때 잠시의 적막과 괴로움을 택할 것인가, 영원히 처량하게 괴로울 길을 택할 것인가를 잘 살피라는 것이다. 이 세상에 살면서 권세에 편승하여 부귀영화를 누리며 잘 살다가 후세에 영원히 오명을 남기기보다는 도와 덕을 닦고 지키며 살아가는 동안 비록 이 세상에서 물질적 빈곤과 고된 삶을 지낼지라도 그 이름이 영원히 빛날 그런 생을 택하라는 경구(警句)이다.

棲守[1]道德者는 寂寞一時하고 依阿權勢者는 凄涼萬古[2]니라 達人[3]은 觀物外之物[4]하고 思身後之身[5]하나니 寧受一時之寂寞이언정 毋取萬古之凄涼하라

1) 棲守(서수) : 머물러 지키다. 닦고 지키다.

2) 萬古(만고) : 영원히. 오랫동안.

3) 達人(달인) : 하늘과 땅과 인간의 모든 도리(道理)에 통달한 사람.

4) 物外之物(물외지물) : 물질 외의 물질. 세속적인 물질이 아닌 진리(眞理)의 뜻.

5) 身後之身(신후지신) : 몸 이후의 몸. 이 세상에서 육신이 사라지고 난 후에 남는 명예나 명성.

2. 세상사에 경험이 많으면

세상사를 겪은 경험이 적으면 세상의 악(惡)에 물드는 것도 역시 적고 세상 일을 겪은 경험이 깊으면 잔재주를 부리는 일도 역시 깊게 된다.

그러므로 군자(君子)는 그 몸에 갖추기를 숙련되고 통달한 것은 순박하고 우둔한 것만 같지 못하고, 굽히고 삼가는 것은 소탈하고 담백한 것만 같지 못한 것이다.

▨ 군자(君子)는 모든 일에 너무 숙련되고 통달하여 잔재주를 부리는 것보다는 순수하고 정직해야 하며 지나치게 예의바르고 겸손한 것보다는 세상 일에 적절히 융통성을 발휘해야 한다는 것이다.

涉[1]世淺하면 點染[2]도 亦淺하며 歷事深하면 機械[3]도 亦深이라 故로 君子는 與其練達[4]으론 不若朴魯하며 與其曲謹[5]으론 不若疎狂[6]이니라

1) 涉(섭) : 건너다. 일을 겪다. 세상살이.
2) 點染(점염) : 물들다. 세상의 악(惡)에 물드는 것.
3) 機械(기계) : 잔재주. 권모술수.
4) 練達(연달) : 숙련되고 통달하다. 능숙한 것.
5) 曲謹(곡근) : 지나치게 예의를 차리고 겸손한 것.
6) 疎狂(소광) : 세상 일에 소탈하고 상식에서 벗어나는 것. 융통성이 있는 것.

3. 군자의 마음가짐과 재주

군자의 마음가짐은 하늘이 푸르고 태양이 밝은 것처럼 다른 사람으로 하여금 알지 못하게 하는 것이 없어야 하는 것이요,

군자의 재능은 옥(玉)을 감싸고 진주를 감추듯이 하여 다른 사람으로 하여금 쉽게 알지 못하도록 해야 한다.

▨ 자신을 주장하는 시대라 하여 븐인의 거짓된 마음가짐은 숨긴 채 조그마한 재능을 자랑하고 떠벌리는 현대사회 사람들에게 좋은 경종을 울리는 말이다. 거짓을 없애고 진정한 본연의 마음가짐을 보여주며 자신의 가진 재능을 온전히 발휘하여 다른 사람이 인정해 주는 것이 진정한 자기 주장이며 자신의 재능을 인정받는 것이다.

君子之心事[1]는 天青日白[2]하여 不可使人不知요 君子之才華[3]는 玉韞珠藏[4]하여 不可使人易知니라

1) 心事(심사) : 마음가짐.
2) 日白(일백) : 햇빛이 밝게 빛나는 것을 표현한 것.
3) 才華(재화) : 재주와 예능(藝能).
4) 玉韞珠藏(옥운주장) : 옥을 감싸고 진주를 감추듯이 소중히 간직하여 함부로 남에게 보여주지 않는 것.

4. 권모술수를 사용하지 않으면

권세와 이득과 호화로운 것을 가까이 하지 않는 사람이 깨끗한 것이요, 가까이 하더라도 물들지 않는 사람은 더욱 깨끗한 것이다. 잔꾀와 잔재주는 알지 못하는 사람이 고상한 것이요, 알더라도 사용하지 않는 사람은 더욱 고상한 것이다.

▨ 인간으로 태어나서 어찌 권세, 이권, 사치를 멀리할 수 있겠는가? 서양의 기사도 정신과 현대인들이 열광하는 스포츠에 적용되는 스포츠맨쉽과 일맥상통하는 말이라 하겠다.

勢利紛華[1]는 不近者 爲潔이고 近之而不染者 爲尤潔이며 智械機巧[2]는 不知者 爲高요 知之而不用者 爲尤高니라

1) 勢利紛華(세리분화) : 권세와 명리(이득)와 호사스러운 것.
2) 智械機巧(지계기교) : 권모술수. 잔꾀와 잔재주.

5. 귀 속에는 항상 거슬리는 말을 듣다

　귀 속에는 항상 귀에 거슬리는 말을 듣고 마음 속에는 항상 마음에 거리끼는 일이 있어야 겨우 이 덕(德)으로 나아가고 몸을 닦는 숫돌이 될 것이다. 만약 말마다 귀로 듣기에 즐겁고 일마다 마음에 흔쾌하다면 이는 바로 이 삶을 잡아서 짐독(鴆毒)이 있는 곳에 묻어 버리는 것이다.

　▨ 좋은 약은 입에 쓰고 충성된 말은 귀에 거슬리는 것이다. 듣기에 좋은 말만 하는 벗은 멀리하라고 했다. 본인에게 도움이 안되고 본인의 발전에 방해가 되기 때문이다. 주위에 진실로 충언을 하는 사람이 있고 바른 길로 가도록 하고 마음대로 행동하지 못하게 하는 사람이 있어 인간답고 덕행을 쌓는다면 참으로 받들어 추앙할 만한 사람이 될 것이다.

　중국 당(唐)나라 태종은 신하 위징의 간언(諫言)을 받아들여 유명한 정관지치(貞觀之治)를 이루었으나 말년에 위징이 죽은 뒤 고구려 정벌에 나섰다가 실패하자 "나에게 위징이 있었다면 이런 일을 하지 못하게 했을 것이다."라고 한탄했다 한다. 충언하는 사람의 필요성이 얼마나 큰것인지 느끼게 한다.

　耳中에 常聞逆耳之言하고 心中에 常有拂心之事하여 纔是進德修行的砥石이니 若言言[1]悅耳하며 事事快心이면 便把此生하여 埋在鴆毒[2]中矣니라

1) 言言(언언) : 말과 말. 말마다.
2) 鴆毒(짐독) : 강력한 독. 짐새라는 새의 날개로 술을 담아 그것을 마시면 즉사한다고 한다.

6. 마음은 항상 기뻐야 한다

바람이 세차고 폭우가 쏟아지면 새들도 걱정스러워하며 비가 개인날 상쾌한 바람이 일면 풀과 나무도 기뻐한다. 하늘과 땅이 보이는 곳에는 하루라도 화합의 기운이 없어서는 안되며 사람의 마음 속에는 하루라도 기쁨의 신(神 : 혼)이 없어서는 안되는 것이다.

▨ 인간은 밝은 마음을 가져야 한다. 밝은 마음을 가지면 모든 것이 긍정적으로 돌아서기 때문이다. 성공의 비결중에 긍정적 사고가 포함되어 있다. 모든 일을 긍정적으로 보면 기쁜 마음이 들고 기쁜 마음으로 일을 하면 얼굴과 행동에 나타나며 다른 사람에게도 영향을 주는 것이다. 소문만복래(笑門萬福來)라는 말도 있지 않은가.

疾風怒雨[1]에는 禽鳥도 戚戚[2]하며 霽日光風[3]에는 草木도 欣欣[4]하나니 可見天地엔 不可一日無和氣요 人心도 不可一日無喜神이니라

1) 疾風怒雨(질풍노우) : 비바람이 세차게 부는 모습. 폭풍우가 몰아치는 모습.
2) 戚戚(척척) : 슬픈 모습. 근심하는 모습.
3) 霽日光風(제일광풍) : 천기(天氣)가 청명하고 상쾌한 바람이 잔잔하게 이는 것.
4) 欣欣(흔흔) : 기뻐하는 모습.

7. 도덕이 지극한 사람은 평범하다

독한 술과 살 많은 고기와 맵고 단 것은 참다운 맛이 아니다. 참다운 맛은 다만 담백할 뿐이다. 신기하고 보통과 다른 사람은 도덕이 지극한 사람이 아니다. 도덕이 지극한 사람은

다만 일상적일 뿐이다.

▨ 기이하고 보통 사람과는 다른 행동과 말과 모습을 보여주는 사람이 도덕이 지극한 사람이 아니고 참으로 도덕이 지극한 사람은 가장 평범하다는 것이다. 평범하기가 가장 어렵다고 한다. 특이한 사람이라는 것을 과시하면 남의 시기와 질투로 인해 좌절하기 쉽고 기름진 음식이 쉽게 물리듯이 다른 사람들이 식상하기 쉽다.

醲肥[1]辛甘이 非眞味라 眞味는 只是淡이요 神奇卓異[2]가 非至人[3]이라 至人은 只是常이니라

1) 醲肥(농비) : 농은 독한 전국술. 비는 살찐 고기.
2) 神奇卓異(신기탁이) : 신기는 귀신같이 기이한 일을 하는 것. 탁이는 보통 사람과는 다른 것.
3) 至人(지인) : 도덕이 지극한 사람.

8. 천지는 잠시도 쉬지 않는다

하늘과 땅은 적연(寂然)하여 움직이지 않지만 기운의 활동은 잠시도 쉬지 않고 멈추지 않으며 해와 달은 밤낮으로 분주하게 달리지만 곧은 밝음은 영원히 변하지 않는다.

그러므로 군자는 한가할 때 긴급한 사태에 대응할 수 있는 마음가짐을 가져야 하며 바쁜 속에서도 여유를 즐기는 취미를 가져야 한다.

▨ 하늘과 땅은 보기에 움직임이 없어보이나 1초도 쉬지 않고 활동하고 있다. 이는 고요한 가운데의 움직임이다. 해와 달은 매일 뜨고 져서 분주히 변화하는 듯 보이지만 그 밝은 빛은 영원히 변함이 없다. 이러한 것이 움직이는 가운데의 고요한 것이다. 그러므로 군자는 이러한 천지일월의 활동을 본받아 여유를 가져야 한다.

天地는 寂然[1]不動하되 而氣機[2]는 無息少停하며 日月은 晝夜奔
馳하되 而貞明[3]은 萬古不易하니라 故로 君子는 閒時에 要有喫緊的
心思[4]하며 忙處에 要有悠閒的趣味니라

1) 寂然(적연) : 아주 고요한 것. 조용하고 잠잠한 것.
2) 氣機(기기) : 천지(天地)의 활동.
3) 貞明(정명) : 달과 해의 빛이 영원히 불변하는 것.
4) 喫緊的心思(끽긴적심사) : 긴급한 사태에 대응할 수 있는 마음가짐. 끽
   긴은 매우 긴요한 것.

9. 깊은 밤 홀로 깨어

밤이 깊고 모든 사람이 다 잠들어 고요한 때 홀로 앉아 마
음을 살펴보면 비로소 망령된 마음이 없어지고 진심이 홀로
드러나는 것을 깨닫게 된다.

매양 이러한 속에서 응용을 자유자재로 하는 것을 얻을 수
있다.

그러나 참마음이 나타났어도 망령된 것을 물리치기 어렵다
는 것을 깨닫게 되면 또한 이러한 가운데에서는 크게 부끄러
워하는 것을 얻어야 한다.

▨ 사람에게는 야누스적인 이중성이 있다. 항상 자신의 마음가짐을
살펴보아 망령된 마음으로 달리는 겉을 스스로 제어하지 못하면 자신
을 망칠 수 있고 나아가 집안과 나라까지 망칠 수 있다.

자신을 반성하고 사심(邪心)을 축출시키런 다시 본성으로 돌아올
수 있는 것이다.

夜深人靜에 獨坐觀心하면 始覺妄窮而眞獨露라 每於此中에
得大機趣[1]하나니 旣覺眞現而妄難逃하면 又於此中에 得大
慚忸[2]하나니라

1) 大機趣(대기취) : 자유자재로 응용하는 것.
2) 大慚忸(대참뉴) : 크게 부끄러워하는 것. 참과 뉴는 둘다 부끄럽다의
   뜻이다.

10. 실패 후에 도리어 성공하는 길

윗사람에게 신임을 받고 있을 때부터 재해(災害)가 발생한
다. 그러므로 신임을 받는다고 득의만만할 때에는 모름지기
빨리 머리를 돌려야 한다.

실패한 후에 혹 도리어 성공할 수 있는 것이다. 그러므로 마
음에 거슬린다고 곧바로 손을 놓지 말라.

▨ 윗사람의 신임을 받는다고 윗사람의 권력을 이용해 횡포를 자행
하다가 재앙을 당한 일화를 역사 속에서 많이 볼 수 있다. 자신에게
권력이 주어질 때 오히려 더 조심하고 방자해지지 않도록 수양을 쌓은
역사 속 인물들은 길이 추앙받고 있다.

또한 훌륭한 인물로 기려지는 사람들은 '하늘이 큰 사람을 내기 위
해서는 그 사람에게 크나큰 시련을 안겨주어 시험한다.'는 신념을 가
지고 자신이 하고자 하는 일이 마음대로 되지 않는다고 중도에 포기하
거나 하지 않았다. 끝까지 밀고 나가는 사람만이 성공을 앞당기는 것
이다.

恩裡[1]에는 由來生害라 故로 快意[2]時에는 須早回頭[3]하며 敗後에는
或反成功이라 故로 拂心[4]處에는 莫便放手[5]하라

1) 恩裡(은리) : 은혜 속에 있다. 윗사람의 신임을 받다.
2) 快意(쾌의) : 즐거운 마음. 득의만만.
3) 回頭(회두) : 머리를 돌리다. 다른 것을 살펴보는 것.
4) 拂心(불심) : 마음대로 되지 않다.
5) 放手(방수) : 손을 놓다. 하던 일을 중지하다.

11. 인간답게 사는 방법

명아주를 먹고 비름나물로 배를 채우는 사람은 얼음같이 맑
고 옥(玉)같이 깨끗한 사람이 닳다. 화려한 좋은 옷을 입고
고량진미를 먹는 사람은 계집종이 무릎꿇고 하인이 순종하는
것을 달갑게 여긴다. 대개 뜻은 담박함으로써 밝아지고 절조
는 기름지고 달콤한 맛 때문에 상실하게 된다.

藜口莧腸[1]者는 多氷淸玉潔하고 袞衣玉食[2]者는 甘婢膝奴顔[3]하
나니 蓋志以澹泊明하고 而節從肥甘[4]喪也하나니라

1) 藜口莧腸(여구현장) : 명아주와 비름을 먹다. 형편없는 음식. 궁핍한 생
   활을 뜻한다.
2) 袞衣玉食(곤의옥식) : 곤의는 천자(天子)의 예복(禮服). 호화로운 옷
   차림과 기름진 음식. 호의호식하며 부유한 생활을 누리는 것을 뜻한다.
3) 奴顔(노안) : 남자종이 주인의 안색을 살펴 따르는 것을 말한다.
4) 肥甘(비감) : 살찐 고기와 입에 단 음식. 고량진미.

12. 혜택을 영원히 전하는 일

살아 있을 때의 터전(마음)은 개방적인 것을 요하여 관대한
것을 얻어야 다른 사람으로 하여금 불평하는 탄식이 없게 하
는 것이다. 몸이 죽은 후의 혜택은 흘러가는 것을 요구하여 오
래함을 얻어야 다른 사람으로 하여금 부족하지 않다는 생각이
있을 것이다.
　▨ 호랑이는 죽어서 가죽을 남기고 사람은 죽어서 이름을 남긴다고
했다. 죽은 후에도 사람들에게 정신적 물질적인 혜택을 영원히 남겨
준다면 그 이름이 길이 남을 것이고 자손들은 그 혜택 속에서 풍요롭

게 살 것이다.

　面前的田地[1]는 要放得寬하여 使人無不平之歎하며 身後的惠澤
은 要流得久하여 使人有不匱[2]之思하라
1) 田地(전지) : 터전. 곧 마음.
2) 不匱(불궤) : 부족하지 않은 것.

⒓ 안락으로 가는 최상의 방법
　좁은 길 협소한 곳에서는 한 걸음을 멈추어 다른 사람이 먼
저 지나가도록 하라. 맛좋은 음식을 먹을 때에는 3할 정도를
덜어서 다른 사람에게 맛보도록 주어라.
　이와 같은 것은 이 세상을 살아가는 데 있어 하나의 지극한
안락하게 사는 방법이다.
　▨ 양보하고 겸손한 것은 남과 다투지 않고 안락하게 사는 방법이
다. 현대인들이 필수라고 하는 운전도 이와 마찬가지다. 서로 양보함으
로써 가장 안전하고 빠르게 가는 법이 될 것이다. 모두가 양보와 겸손
의 태도를 몸에 익혀 살아간다면 사회는 안정되고 질서도 바로잡혀 정
의사회가 구현될 것이다.

　徑路[1]窄處는 留一步하여 與人行하며 滋味濃的[2]은 減三分하여 讓
人嗜하라 此是涉世의 一極安樂法이니라
1) 徑路(경로) : 좁은 길. 험한 좁은 도로.
2) 滋味濃的(자미농적) : 맛좋은 음식.

⒕ 성인(聖人)의 경지에 든 사람
　사람이 되어서 매우 고귀하거나 원대한 사업을 이룬 것이

없을지라도 세속의 인정(人情)에서 벗어났다면 곧 이름을 날
릴 만한 경지에 든 것이다.

학문을 한 것이 매우 증진하거나 유익해지는 공부는 없을지
라도 외물에 의한 마음의 오염을 덜어내고 제거한다면 곧 성
인(聖人)의 경지를 넘어선 것이다.

▨ 세상 사람들이 깜짝 놀랄 만한 일을 이루고 획기적인 학설을 밝
히고 하는 것만이 훌륭한 것은 아니다.

꼭 이름이 널리 알려진 사람만이 훌륭한 사람은 아니듯 숨겨진 곳에
진정 훌륭한 사람이 있을 수 있다. 세속의 이익과 명성에 흔들리지 않
고 인간다운 참다운 자신의 길을 걷는 사람이 진정한 선비란 뜻이다.

作人이 無甚高遠事業이라도 擺脫[1]得俗靑하면 便入名流하며 爲
學이 無甚增益工夫[2]라도 減除得物累하면 更超聖境이니라

1) 擺脫(파탈) : 벗어나다. 제거하다.
2) 增益工夫(증익공부) : 선인들이 이루지 못한 새로운 학문이나 학설을
세우는 것.

15. 맑은 마음을 가져야 진정한 사람이다

벗과 사귀는 데에 있어서는 모름지기 3할 정도의 의협심을
가지고 도울 줄 알아야 한다.

사람이 되는 데 있어서는 한 점(點)의 맑은 마음을 지녀야
만 한다.

▨ 벗과 사귀는 데 있어 그저 만나서 잡담이나 하고 오락이나 해서
는 안된다는 말이다. 벗이 어려움에 처하면 나서서 도와줄 줄 아는 의
협심을 가져 서로 도우며 진정한 우정을 쌓아가라는 말이다.

또한 큰 인물이 되려면 시류에 맞춰가면서도 본래 지니고 있는 참된
마음을 잃지 않아서 진정한 본보기가 되라는 말이다.

交友엔 須帶三分俠氣[1]하고 作人엔 要存一點素心[2]이니라

1) 俠氣(협기) : 의협심(義俠心).

2) 素心(소심) : 본래 지니고 있는 마음. 순수한 본래의 마음.

16. 덕(德)을 쌓는 일은 남에게 뒤지지 말라

총애와 이익을 위한 일에는 다른 사람보다 앞서려 하지 말고 덕(德)을 쌓는 일은 다른 사람보다 뒤떨어지지 말라. 다른 사람에게서 향응을 받을 때에는 분수를 넘지 말아야 하며 몸을 닦는 일은 분수의 한계에서 줄이지 말라.

▨ 이익만을 쫓지 말고 본인이 할 수 있는 힘과 정성을 다해 수양하고 덕을 쌓으라는 말이다.

寵利는 毋居人前하며 德業은 毋落人後하며 受享[1]은 毋踰分外하며 修爲는 毋減分中[2]하라

1) 受享(수향) : 나라로부터 받는 봉록(俸祿)이나 다른 사람으로부터 받는 물건. 향응을 제공받는 것.

2) 毋減分中(무감분중) : 분수에서 줄이지 않다. 능력의 한계를 줄이지 않다. 감분중은 수양하기에는 능력이 부족하다고 생각하며 수양에 게으른 것을 말한다.

17. 한 걸음 물러나는 것이 진보의 근본이다

처세하는 데 있어서는 한 걸음을 양보하는 것을 높다고 한다. 한 걸음 물러나는 것은 곧 진보하는 근본이 되는 것이다.

사람을 대우하는 데 있어 1할의 너그러움을 갖는 것이 복(福)이다. 다른 사람을 이롭게 하는 것은 진실로 나를 이롭게 하는 근본 기초가 되는 것이다.

▨ 공자(孔子)는 서(恕)의 마음을 가지라고 했다. 나의 마음을 살펴 남의 마음을 미루어 생각하라는 것이다. 여기에서 너그러운 마음이 생기는 것이다.

또한 양상군자(梁上君子)라는 고사성어가 생기게 된 유래를 보면 순식이라는 사람의 재치와 너그러움이 아니었다면 그 도둑은 마음을 고쳐 먹을 기회를 얻지 못하고 관청으로 끌려갔을 것이다. 너그러움으로 한 사람을 바른 길로 인도한 것이다.

處世엔 讓一步爲高니 退步는 卽進步的張本[1]이요 待人엔 寬一分이 是福이니 利人은 實利己的根基니라

1) 張本(장본) : 근본.

18. 크나큰 범죄를 저질렀더라도 …

세상을 덮을 만한 커다란 공로가 있더라도 한 개의 긍자(矜字 : 뽐내다)를 당하지 못할 것이며 하늘을 가릴 만한 크나큰 범죄를 저질렀더라도 한 개의 회자(悔字 : 뉘우치다)를 당하지 못할 것이다.

▨ 대단한 큰 업적을 이루었더라도 스스로 자랑하면 그 업적은 공로가 실추되는 것이다.

『시경』에 "빛나고 빛나는 사윤이여! 백성이 모두 바라보는 바다." 하였듯이 큰 공로를 이룬 사람은 주위에서 모두 기려주는 것이고 그래야만 자자손손 영원히 그 업적과 인물이 추앙받게 되는 것이다.

또한 천인공로할 큰 죄를 저질렀어도 진심으로 반성하고 회개하는 마음이 있다면 죄에 대한 벌은 있어도 이미 용서받은 것이다.

蓋世功勞라도 當不得一個矜[1]字요 彌天罪過라도 當不得一個悔[2]字니라

1) 矜(긍) : 뽐내다. 자랑하다.
2) 悔(회) : 뉘우치다. 후회하다.

19. 명예와 절의는 홀로 갖지 말라

완전한 명예와 아름다운 절의(節義)는 홀로 다 차지할 것이
아니다. 약간은 다른 사람에게 나누어 주어야 해로움을 멀리
하고 몸을 온전하게 할 수 있는 것이다.

욕된 행동과 더러운 이름은 다른 사람에게 전부 미루지 말
것이다. 약간은 이끌어 자기에게 돌려야 빛을 감추고 덕을 기
를 수 있는 것이다.

▨ 명예와 절개는 홀로 간직하여 고고한 기상을 보이면 다른 사람으
로부터 시기를 받아 끝내는 온전히 할 수 없을 상황으로 빠지기도 하
는 것으로 너무 홀로 고고하게 하지 말라는 것이다. 그리고 허물로 인
한 욕됨은 남에게 모두 미루지 말고 나에게도 그 허물을 돌려 함께 할
때 나의 덕이 더 빛나는 것이다.

完名¹⁾美節은 不宜獨任²⁾이니 分些與人이라야 可以遠害全身이요
辱行汚名은 不宜全推니 引些歸己라야 可以韜光³⁾養德하리라

1) 完名(완명) : 완전한 명예.
2) 獨任(독임) : 홀로 독차지하다.
3) 韜光(도광) : 빛을 가리다. 욕된 행동과 더러운 이름의 빛을 완화시키
   는 것.

20. 반드시 우환을 불러들이는 자

일마다 각각 자신이 바라는 뜻과 생각을 다하지 않고 여유
를 남겨 둔다면 곧 조물주도 나를 꺼리지 못하며 귀신도 나를

해치지는 못한다.

만약 업(業)마다 반드시 만족을 구하며 공(功)마다 반드시 충만하기를 구하는 자는 안으로부터의 변고가 생기지 않으면 반드시 외부로부터의 우환을 불러들이게 되는 것이다.

▨ 지나친 욕심에 눈이 어두워지지 말라. 모든 것이 가득 차면 기울어지는 법이다. 또 가득 찬 것은 귀신도 시기한다고 했다. 완벽을 추구하지 말라는 경구이다.

事事留個有餘不盡的意思하면 便造物¹⁾不能忌我하며 鬼神不能損我하나니 若業必求滿하며 功必求盈者는 不生內變이면 必召外憂하나니라

1) 造物(조물) : 조물주.

21. 수양보다 만배는 나은 일

가정에 한 개의 진정한 부처가 있으며 매일 사용하는 것에는 한 종류의 참된 도(道)가 있기 마련이다.

사람이 능히 마음을 진실하게 하고 기운을 화평하게 하며 안색을 유쾌하게 하고 말을 부드럽게 하여, 부모형제 사이에서 형체가 서로 어울리며 의기가 교류하면 숨쉬기를 조절하고 마음을 살펴보는 수양보다는 만배나 나은 것이다.

▨ 각 가정마다 가훈(家訓)이 있어 가정생활의 주축이 된다. 가훈을 주축으로 사람으로서 완벽하지 않고 불충분한 점을 서로 참고 이해하며 항상 온화한 기운으로 잘하려고 느력할 때 가정이 화목해질 수 있고 가정은 부모형제가 화목할 때 올바로 잘 지켜지는 것이다.

도를 닦기 위해 단식호흡하고 자신의 마음을 관찰하는 것보다 가정을 올바로 잘 지키는 것이 중요하다는 말이다.

家庭에 有個眞佛하며 日用에 有種眞道라 人能誠心和氣하며 愉色婉言하여 使父母兄弟間으로 形骸兩釋[1]하며 意氣交流하면 勝於調息觀心[2]萬倍矣리라

1) 形骸兩釋(형해양석) : 신체가 한 데 어울려 하나가 되다. 형은 형상, 해는 몸을 나타낸다.
2) 調息觀心(조식관심) : 숨쉬기를 조절하고 마음을 살펴보다. 좌선(坐禪)하는 방법.

22. 자연에 깃들은 도

움직이는 것을 좋아하는 사람은 구름 속의 번개불과 바람 앞의 등불이요, 적막(寂寞)을 즐기는 사람은 꺼진 불 속의 재와 말라 죽은 나무다.

모름지기 멈춰진 구름과 흐르지 않는 물 속에서는 솔개가 날고 물고기가 뛰노는 기상(氣象)이 있어야 겨우 이에 도(道)를 갖춘 마음의 실체이다.

▨ 자연과 인간의 도심(道心)을 그린 것이다.

멈춰진 구름은 하늘이요, 흐르지 않는 물은 땅이다. 하늘에는 솔개가 날고 땅에서는 물고기가 논다는 『시경』의 일부를 인용하였다.

이것은 멈춰진 것 같은 자연이지만 끊임없이 활동하고 있는 자연의 섭리를 이야기한 것이다. 인간의 마음도 자연의 섭리를 따라야 한다는 도(道)의 실체를 이야기한 것이다.

好動者는 雲電風燈이요 嗜寂者는 死灰[1]槁木이라 須定雲止水中에 有鳶飛魚躍氣象[2]이라야 纔是有道的心體니라

1) 死灰(사회) : 죽은 재. 꺼진 불 속의 재를 말한다.
2) 定雲…氣象(정운…기상) : 정운지수(定雲止水)는 정적(靜寂)으로 천지(天地)를 뜻하였다. 연비어약(鳶飛魚躍)은 『시경』 대아(大雅) 한록

(旱麓)편의 시구이다. 곧 천지(天地)의 정조(靜寂)에서 자연의 활동상
태를 말한 것이다.

23. 악은 너무 심하게 꾸짖지 말라

다른 사람의 악(惡)을 공격할 때에는 너무 엄격하게 하지
않아서 그가 감당할 수 있는가를 생각하고 받아들일 수 있도
록 해야 한다.

다른 사람을 선(善)으로써 가르칠 때에는 지나치게 차원을
높게 하지 않아서 그로 하여금 적절히 따라 행할 수 있게 해
야 한다.

攻人之惡에 毋太嚴하여 要思其堪受하며 敎人以善엔 毋過高하여
當使其可從하라

24. 깨끗한 것은 더러운 곳에서부터

똥 속에서 생기는 벌레는 지극히 더럽지만 변하여 매미가
되어 가을바람에 이슬을 마신다. 썩은 풀은 빛이 없지만 풀이
화(化)하여 개똥벌레가 되어 여름날 달밤에 빛을 발한다.

진실로 깨끗한 것은 항상 더러운 곳으로부터 나오며 밝은
것은 매양 어두운 곳을 좇아서 생기는 것을 알아야 한다.

糞蟲은 至穢하되 變爲蟬하여 而飮露於秋風하며 腐草는 無光하되
化爲螢하여 而耀采[1]於夏月[2]하나니 固知潔은 常自汚出하며 明은
每從晦生也니라

1) 耀采(요채) : 광채가 빛나다.
2) 夏月(하월) : 여름달. 여름날 달밤을 말한다.

25. 망령된 것을 버리면 진심이 나타난다

홀로 잘났다고 오만불손한 것은 객기(客氣)가 아닌 것이 없다. 객기를 항복시켜 내린 후에야 바른 기(氣)가 펴진다.

희노우구애증욕(喜怒憂懼愛憎慾 : 喜怒哀樂愛惡慾) 등의 것들은 다 망령된 마음에 속하는 것이다. 망령된 마음을 다 소멸시키고 없애버린 후에야 진심이 나타나는 것이다.

▨ 모든 실수는 오만방자하고 너무 자신감을 갖는 것에서 생긴다. 자신없는 것에는 조심하고 신경을 쓰기에 실수가 없지만 자신있는 것은 방심한 나머지 항상 실수를 범하는 것이다.

矜高倨傲[1]는 無非客氣[2]라 降伏得客氣下하면 而後正氣伸하며 情欲意識[3]은 盡屬妄心이라 消殺得妄心盡하면 而後眞心이 現하나니라

1) 矜高倨傲(긍고거오) : 홀로 잘난 체하며 오만불손한 것.

2) 客氣(객기) : 혈기(血氣)를 믿고 뽐내는 것. 가짜 용기.

3) 情欲意識(정욕의식) : 희노우구애증욕(喜怒憂懼愛憎慾) 등 감정의 욕망과 이해득실을 분별하는 불교의 지혜.

26. 후회한 마음으로 미래에 임하면

배부른 뒤에 맛을 생각하면 맛의 진하고 담백한 경지가 모두 사라진다. 색을 탐한 후에 음란을 생각하면 남자와 여자의 견해가 다 끊어진다.

그러므로 사람이 항상 일이 끝난 뒤에 깨달은 후회를 가지고 앞으로 임할 일의 어리석은 미혹을 타파한다면, 본성(本性)이 안정되어 움직여도 바르지 않는 것이 없을 것이다.

▨ 『한비자』에 앞의 수레바퀴는 뒷수레의 경계가 된다는 말이 있다.

또한 『신음어』를 저술한 여곤도 신음어를 저술하면서 말하기를 '사람이 아플 때의 고통을 생각하며 평상시를 조심하고 지낸다면 다시 그러한 잘못이 없을 것'이라 했다.

飽後에 思味하면 則濃淡[1]之境이 都消하며 色後에 思婬하면 則男女之見이 盡絶하나니 故로 人이 常以事後之悔悟로 破臨事之癡迷[2]하면 則性定而動無不正이니라

1) 濃淡(농담) : 진하고 담백한 것.
2) 癡迷(치미) : 어리석고 미혹되다.

27. 은거해서도 나라일을 걱정한다

높은 벼슬자리에 있는 사람에게는 산림(山林)에 있을 때의 몸가짐과 마음가짐이 없어서는 안될 것이다.

숲과 냇가의 아래에 처하여 은둔하는 사람은 모름지기 국가(사당과 종묘)를 경영하고 운영하는 계획을 품어야 한다.

▨ 높은 벼슬자리에 있다가 물러났을 때 초가삼간에서 밭갈고 지낼 수 있는 것이며, 은거해서도 나라일을 걱정하고 나아갈 길을 모색해야 한다. 인간은 언제 어느때고 앞일을 대비하여야 한다는 뜻이다.

居軒冕[1]之中하여 不可無山林的氣味[2]요 處林泉之下[3]하여 須要懷廊廟[4]的經綸[5]이니라

1) 軒冕(헌면) : 고관대작(高官大爵). 높은 벼슬아치를 말한다.
2) 氣味(기미) : 기운과 맛. 그러한 몸가짐과 마음가짐.
3) 林泉之下(임천지하) : 숲과 냇물의 아래. 곧 산림처사(山林處士).
4) 廊廟(낭묘) : 조정(朝廷). 낭은 사당, 묘는 종묘사직.
5) 經綸(경륜) : 정치(政治). 경영하그 처리하다.

28. 공(功)은 요구하지 말라

세상에 처하여서는 반드시 공(功)을 요구하지 말라. 허물이 없으면 이것이 곧 공(功)이 되는 것이다.

다른 사람과 더불어 사귈 때에는 다른 사람이 나의 덕(德)에 감동할 것을 구하지 말라. 원망이 없으면 이것이 곧 덕(德)이 되는 것이다.

▨ 남을 돕기에 앞서 생색부터 내려는 현대 사회에서 꼭 귀감이 될 만한 말이다. 작은 노력과 적은 공로로 많은 것을 바라는 이들은 좀더 넓은 시야와 여유를 갖도록 해야 할 것이다.

處世엔 不必邀功[1]하라 無過면 便是功이요 與人엔 不求感德하라 無怨이면 便是德이니라

1) 邀功(요공) : 공을 구(求)하는 것.

29. 미덕이 지나치다 보면

세심하고 부지런한 것은 이것이 미덕(美德)이 되지만 지나치게 괴로워하면 성(性)에 적합하고 정(情)에 화합할 수 없는 것이다.

담담하고 결백한 것은 고상한 풍모이지만 지나치게 메마르게 되면 사람을 제도(濟度)하고 사물을 이롭게 하는 일이 없는 것이다.

▨ 공자도 "지나친 것은 모자라는 것만 못하다."고 했듯이 아무리 좋은 취지로 시작했어도 지나쳐 역효과가 나는 것은 피해야 한다.

憂勤[1]은 是美德이요 太苦則無以適性怡情이요 澹泊은 是高風이

나 太枯則無以濟人利物이니라

1) 憂勤(우근) : 깊이 마음을 써 부지런히 일하는 것.

30. 궁한 사람은 그 처음을 살펴보라

하는 일이 궁지에 빠지고 형세에 쫓기는 사람은 마땅히 그 처음 시작할 때의 마음을 살펴보아야 할 것이며, 성공하고 행하는 일이 만족스러운 선비는 요컨대 그 말로(末路)를 살펴보아야 하는 것이다.

事窮勢蹙[1]之人은 當原其初心하며 功成行滿[2]之士는 要觀其末路니라

1) 勢蹙(세축) : 형세에 쫓기는 것.

2) 行滿(행만) : 모든 행하는 일이 융성한 것.

31. 복을 누릴 수 없는 이유는

부유하고 귀한 집에서는 마땅히 너그럽고 후(厚)해야 하거늘 오히려 반대로 인색하고 각박하니 이는 부유하고 귀하지만 그 행동은 가난하고 천박하게 하는 것이다. 어찌 그 복을 누릴 수 있으리오

총명한 사람은 마땅히 총명을 숨기고 감춰야 하거늘 오히려 반대로 드러내어 빛나게 한다. 이는 총경하지만 그 병폐가 우매하고 멍청한 것이다. 어찌 실패하지 않으리오

富貴家는 宜寬厚어늘 而反忌刻[1]하나니 是는 富貴而貧賤其行矣라 如何能享이리요 聰明人은 宜斂藏이어늘 而反炫耀[2]하나니 是는 聰明而愚懂其病矣라 如何不敗리요

1) 忌刻(기각) : 시기하고 각박한 것.
2) 炫耀(현요) : 밖으로 내비쳐 빛나게 하는 것. 드러내어 자랑하는 것.

32. 높은 지위에 올라 위험을 알 때는 …

낮은 지위에 있은 후에야 높은 지위에 오르는 것이 위험하다는 것을 알 것이고 어두운 곳에 있은 후에야 밝은 곳으로 향하는 것이 크게 눈부신 것을 알 것이다.

고요함을 지킨 후에야 움직이는 것을 좋아하면 과로한다는 것을 알 것이고 침묵을 지켜본 후에야 말이 많은 것이 시끄럽다는 것을 알 것이다.

▨ 높은 지위에 있고, 드러난 자리에 있는 것이 얼마나 위험한가는 그 자리를 벗어나 낮고 어두운 곳에 있어 보아야 알 수 있는 것으로 드러내지 않고 고요하게 지내는 것이 자신을 보호하는 길이다.

居卑而後에 知登高之爲危하고 處晦而後에 知向明之太露하며 守靜而後에 知好動之過勞하고 養默而後에 知多言之爲躁니라

33. 평범한 것에서 벗어날 수 있는 것

성공하고 이름을 드날리며 부유하고 귀한 것을 얻으려는 마음을 버려야 비로소 평범한 것에서 벗어날 수 있다.

도와 덕, 인(仁)과 의(義)를 얻으려는 마음을 버려야 진실로 성인의 경지에 들 수 있다.

▨ 부귀와 공명은 모든 세상 사람들이 바라는 것이다. 그런데 부귀 공명에 너무 집착하게 되면 그 노예가 되어 패가망신하게 되고 몸은 죽음을 면치 못한다.

지난 역사의 권력가들 중 너무도 집착하다 비극의 주인공이 된 자들

이 얼마나 많은가. 그들은 역사가 존재하는 한 그 오명을 씻을 길 없이 영원히 부끄러운 존재로 남을 것이다.

반면 부귀공명에 집착하지 않고 도든 평범한 사람들의 소원을 초월했던 이들의 그 아름다운 이름을 우리는 추앙하고 받들지 않는가.

放得功名富貴之心下라야 便可脫凡이요 放得道德仁義之心下라야 纔可入聖이니라

34. 마음을 해치는 무서운 도적

이익과 욕심이 다 마음을 해치는 것은 아니다. 생각과 견해가 마음을 해치는 무서운 도적이다.

음악과 여색이 반드시 도(道)를 닦는 일을 막는 것은 아니다. 총명한 것이 도 닦는 일을 막는 병풍이다.

利欲이 未盡害心이라 意見이 乃害心之蟊賊[1]이요 聲色이 未必障道라 聰明이 乃障道之藩屏[2]이니라

1) 蟊賊(모적) : 무서운 도적.
2) 藩屏(번병) : 울타리같은 병풍. 장해물.

35. 세상살이는 험난하다

사람의 정은 반복되며 세상을 살아가는 길은 기구(崎嶇 : 험난)하다.

행하여 갈 수 없는 곳이면 모름지기 한 걸음 물러서는 법을 알아야 할 것이요, 행하여 갈 수 있는 곳이라도 힘써 3할의 공을 양보하도록 힘써라.

▨ 사람이 살아가다 보면 평탄한 삶을 살기만 하는 것이 아니다. 모

두가 자신의 인생역정을 글로 쓰면 소설책 몇권은 쓸 수 있다고들 하지 않는가. 그 파란만장한 삶 속에서 한 걸음씩 물러서고 조금씩 양보하면 마음의 여유를 얻고 나아가 사회도 밝아질 것이다.

人情은 反復하여 世路崎嶇로다 行不去處면 須知退一步之法이요 行得去處라도 務加讓三分之功하라

36. 미워하지 않는 것이 어려운 일이다

소인(小人)을 대하는 데 있어 엄하게 하는 것은 어려운 일이 아니요, 미워하지 않는 것이 어려운 일이다.

군자를 대하는 데 있어 공손하게 하는 것은 어려운 일이 아니요, 예의있게 행동하는 것이 어려운 일이다.

▨ 어떤 일이나 어떤 사람을 대하는 데 있어서 사심없이 대하기란 정말 어려운 것이다, 사람이란 항상 선입관이 앞서기 때문에 어떤 일에나 감정이 개입하기 마련이다. 이러한 자신의 감정을 업무에 개입시키지 않는 사람이야말로 진정한 군자요, 어진 사람이다.

待小人은 不難於嚴이요 而難於不惡[1]하며 待君子는 不難於恭이요 而難於有禮니라

1) 不惡(불오) : 미워하지 않다. 악(惡)을 '오'로 발음한다.

37. 아름답고 화려한 것을 사양하라

차라리 순박하고 꾸밈없는 것을 지키고 총명을 물리쳐 바른 기운을 멈추게 하여 천지에 돌려줄 것이다.

차라리 아름답고 화려한 것을 사양하고 담박한 것을 달게 여겨서 청렴한 이름을 이 세상에 남겨 하늘과 땅에 머물게 할

것이다.

▨ 세속의 명리를 탐하는 것보다는 세상의 바른 기운을 행하게 하여 모두가 편안해지게 하고 사치나 호화보다는 검소와 청렴이 이 세상을 덮게 한다는 도덕군자다운 삶의 지표를 표현한 것이다.

寧守渾噩[1]하고 而黜聰明하여 留些正氣還天地하며 寧謝紛華[2]하고 而甘澹泊하여 遺個淸名在乾坤하라

1) 渾噩(혼악) : 순박하고 꾸밈이 없는 것.
2) 紛華(분화) : 아름답고 화려한 것.

38. 마(魔)와 횡액을 멀리 하려면

마(魔)를 굴복시키려는 사람은 먼저 스스로의 마음을 굴복시켜라. 마음이 복종하게 되면 모든 마(魔)가 물러나 명령을 들을 것이다.

횡(橫)을 부리고자 하는 사람은 먼저 자신이 가지고 있는 기운을 부려라. 기운이 평정되면 밖의 횡이 침범하지 못하게 되는 것이다.

▨ 모든 마와 횡은 자신으로부터 나온다. 마와 횡액의 폐해를 막으려면 먼저 자신의 마음과 생각을 다스려야 한다. 그런 후에 도를 닦을 수 있다. 이것이 마음을 다스리는 요법(要法)의 하나이다.

降魔[1]者는 先降自心하라 心伏하면 則群魔退聽하리라 馭橫[2]者는 先馭此氣하라 氣平하면 則外橫不侵하리라

1) 魔(마) : 이(利) 욕(欲) 노(怒) 사(詐) 등 수양의 장애물.
2) 橫(횡) : 도리에 어긋나는 아집.

39. 제자를 가르칠 때는

제자를 가르치는 것은 규방(閨房)의 처녀를 기르는 것과 같이 하여 가장 출입을 엄격히 하고 벗을 사귀는 일을 삼가도록 해야 한다.

만약 한 번 좋지 못한 사람과 사귀어 가까이하게 되면 이는 맑고 깨끗한 밭 가운데에 하나의 부정(不淨)한 종자를 심는 것이다. 그리하며 마침내 잡초만 우거져 평생토록 좋은 곡식을 심기가 어렵게 되리라.

▨ 백년대계(百年大計)의 교육이란 국가의 큰일이면서도 지극히 어려운 일이다. 아무리 잘 가르쳐도 받아들이는 사람이 본받지 않으면 소용이 없다. 또 잘못 교육을 받으면 그의 병폐는 이루 말할 수 없다. 순자의 제자 이사(李斯)와 같은 사람이 배출된다.

敎弟子는 如養閨女[1]하여 最要嚴出入謹交遊하나니 若一接近匪人[2]하면 是淸淨田中에 下一不淨種子라 便終身難植嘉禾[3]矣니라

1) 閨女(규녀) : 규중(閨中)의 처녀.
2) 匪人(비인) : 좋지 못한 사람.
3) 嘉禾(가화) : 좋은 곡식. 화는 곡식의 총칭으로 쓰였다.

40. 욕심에 한 번 물들면

욕심에 관한 일은 그 편리함을 즐겨 잠시라도 손가락으로 찍어 맛보지 말라. 한 번 손가락으로 찍어 맛보게 되면 문득 만길이나 깊이 들어가게 된다.

이치에 관한 일은 그 어려움을 꺼려 조금이라도 퇴보(退步)하지 말라. 한 번 퇴보하게 되면 문득 천개의 산을 사이에 둔

것 같이 멀어질 것이다.

▨ '발을 한 발 잘못 디디면 돌이킬 수 없다.'는 말이 있다. '바늘 도둑이 소도둑 된다.'는 말도 있다. 나쁜 길에 한 번 잘못 들어서면 자기도 모르게 서서히 물들어서 마침내는 그것이 잘못인지도 모르게 되는 것과 같다. 인간의 도리를 지키는 것이 어렵다고 포기하면 하나의 인간도 금수와 다를 바가 없다. 인간은 항상 자기수양을 쌓아가야 한다는 경계이다.

欲路¹⁾上事는 毋樂其便하여 而姑爲染指²⁾하라 一染指하면 便深入萬仞하리라 理路³⁾上事는 毋憚其難하여 而稍爲退步하라 一退步하면 便遠隔千山하리라

1) 欲路(욕로) : 욕심.

2) 染指(염지) : 손가락으로 찍어서 맛보다의 뜻이다.

2) 理路(이로) : 이치. 도리(道理).

41. 지나친 농염(濃艶)도 고적(枯寂)도 안된다

생각하는 마음이 두터운 사람은 스스로를 대하는 것도 두텁게 하고 다른 사람을 대하는 것 역시 두텁게 하여 곳곳에 다 두텁게 한다.

생각하는 마음이 엷은 사람은 스스로를 대하는 것도 박하게 하고 다른 사람을 대하는 것 역시 박하게 하여 일마다 다 엷게 한다.

그러므로 군자는 평상시 생활함에 있어 자신의 기호를 너무 농염(濃艶 : 요염)하게 해서는 안되며 또한 마땅히 너무 고적(枯寂)하게 해서도 안된다.

▨ 세상을 살아가는 데 있어서는 너무 지나친 것이나 너무 부족한 것은 주목의 대상이거나 혐오의 대상이다. 중용의 도를 지켜 과불급

(過不及)이 없이 세상을 살아가야 한다는 것이다.

念頭[1]濃者는 自待厚하고 待人亦厚하여 處處皆濃하며 念頭淡者는 自待薄하고 待人亦薄하여 事事皆淡하니 故로 君子는 居常嗜好를 不可太濃艶하며 亦不宜太枯寂[2]이니라

1) 念頭(염두) : 처음의 생각. 생각하는 마음.

2) 枯寂(고적) : 황량하고 적막한 것. 매우 무미건조한 것.

42. 조물주의 틀에 맞춰지지 않는 군자

그가 부유하면 나는 인(仁)을 지니며 그가 벼슬자리에 있으면 나는 의로운 일을 행한다.

군자는 본래 임금이나 재상과 같은 이에게도 농락당하지 않는 것이다.

사람이 안정되면 하늘을 이기고 뜻이 한 가지면 기운을 움직인다. 군자는 또한 조물주가 맞추어놓은 틀에 따라 영향받지 않는 것이다.

▨ 타인이 부유하다고 거만하면 나는 인(仁)으로써 대하고 타인이 높은 지위와 권력이 있다고 교만하면 나는 의로써 대한다. 그러므로 결코 군주나 재상과 같은 이들에게도 농락당하는 일이 없으며 끝내는 존경받게 되는 것이다. 이러한 군자는 확고부동한 도를 닦아 하늘도 그를 마음대로 부릴 수 없으며 조물주도 마음대로 틀에 맞춰 움직일 수 없는 것이다.

彼富我仁하며 彼爵我義라 君子는 固不爲君相[1]所牢籠[2]하며 人定勝天하고 志一動氣[3]라 君子 亦不受造物之陶鑄[4]니라

1) 君相(군상) : 임금과 재상.

2) 牢籠(뇌롱) : 농락당하는 것. 이용당하는 것.

3) 動氣(동기) : 기운을 움직인다. 자신의 기(氣)를 자신이 원하는 대로
   마음대로 변화시킨다는 말.
4) 陶鑄(도주) : 짜여진 틀에 맞추어지는 것. 틀에 맞추는 것.

43. 염소가 울타리를 들이받는 것과 같은 것

도를 닦아 몸을 세우는 데 있어 한 걸음 높이 서지 않으면
티끌 속에서 옷을 털고 진흙 속에서 발을 씻는 것과 같은 것
이다. 어찌 뛰어넘어 통달하겠는가.

세상을 살아가는 데 있어 한 걸음 물러나 처세하지 않으면
나방이 날아 촛불로 뛰어들고 숫양이 울타리를 들이받는 것과
같은 것이다. 어찌 편안하고 즐겁겠는가.

▨ 도를 닦는 일에 있어서는 남보다 더 노력하여야만 일반 사람보다
뛰어날 수 있고 처세에 있어서는 한 걸음 양보하는 것이 몸을 보존하
는 길이다.

『주역』 뇌천대장(雷天大壯)괘 九三爻에 '숫양이 울타리를 들이받
아 그 뿔이 곤하다.'는 말이 있다. 자신의 힘만 믿고 강성하게 밀고 나
간다면 길이 바르더라도 위험이 있으므로 숫양이 울타리를 받아 뿔이
울타리에 걸려 괴로움을 당하는 것과 같다고 했다. 너무 강한 것은 부
러지기 쉬운 것이다.

立身[1]에 不高一步立하면 如塵裡振衣하며 泥中濯足이라 如何超
達이리요 處世에 不退一步處하면 如飛蛾投燭하며 羝羊[2]觸藩이라 如
何安樂이리요

1) 立身(입신) : 도를 닦아 유덕자(有德者)가 되는 것.
2) 羝羊(저양) : 숫양.

44. 정신을 한 곳으로 모아야 한다

배우는 자는 정신을 수습하여 함께 한 길로 돌아가야 한다.

덕을 닦으면서 일을 이루고 명예를 날리는 데 뜻을 둔다면 반드시 깊은 조예(造詣)를 이루지 못할 것이며, 독서하면서 시(詩)를 읊어 흥을 돋우는 것에 흥미를 둔다면 단정해서 말하건대 깊은 마음은 없는 것이다.

▨ '정신일도 하사불성(精神一到下事不成)'이란 말이 있다. 정성을 한 곳으로 쏟으면 무슨 일이라도 이룰 수 있다는 말이다. 인간이 노력을 한 곳으로 집중하여야 사업도 이루어지는 것과 같이 학업을 이루거나 자신을 수양하는 것도 뜻을 한 곳으로 집중하여야 한다는 뜻이다.

學者는 要收拾精神하여 倂歸一路니 如修德에 而留意於事功名譽하면 必無實詣[1]하며 讀書에 而寄興於吟咏風雅[2]하면 定不深心이니라

1) 實詣(실예) : 깊은 조예(造詣). 깊은 경지.
2) 吟咏風雅(음영풍아) : 시(詩)를 읊다. 음영은 시를 읊다, 풍아는 시의 뜻이다.

45. 사람의 마음은 한 가지다

사람마다 각각 커다란 자비의 마음이 있으니 유마(維摩)같은 사람이나 천한 백정이나 망나니같은 이가 다같이 두 마음이 없다.

곳곳에 종류마다 진실한 취미가 있으니 고대광실 호화로운 집이나 띠풀로 지은 보잘것없는 집이 서로 다른 두 개의 땅에 지어져 있는 것이 아니다.

다만 욕심에 가려지고 사사로운 정에 막혀 눈앞의 일을 잘
못 처리하면 지척도 천리가 된다.

▨ 대자대비한 마음이 둘이 있지 않은 것이다. 하나의 마음에서 대
자대비한 마음도 나오고 악한 마음도 나오는 것이다. 고대광실이나 다
쓰러져가는 집은 똑같이 이 세상의 땅 위에 있을 뿐이다. 세상을 살아
가는 인간들도 이와 같이 한 세상을 함께 살아가는 것이지 서로 다른
세상을 살아가는 것은 아니다. 자신의 마음에 따라서 초라한 초가집이
호화로운 궁전도 되고 초옥도 되는 것이다. 욕심을 버리면 모든 것이
무상한 것이요, 욕심이 충만하면 사심에 얽매여서 보이는 것이 모두가
허상으로 눈앞의 길도 멀어 보일 뿐이다.

人人이 有個大慈悲하니 維摩[1] 屠劊[2]가 無二心也하며 處處에 有
種眞趣味이니 金屋茅簷[3]이 非兩地也라 只是欲蔽情封하여 當面錯
過하면 使咫尺千里矣니라

1) 維摩(유마) : 석가여래(釋迦如來)의 제자. 인도의 비사리국(毘舍離
國) 사람으로 불도(佛道)를 닦아 보살(菩薩)이 되었다. 유마힐(維摩
詰) 또는 비마라힐(毘摩羅詰)이라고도 한다.
2) 屠劊(도괴) : 백정과 사형집행인(死刑執行人 : 망나니)으로 천한 직업
을 말한다.
3) 金屋茅簷(금옥모첨) : 금옥은 호화롭게 지은 큰집, 모첨은 띠풀로 지은
보잘것없는 오막살이집.

46. 돌 같은 굳은 마음가짐이 필요하다

덕(德)을 쌓는 일에 나아가고 도(道)를 닦는 데에는 나무나
돌과 같이 굳은 마음가짐이 필요한 것이다.

만약 한번이라도 부귀영화에 대해 부러워하는 마음이 있게
되면 곧바로 이익을 얻을 수 있는 곳으로 향해 달려가게 마련

인 것이다.

세상을 구제하고 나라를 경영하는 데에는 일단의 구름과 물 같은 담박한 마음가짐이 필요한 것이다.

만약 한번이라도 권세를 탐하게 되면 곧바로 위험한 처지에 떨어지게 된다.

▨ 덕을 쌓고 수도를 하는 사람은 세속의 유혹에 돌과 나무처럼 굳은 마음가짐이 필요하다. 수도자가 부귀에 맛을 들이게 되면 수도는 공염불이 되고 세속의 때가 묻게 되기 때문이다.

정치를 하는 것도 마찬가지다. 권력에 눈이 어두워지면 죽기 전에는 뉘우치지 않는다. 이러한 것을 미연에 방지하기 위한 경구라 하겠다.

進德修道엔 要個木石的念頭니 若一有欣羡[1]이면 便趣欲境하며 濟世經邦[2]엔 要段雲水[3]的趣味니 若一有貪著이면 便墮危機니라

1) 欣羨(흔선) : 부러워하는 마음.
2) 濟世經邦(제세경방) : 세상을 구제하고 나라를 경영하는 일.
3) 雲水(운수) : 구름과 물. 정처없이 떠돌아 다니는 행각승(行脚僧).

47. 길한 사람과 흉한 사람

길한 사람은 평소의 행동이 편안하고 자상한 것은 논할 필요도 없고 잠자는 사이의 정신 또한 온화한 기운이 아닌 것이 없다.

흉(凶)한 사람은 평소에 행하는 일이 거칠고 사나운 것은 논할 수도 없고 음성과 웃으며 하는 말조차도 살기(殺機)를 띠고 있다.

▨ 맹자는 인간의 본성은 선(善)이라고 하며 사람은 본래 선한 마음을 지니고 태어난다고 했다.

선한 마음을 악한 마음으로 돌렸을 때 외부로 표출되는 형상을 논한

것이다. 이 내용은 불교의 교리에서 추출한 것 같다.

　吉人[1]은 無論作用安詳이라 則夢寐神魂도 無非和氣며 凶人[2]은
無論行事狼戾[3]라 則聲音咲語[4]도 渾是殺機니라

1) 吉人(길인) : 선인(善人).

2) 凶人(흉인) : 악인(惡人).

3) 狼戾(낭려) : 이리같이 거칠고 사납다의 뜻.

4) 咲語(소어) : 소는 소(笑)의 고자(古字). 웃으며 하는 말.

48. 어두운 곳에서 죄를 얻지 않아야 한다

　간(肝)이 병들면 눈이 보이지 않고 신장이 병들면 귀가 들
리지 않는다.

　병드는 것은 사람이 볼 수 없는 곳에서 얻고 반드시 사람들
이 다 볼 수 있는 곳에 나타난다.

　그러므로 군자가 밝고 밝은 곳에서 죄를 얻지 않으려 한다
면 먼저 어둡고 어두운 곳에서 죄를 얻지 않아야 한다.

　▨ 인체의 병을 비유하여 군자의 행동을 가르치고 있다. 인체의 보
이는 곳에 징험이 나타나는 것은 보이지 않는 곳의 병으로 인한 것이
다. 이와 같이 군자는 보이지 않는 곳에서 조심해야 밝은 곳에서도 죄
를 얻지 않는다는 것이다.

　肝受病[1]하면 則目不能視하고 腎受病하면 則耳不能聽하나니 病은
受於人所不見하여 必發於人所共見이라 故로 君子가 欲無得罪於
昭昭[2]이어든 先無得罪於冥冥[3]하라

1) 受病(수병) : 병을 받다. 병을 얻다. 병이 들다의 뜻.

2) 昭昭(소소) : 밝고 밝은 것. 환하게 밝은 곳.

3) 冥冥(명명) : 어둡고 어두운 곳. 어두워 보이지 않는 것.

49. 행복과 재앙

행복(幸福)이란 일이 적은 것보다 더한 행복이 없고 재앙이란 마음에 걱정이 많은 것보다 더한 재앙은 없는 것이다.

오직 일에 시달려 고초를 당해본 사람이라야 바야흐로 일이 적은 것이 행복이라는 것을 알 수 있으며 오직 마음이 평온한 사람이라야 비로소 마음이 번잡한 것이 재앙이라는 것을 알 수 있는 것이다.

▨ 인간이란 일을 해야 한다. 일없는 사람은 불행한 것이다. 여기서 말하는 것은 무조건 일을 하지 말라는 것이 아니고 너무 욕심을 부려 몸과 마음을 지치게 하는 일이 없도록 하라는 것이다. 기대가 크면 실망이 큰 것 같이 많은 것을 바라는 마음이 있어 그것을 이루기 위해 노심초사하고 이루지 못할 때의 괴로움 등을 말한 것이다.

福莫福於少事[1]하고 禍莫禍於多心[2]이니 唯苦事者라야 方知少事之爲福이요 唯平心[3]者라야 始知多心之爲禍니라

1) 少事(소사) : 일이 적다.

2) 多心(다심) : 마음에 걱정거리가 많다. 마음이 번잡하다.

3) 平心(평심) : 마음이 평온하다. 마음을 편안히 하는 것.

50. 세상에 맞추어 살아가는 법

잘 다스려지는 세상에 살 때에는 마땅히 올곧아야 하고 어지러운 세상에 살 때에는 마땅히 원만해야 하고 말세에 살 때에는 당연히 올곧음과 원만함을 함께 사용해야 한다.

선(善)한 사람을 대할 때에는 마땅히 너그러워야 하고 악한 사람을 대할 때에는 마땅히 엄격해야 하고 평범한 일반 사람

을 대할 때에는 당연히 너그러움과 엄격함을 적절히 함께 지녀야 한다.

▨ 채근담다운 처세술이다. 보신의 목적을 두고 제시한 언어이다. 세상을 살아가는 데는 시대에 따라 어려움이 많다. 시대란 지도자의 자질에 따라서 변하는 것으로 폭군을 만났을 때와 현군의 시대에 살아갈 때의 대처방법을 제시한 것이다.

유학(儒學)의 처세관은 난세에는 은거하고 치세에는 활동하며 군자의 접대는 항상 균일하라고 이르고 있다.

處治世엔 宜方[1]하고 處亂世엔 宜圓하고 處叔季之世[2]엔 當方圓並用하며 待善人엔 宜寬하고 待惡人엔 宜嚴하고 待庸衆之人[3]엔 當寬嚴互存이니라

1) 方(방) : 방정(方正)하다. 올바르다. 올곧다.
2) 叔季之世(숙계지세) : 도덕(道德)이 쇠퇴한 말세(末世).
3) 庸衆之人(용중지인) : 용렬한 무리의 사람 평범한 사람들.

51. 다른 사람에게 은혜를 베풀었으면

내가 다른 사람에게 베푼 공(功)이 있으면 생각하지 말고 잘못한 일이 있으면 생각하지 않으면 안된다.

다른 사람이 내게 베푼 은혜가 있다면 잊어서는 안되며 다른 사람에 대한 원망이 있다면 잊지 않으면 안된다.

▨ 자신의 허물은 냉철하게 살피고 남의 허물은 너그럽게 보아주는 석가모니적인 공덕론이다. 이 세상 사람들은 받은 은혜는 커도 쉽게 잊고 반대로 받은 원한은 작아도 앙갚음하려고 하는 일이 많다.

我 有功於人은 不可念이로되 而過는 則不可不念이요 人이 有恩於我는 不可忘이로되 而怨은 則不可不忘이니라

52. 수만섬의 곡식을 받은 것과 같은 은혜는

은혜를 베푸는 사람이 속으로 자기를 자랑스러워하지 않고 밖으로 받는 사람에 대해 교만하지 않으면 한 말의 좁쌀도 수만섬의 곡식을 베푼 은혜와 같다.

물질로써 이롭게 해준 사람이 자기의 베푼 것에 대해 계산하고 다른 사람에게 은혜에 대한 보답을 재촉한다면 비록 수천냥의 큰 돈을 주었다 할지라도 한 푼어치의 공도 이루기 어려운 것이다.

▨ 남에게 은혜를 베풀었으면 보답을 바라지 말고 베푼 것으로 끝내야 한다. 성경에서도 주는 것은 받느니보다 행복하다고 했다. 줄 수 있는 처지에 있다는 것만으로도 행복한 일이라는 것을 깨닫고 주는 것 자체로만 만족한다면 아주 작은 것을 베풀었다 할지라도 받은 사람은 고맙게 느낄 것이다. 만약 베푼 사람이 교만하다면 아무리 많은 것을 베풀었다 해도 받은 사람은 진정으로 고마워하지 않을 것이다.

施恩者 內不見己하고 外不見人하면 則斗粟[1]도 可當萬鍾[2]之惠하며 利物者 計己之施하고 責人之報하면 雖百鎰[3]이라도 難成一文[4]之功이니라

1) 斗粟(두속) : 한 말의 좁쌀. 소량의 곡식이라는 뜻.
2) 萬鍾(만종) : 1종은 6곡4두(六斛四斗). 많은 양의 곡식이라는 뜻.
3) 百鎰(백일) : 일(鎰)은 24냥(兩)의 무게. 매우 많은 돈을 말한다.
4) 一文(일문) : 한 푼. 문(文)은 엽전. 얼마 안되는 돈.

53. 모든 것을 다 갖출 수 있겠는가

사람들의 형편을 보면 많은 것을 갖춘 사람도 있고 갖추지

못한 사람도 있는데 어찌 자기 혼자만 모든 것을 갖출 수 있
겠는가. 자신의 생각이란 것은 도리에 맞는 것이 있고 도리에
맞지 않는 것도 있는 것인데 어찌 사람들로 하여금 다 도리에
맞게 할 수 있겠는가.

이로써 다른 사람과 나를 비교하여 잘 조절한다면 또한 이
세상을 살아가는 한 가지 좋은 방법일 것이다.

▨ 세상의 모든 것이 고르지 않은 것을 피력한 것이다. 모든 사람이
다같이 모든 것을 갖추고 완벽하다면 이 세상에 다툼이 있겠는가. 모
든 사람이 서로 다르기 때문에 이 사회는 다양하고 다양함 속에서 느
낌이 다르고 그 나름대로의 살아가는 기쁨이 있는 것 아니겠는가.

人之際遇[1]는 有齊有不齊어늘 而能使己獨齊乎며 己之情理[2]는
有順有不順이어늘 而能使人皆順乎아 以此相觀[3]對治하면 亦是
一方便法門[4]이니라

1) 際遇(제우) : 형편. 처지. 제회경우(際會境遇)의 준말.

2) 情理(정리) : 생각. 정신상태. 심정(心情).

3) 相觀(상관) : 다른 사람과 나를 비교하다. 대조하다.

4) 方便法門(방편법문) : 수단방법. 편리한 방법. 불교의 진실법문(眞實法
   門)에 대응되는 말.

54. 책을 읽으려면

마음 바탕이 깨끗하여야 가히 책을 읽고 옛 것을 배울 수
있다. 그렇지 않으면 한 가지 착한 행실을 보고는 훔쳐 사사로
운 욕심을 채우고, 한 가지 좋은 말을 들으면 빌려다가 자기의
단점을 덮는다. 이것은 적에게 병기를 빌려주고 도둑에게 양
식을 대주는 것과 같다.

▨ 그릇된 마음가짐을 가지고는 어떠한 일에도 좋은 결과가 나올 수

없다. 마음가짐을 먼저 깨끗하게 갖춘 후에 모든 일을 행하여야 한다
는 말이다. 한 예로 핵(核)을 좋은 마음으로 사용하면 많은 전력을 얻
을 수 있지만 좋지 않은 마음가짐으로 이 핵을 사용한다면 아주 많은
사람들을 죽이거나 다치게 할 수 있지 않은가.

心地乾淨[1]이라야 方可讀書學古니 不然이면 見一善行하여 竊以
濟私[2]하고 聞一善言하면 假以覆短이라 是는 又藉寇兵[3]而齎盜糧
矣이니라

1) 乾淨(건정) : 깨끗하게 하는 것.
2) 濟私(제사) : 이기적인 일을 하는 것. 사욕(私欲)을 채우다.
3) 兵(병) : 병기(兵器).

55. 검소한 사람의 여유로운 것

사치스러운 사람은 아무리 부유하다 할지라도 모자람을 느
낄 것이니 어찌 검소한 사람의 가난하면서도 여유있는 것과
같겠는가.

능숙한 사람은 열심히 힘쓰면서도 원한을 사게 되니 어찌
능란하지 못한 자의 안일하면서 본성을 온전하게 지키는 것과
같겠는가.

▨ 허영은 항상 부족함을 느껴 다 채울 수가 없지만 검소는 항상 분
수에 맞출 수가 있는 것이다. 능숙한 사람은 남에게 시기심을 유발하
지만 능란하지 못한 사람은 열심히 노력하여 성실을 인정받는다는 것
을 뜻한 것이다.

奢者는 富而不足하니 何如儉者의 貧而有餘며 能者는 勞而府
怨[1]하나니 何如拙者[2]의 逸而全眞[3]이리오

1) 府怨(부원) : 원한을 모으는 것.

2) 拙者(졸자) : 능숙하지 못한 사람. 서툰 사람.

3) 眞(진) : 인간의 본성. 진실한 본성.

56. 의관을 입은 도둑이다

책을 읽어도 성현(聖賢)의 덕을 배우지 못하면 글이나 가져다 쓰는 심부름꾼에 지나지 않는다.

관직(官職)에 있으면서 백성을 사랑하지 않는다면 의관(衣冠)을 입은 도둑에 지나지 않는다.

학문을 가르치면서 몸소 실천하지 않는다면 입으로만 선(禪)을 하는 것에 지나지 않는다.

큰 사업을 하면서 은덕을 심는 것을 생각하지 않는다면 눈앞의 꽃에 지나지 않는다.

▨ 모든 일에 있어서 겉치레로만 하지 말고 그속에 담겨있는 진실을 고찰하고 그 진리를 찾아서 노력을 기울이라는 말이다.

讀書하여 不見聖賢하면 爲鉛槧傭[1]이요 居官하여 不愛子民하면 爲衣冠盜요 講學하여 不尙躬行이면 爲口頭禪이요 立業[2]하여 不思種德하면 爲眼前花[3]니라

1) 鉛槧傭(연참용) : 글을 쓰는 심부름꾼. 뜻은 모르고 문장이나 외워 쓰는 것.

2) 立業(입업) : 사업을 세우다. 사업을 경영하다.

3) 眼前花(안전화) : 눈앞의 꽃. 일시적인 것을 뜻한다.

57. 배우는 사람은 본래의 것을 찾아야

사람의 마음 속에는 본래 한 편의 참된 문장이 있는데 옛사람이 남긴 글 조각들 때문에 모두 굳게 갇혀 버렸다. 누구나

마음 속에 본래 한 곡조의 참다운 음악이 있는데 요사하고 현란한 가무에 현혹되어 모두 묻혀 없어졌다.

배우는 사람은 모름지기 외물(外物)을 깨끗이 청소하고 바로 본래의 참문장이나 진실한 음악을 찾는다면 겨우 참다운 문장과 참다운 음악의 묘미를 찾아 쓸 수 있을 것이다.

人心에 有一部眞文章이어늘 都被殘編斷簡[1]封錮[2]了하며 有一部
眞鼓吹[3]어늘 都被妖歌艷舞[4]湮沒[5]了하나니 學者는 須掃除外物하고
直覓本來하면 纔有個眞受用[6]하리라

1) 殘編斷簡(잔편단간) : 남은 책과 끊어진 서간. 단편적인 옛 기록. 고서
   (古書)를 말한다.

2) 封錮(봉고) : 꼭 봉하다. 굳게 갇히다.

3) 鼓吹(고취) : 음악(音樂)을 말한다.

4) 妖歌艷舞(요가염무) : 요사스럽고 현란한 가무(歌舞).

5) 湮沒(인몰) : 묻혀 없어지다.

6) 眞受用(진수용) : 참다운 묘미를 찾다. 참다운 문장과 음악의 묘미를
   누리다.

58. 마음 속이 괴로울 때는 …

마음 속이 괴로울 때는 항상 마음을 기쁘게 만드는 취향을 얻게 하고 득의(得意)만만할 때에는 문득 실의(失意)의 슬픔이 생겨나게 하여라.

▨ 너무나 괴로울 때는 잘못하면 상심(傷心)하여 자신을 해치게 되므로 기분을 전환시켜야 하고 너무나 자신만만해 있으면 마음이 들떠 실수할 수 있으니 마음을 추스릴 줄 알아 실의에 빠졌을 때의 기분을 생각하라는 뜻이다.

苦心中에 常得悅心之趣하며 得意[1]時에 便生失意之悲하느니라

1) 得意(득의) : 원하던 일이 이루어지다. 모든 일이 뜻대로 되어 만족스러운 것.

59. 부귀와 명예는 꽃병의 꽃과 같다

부귀와 명예가 도덕으로부터 온 것은 산림 속에 핀 꽃같아서 자연히 줄기와 잎이 번성하듯 하고 공업(功業)으로부터 온 것은 화분 속의 꽃과 같아서 곧 옮겨져 번성하고 시들기도 한다. 권력으로써 얻은 것은 꽃병 속의 꽃과 같아서 그 뿌리를 심지 않은 것이다. 그 시드는 것도 가히 서서 기다릴 수 있다.

▨ 권불십년(權不十年)이란 말이 있다. 권력은 십년을 가지 못한다는 말이다. 권력에 의해 억지로 얻어진 부귀와 명예는 마음대로 누리지도 못하고 오래 가지도 못한다는 것이다.

조선시대 김석주라는 사람은 권력이 대단하여 마음대로 권력을 휘둘렀지만 밤에는 자객이 두려워 하루밤에도 대여섯번씩 잠자리를 옮겨다녔다. 죽은 뒤에도 묘가 파헤쳐질 것을 두려워하여 가묘를 여러개 만들었는데 그의 대단한 권력도 아들에게조차 물려주지 못하고 자신만 잠시 누렸을 뿐이요, 결국 죽어서는 부관참시 당하였던 것이다.

富貴名譽의 自道德來者는 如山林中花하여 自是舒徐繁衍[1]하고 自功業來者는 如盆檻[2]中花하여 便有遷徙廢興하며 若以權力得者는 如甁鉢[3]中花하여 其根을 不植이라 其萎를 可立而待矣니라

1) 舒徐繁衍(서서번연) : 가지와 잎사귀가 번성하여 뻗어나가는 것.

2) 盆檻(분함) : 화분과 화단.

3) 甁鉢(병발) : 화병. 꽃병.

60. 100년을 살아도 하루도 살지 않은 것과 같다

봄철이 되어 때가 한창이면 꽃은 오히려 한층 아름다운 빛을 띠며 새들은 또 몇구절의 듣기좋은 소리로 지저귄다.

훌륭한 선비로서 다행히 이 세상에 두각(頭角)을 나타내고 거기다 따뜻한 옷에 배불리 먹으면서도 유익한 말을 세우고 좋은 일을 행할 것을 생각지 않는다면 비록 이 세상에서 100년을 살지라도 흡사 하루도 살지 않은 것과 같은 것이다.

▨ 꽃이나 새와 같은 미물(微物)도 자신의 본분을 다해 이 세상에 태어난 보람을 다한다. 하물며 만물의 영장인 사람들 중에서도 남의 본보기가 되는 훌륭한 선비가 되어서 명성을 날리고 부귀영화를 누리는 것만 탐내고, 학문을 닦아 훌륭한 이론을 세우거나 민중을 위한 좋은 일같은 것은 외면한다면 오래 산다해도 이 세상에 산 아무 보람이 없는 것이다.

사람은 모름지기 가치있는 삶을 살아야 한다는 경구이다.

春至時和하면 花尙鋪一段好色하며 鳥且囀幾句好音하나니 士君子[1]幸列頭角하고 復遇溫飽[2]하여 不思立好言行好事하면 雖是在世百年이라도 恰似未生一日이니라

1) 士君子(사군자) : 훌륭한 선비.
2) 溫飽(온포) : 따뜻한 옷에 배불리 먹는 것.

61. 가을의 살기만 있으면 …

배우는 사람에게는 일단, 하는 일에 열심이고 조심하는 마음가짐이 있어야 하며 맑고 깨끗한 취미가 있어야 하는 것이다.

만일 한결같이 엄격하고 지나치게 맑기만 하다면 이는 가을

의 살기만 있을 뿐이요, 봄의 생기는 없는 것이니 어떻게 만물을 발육(發育)시킬 수 있겠는가.

▨ 물이 너무 맑으면 고기가 없다는 속담도 있고 사람이 너무 맑으면 주위에 사람이 오지 않는다는 말도 있다.

형벌을 내리는 데 있어서도 인정(人情)이 있다. 사람이 너무 엄격하고 빈틈이 없으며 또 융통성까지 없어 딱딱하기만 하다면, 가을의 찬 바람에 모든 만물이 시드는 것과 같을 뿐이다.

學者는 要有段兢業的心思[1]하며 又要有段瀟灑[2]的趣味니 若一味[3]斂束[4]淸苦하면 是는 有秋殺無春生이니 何以發育萬物이리요

1) 兢業的心思(긍업적심사) : 일에 종사함에 열심히 하고 신중히 하는 마음. 긍긍업업(兢兢業業)의 뜻.
2) 瀟灑(소쇄) : 맑고 깨끗한 것.
3) 一味(일미) : 변함없이 똑같은 것. 한결같은 것.
4) 斂束(염속) : 엄격(嚴格)한 것. 단속하고 묶다.

62. 청렴하다는 것은 탐욕스러운 것이다

참으로 청렴(淸廉)한 자에게는 청렴하다는 이름이 없는 것이니 이름을 세운 자는 바로 탐욕(貪欲)스럽다는 것을 보여주는 것이다.

참으로 큰 재주가 있는 자에게는 별스런 재주가 없는 것이니 교묘한 재주를 쓰는 자는 이에 서툴다는 것을 보여주는 것이다.

▨ 『노자도덕경(老子道德經)』에 아주 큰 소리는 너무도 커서 들리지 않고 아주 큰 형상은 너무 커 볼 수 없다고 했다. 또한 자연의 교묘함은 너무도 미묘해 사람이 알 수 없다고도 했다.

진실로 훌륭한 사람은 스스로 자랑하지 않아도 자연히 드러난다는

것을 말한 것이다.

眞廉은 無廉名하나니 立名者는 正所以爲貪이요 大巧¹⁾는 無巧術
하나니 用術者는 乃所以爲拙이니라

1) 大巧(대교) : 매우 교묘(巧妙)한 것. 크게 기교가 있는 것. 큰 재주가
   있는 것.

63. 비어 있어야 온전한 그릇

기기(敧器)는 가득 차면 뒤집히고 박만(撲滿)은 비어 있어
야 온전한 것이다. 그러므로 군자는 차라리 무(無)의 지경에
있을지언정 유(有)의 지경에 있지 않으며 차라리 모자라는 지
경에 처할지언정 완전한 지경에 처하지 않는다.

▨ 없는 사람은 편안히 잘 수 있지만 있는 사람은 누가 훔쳐가지 않
을까 불안하여 편안히 잘 수 없다는 말이 있다. 공자(孔子)도 지나친
것은 모자라는 것만 못하다고 했다.

우리네 전체 인생 중에서 완전하게 갖추고 사는 기간이 얼마나 될
까. 한 사람도 한 순간도 없다고 할 수 있다. 사람의 욕심이란 끝이 없
는 것이기에 더욱 많은 것을 바라게 된다. 없다가 있으면 기분이 좋고
편리하지만 있다가 없으면 불편하고 마음이 편치 않았던 경우를 많이
당해보았을 것이다.

군자는 인간의 이러한 안정되지 못한 마음을 쫓기보다는 스스로 모
자라고 없는 지경에 처하여 안정을 찾으려 한다는 것이다.

敧器¹⁾는 以滿覆하고 撲滿²⁾은 以空全하나니 故로 君子는 寧居無언
정 不居有하며 寧處缺이언정 不處完하나니라

1) 敧器(기기) : 물을 알맞게 넣지 않으면 뒤집히는 그릇. 속이 비면 기울
   고 반이 차면 바로 서고 가득 차면 뒤집힌다고 한다. 중용(中庸)의 도

를 배우기 위해 앉는 자리 오른쪽에 놓고 경계(警戒)로 삼았다고 한다.

2) 撲滿(박만) : 흙으로 만든 벙어리 저금통같은 그릇. 아이들이 돈을 모
  아두는 작은 질그릇. 돈이 차면 깨진다.

64. 쓸데없는 재주란 …

명예와 이로움을 탐하는 뿌리를 뽑지 못한 자는 비록 천승
(千乘) 제후(諸侯)의 재물을 가볍게 여기고 한 표주박의 음
식을 달게 받아들일지라도 다 세속의 정(情)에 타락한 것이
다. 객기(客氣)를 녹여 없애지 못한 자는 비록 사해(四海)에
혜택을 주고 만세(萬世)를 이롭게 할지라도 마침내 쓸데없는
재주가 되는 것이다.

▨ 실제 본심은 그렇지 않은데 겉으로만 부귀영화에 뜻이 없는 것
같이 보이고 용기있는 사람인 척하는 사람은 실질적으로 아무런 도움
을 주지 못한다는 이야기이다. 『유몽영』에 은덕(恩德)을 베풀면서도
유익한 것이 없는 것은 산사에서 법회 때 식사를 담당하여 나눠주는
중에 불과하다고 했다.

名根[1]未拔者는 縱輕千乘[2]甘一瓢[3]하여도 總墮塵情[4]이요 客氣未
融者는 雖澤四海利萬世하여도 終爲剩技[5]니라

1) 名根(명근) : 명예와 이로움을 탐하는 마음의 뿌리.
2) 千乘(천승) : 제후(諸侯). 제후는 전쟁때 전차(戰車) 천대를 낼 수 있
  다. 부귀를 나타낸다.
3) 一瓢(일표) : 한 표주박. 곧 비천(貧賤)한 것을 나타낸다.
4) 塵情(진정) : 세속의 정.
5) 剩技(잉기) : 쓸데없는 재주.

65. 마음의 밝음에 따라 상황이 바뀐다

사람 마음의 본바탕이 밝고 환하면 어두운 방 안에서도 맑고 밝은 푸른 하늘이 있는 것이며 마음의 상태가 어둡고 흐리면 밝은 대낮이라도 사나운 악귀(惡鬼)가 나타나 괴롭히게 된다.

▨ 사람의 마음은 언제나 밝고 환해야 하며 스스로 주관할 수 있도록 해야 한다는 것이다.

心體光明하면 暗室中에도 有靑天하며 念頭暗昧하면 白日下라도 生厲鬼[1]하리라

1) 厲鬼(여귀) : 사납고 사특한 귀신.

66. 참된 즐거움이란 …

사람은 명예와 높은 지위 있는 것이 즐거움이 되는 줄만 알고, 명예도 없고 높은 지위도 없는 즐거움이 가장 참된 즐거움이 되는 것은 알지 못한다. 사람은 굶주리고 추운 것이 근심이 되는 것은 알고 굶주림도 없고 추위도 없는 이의 근심이 더욱 심한 것은 잘 알지 못한다.

▨ 명예와 지위가 있다고 행복한 것은 아니요, 배고프고 춥다고 불행한 것은 아니다. 명예와 지위는 있어도 불행한 사람이 있고 명예와 지위가 없어도 행복한 사람이 있다. 또 꼭 부자만이 행복한 것은 아니다. 부자의 불행이 더 큰 것도 있다는 것을 강조한 것이다.

人知名位[1]爲樂이요 不知無名位之樂이 爲最眞하며 人知饑寒爲憂로되 不知不饑不寒之憂가 爲更甚하나니라

1) 名位(명위) : 명예와 지위.

67. 착한 것이 곧 악의 근본

악행(惡行)을 저지르고도 다른 사람이 알까 두려워하면 악한 속에도 오히려 아직 선(善)으로 향하는 마음이 있는 것이요, 선행(善行)을 하고서도 빨리 다른 사람들이 알아주기를 바란다면 착한 것이 곧 악의 뿌리가 되는 것이다.

▨ 사람의 마음가짐이 중요하다는 말이다. 아무리 잘못을 저질렀어도 두려워하는 마음이 있으면 앞으로는 잘못을 저지르지 않으려고 힘쓸 것이기에 개과천선(改過遷善)할 가능성이 있는 것이요, 아무리 선행을 했어도 자신을 뽐내고 싶어하는 마음이 있으면 그 뽐내고 싶은 마음으로 인하여 나중에는 나쁜 일도 행할 수 있기 때문에 경계한 것이다. 여기서의 선행은 위선을 말하는 것이다.

爲惡而畏人知하면 惡中에 猶有善路[1]요 爲善而急人知하면 善處卽是惡根[2]이니라

1) 善路(선로) : 선(善)을 향한 길.
2) 惡根(악근) : 악의 근본(根本).

68. 하늘도 손대지 못하는 사람

하늘이 행하는 변화무쌍한 일은 측량할 수 없다. 눌렀다가는 펴주며 펴게 했다가는 누르기도 한다. 이것이 다 영웅을 희롱하고 호걸을 넘어뜨리는 것이다.

군자는 다만 거슬려 와도 순리(順理)로 받아들이며 편안하게 지낼 때도 위태로울 때를 생각하기 때문에 하늘도 또한 그 조화를 부릴 만한 곳이 없다.

▨ 영웅이다 호걸이다 하는 사람들은 하늘에 휩쓸려 성공과 실패에

울고 웃는다. 그러나 오직 군자는 어려울 때는 잘될 때를 생각하여 실
망하지 않고 편안할 때는 위태로울 때를 대비하기에 하늘의 작용에 휩
쓸려 울고 웃지 않는다는 것이다.

　天之機緘[1]은 不測이라 抑而伸하며 伸而抑하나니 皆是播弄[2]英雄
하며 顚倒[3]豪傑處라 君子는 只是逆來順受하며 居安思危하여 天亦
無所用其伎倆[4]矣니라

1) 機緘(기함) : 기틀. 기밀(機密). 변화의 비밀. 기계의 작용은 밖에서는
　　볼 수 없듯이 천지자연의 조화는 사람으로써는 헤아리기 어렵다는 것을
　　비유한 것이다.
2) 播弄(파롱) : 희롱함. 조롱함. 가지고 노는 것. 놀리는 것.
3) 顚倒(전도) : 엎어지고 넘어지다. 오랜 세월동안의 수많은 영웅호걸들
　　의 득세와 멸망에 대한 비유.
4) 伎倆(기량) : 기량(技倆). 재주. 기술. 수완.

69. 인색한 사람은 모든 사물을 죽인다

　성질이 급한 사람은 타오르는 불꽃 같아서 사물을 만나는
것마다 태워버리고, 은혜를 베푸는 데 인색한 사람은 얼음같
이 차가워서 사물을 만나는 것마다 반드시 죽이고, 꽉 막혀 고
집이 센 사람은 죽은 물과 썩은 나무 같아서 생생한 기운이
이미 끊어져 없다.
　모두 공업(功業)을 세우고 복(福)을 오래도록 누리기 어려
운 사람들이다.
　▨ 자신의 수양을 쌓는데 좌우명으로 삼아야 할 경구(警句)이다. 성
질이 너무 급한 것도 너무 인색한 것도 너무 옹졸한 것도 모두 결점이
있다. 이러한 사람은 큰일을 감당하기는 커녕 자신도 주체하지 못하는
사람들이다. 군자와 같은 사람만이 역경을 이겨내고 공업을 세우며 복

록을 누릴 수 있다는 것이다.

燥性¹⁾者는 火熾하여 遇物則焚하고 寡恩者²⁾는 氷淸하여 逢物必殺하고 凝滯³⁾固執者는 如死水⁴⁾腐木하여 生機⁵⁾已絶이라 俱難建功業而延福祉니라

1) 燥性(조성) : 성질이 급한 것. 조급한 성질의 사람.
2) 寡恩者(과은자) : 은혜를 조금만 베푸는 사람. 은혜 베풀기에 인색한 사람. 냉정한 사람.
3) 凝滯(응체) : 꽉 막힌 것. 융통성이 없는 것.
4) 死水(사수) : 한 곳에 괴어 있는 물. 물은 고여 있으면 썩게 된다.
5) 生機(생기) : 생기(生氣). 생생한 기운. 활력이 있는 것.

70. 복(福)을 부르는 근본

복(福)은 마음대로 구할 수 없는 것이다. 즐거워하는 마음을 길러 복(福)을 부르는 근본으로 삼을 뿐이다.

재앙은 가히 피할 수 없는 것이다. 남을 해하려는 마음을 버려 화를 멀리하는 방법으로 삼을 뿐이다.

▨ 소문만복래(笑門萬福來)라고 했다. 웃음이 있는 집안에는 일만 복이 온다는 속담이 있다.

재앙도 마찬가지다. 불행한 집안일수록 저앙도 많다. 복과 재앙이란 인위적으로 막을 수는 없으나 담박한 마음으로 그것을 소화해내면 복은 오고 재앙은 멀어질 수 있다.

福不可徼라 養喜神¹⁾하여 以爲召福之本而已요 禍不可避라 去殺機²⁾하여 以爲遠禍之方而已니라

1) 喜神(희신) : 즐거운 마음.
2) 殺機(살기) : 남을 해(害)하려는 마음. 살기(殺氣). 기(機)는 장차 활

동하려는 상태. 기틀.

71. 열 마디 말중 아홉이 맞아들어도 …

열 마디 말을 하여 그중에 아홉 마디가 맞더라도 반드시 기이하다고 하지 않으면서 한 마디 말이라도 맞지 않으면 책망하는 말이 여러 곳에서 아울러 모여든다.

열 가지 계책 가운데 아홉 가지가 이루어져도 반드시 공(功)을 그에게 돌리지 않으면서 한 가지 계책이 이루어지지 않으면 비평하는 소리가 한꺼번에 사방에서 일어난다.

군자는 차라리 침묵할지언정 함부로 떠들지 않고 차라리 졸렬할지언정 재주를 내보이지 않는 것이다.

▨ 아홉 번 잘하고 한 번 잘못하여 웃음거리가 되는 세상사가 흔히 있다. 그러므로 군자는 시종일관 겸허와 침묵으로 일관할 뿐이다.

十語九中하여도 未必稱奇나 一語不中하면 則愆尤[1]騈集하며 十謀九成하여도 未必歸功이나 一謀不成하면 則訾議[2]叢興[3]하나니 君子는 所以寧默이언정 毋躁하며 寧拙이언정 毋巧이니라

1) 愆尤(건우) : 잘못에 대한 책망. 헐뜯는 소리.
2) 訾議(자의) : 흉보고 비평(批評)하는 것. 사방에서 비난하다.
3) 叢興(총흥) : 무더기로 일어나다. 한꺼번에 사방에서 일어나다.

72. 복이 두텁고 긴 사람

하늘과 땅의 기운이 따뜻하면 만물이 태어나고 추우면 만물이 죽는다.

그러므로 사람의 성품이나 기질이 차가운 사람은 받아 누리는 복(福) 또한 엷고 박(薄)하다. 오직 온화하고 따뜻한 사람

은 그 복(福)도 또한 두텁고 그 은택(恩澤)도 또한 길다.

▨ 자연의 이치를 설명하여 인간의 섭리를 비교하였다.

天地之氣暖則生하고 寒則殺이라 故로 性氣[1]淸冷者는 受享[2]도
亦涼薄하나니 唯和氣熱心之人이라야 其福亦厚하고 其澤[3]도 亦長
하니라

1) 性氣(성기) : 성품과 기질.

2) 受享(수향) : 받는 복(福). 하늘에서 받는 복.

3) 澤(택) : 은택(恩澤). 은혜를 베풀다.

73. 진흙탕에 발을 들여놓는 일

하늘의 이치에 따르는 길은 매우 넓어서 조금이라도 여기에
마음을 두면 가슴 속이 문득 탁트여 넓어지고 환해지는 것을
깨닫게 된다.

사람의 욕심을 따르는 길은 매우 좁아서 겨우 발을 들여놓
아도 눈 앞이 모두 가시덤불과 진흙탕일 뿐이다.

▨ 무한대한 우주로 향하면 마음이 망망대해를 보는 것처럼 무한하
지 않겠는가. 어찌 인간사의 좁은 길을 택하여 진흙탕과 가시덤불을
갈 필요가 있으리오 수도승의 진리를 담은 경구이다.

天理路上[1]은 甚寬하여 稍遊心하면 胸中이 便覺廣大宏朗[2]하며 人
欲路上은 甚窄하여 纔寄迹[3]하면 眼前이 俱是荊棘泥塗니라

1) 天理路上(천리로상) : 하늘의 이치에 따르는 길.

2) 宏朗(굉랑) : 속이 탁트여 넓어지고 환하니 명랑한 것.

3) 寄迹(기적) : 발을 붙이다. 발을 들여놓다.

74. 행복을 오래 누리려면

한때의 괴로움과 한때의 즐거움을 함께 갈고 닦아 단련한
것이 극도에 이르러 행복한 것을 이룬 자는 그 행복이 비로소
오래간다. 한번 의심하고 한번 믿어보아 서로를 참조하여서
참조한 것이 지극하여 앎을 이룬 자는 그 앎이 비로소 참다운
것이다.

一苦一樂이 相磨練[1]하여 練極而成福者는 其福이 始久하고 一疑
一信[2]이 相參勘[3]하여 勘極而成知者는 其知始眞하니라

1) 磨練(마련) : 갈고 닦는 것. 연마(練磨)하는 것.

2) 一疑一信(일의일신) : 혹은 의심하고 혹은 믿다.

3) 參勘(참감) : 이것 저것 서로 참조하여 생각하는 것. 비교하여 살피다.

75. 마음은 꽉 채워두어야 한다

마음은 항상 비워두지 않으면 안되는 것이다. 비워두면 곧
정의와 진리가 들어와 산다.

마음은 항상 채워두지 않으면 안되는 것이다. 마음이 꽉차
있으면 곧 물욕(物欲)이 들어오지 못한다.

▨ 인간의 마음을 비워두어야 한다는 것은 망령된 생각이 없는 상태
를 이른 것이요, 가득 차 있는 것은 진리(眞理)와 정의(正義)로 가득
채워서 물욕이나 사특한 생각을 하지 않는 것을 이른 말이다.

心不可不虛[1]니 虛則義理[2]來居하고 心不可不實[3]이니 實則物欲
不入이니라

1) 虛(허) : 물욕(物欲)이나 사특한 생각이 없는 상태를 말한다.

2) 義理(의리) : 정의(正義)와 진리(眞理).

3) 實(실) : 충실. 정의와 진리로 가득 차 있는 상태.

76. 물이 맑으면 물고기가 없다

땅이 더러운 곳에는 많은 생물이 자라고 물이 맑은 곳에는 항상 물고기가 없다. 그러므로 군자는 마땅히 때묻고 더러운 것을 받아들이는 도량이 있어야 할 것이다. 깨끗한 것을 좋아하고 혼자만 행하는 지조를 가지지 않아야 할 것이다.

▨ 혼자 잘난 체하면 사람들이 다가오지 않는다. 세상을 살아가려면 세상 사람들과 어울려 지내는 것이 필요하다.

地之穢者는 多生物[1]하고 水之淸者는 常無魚라 故로 君子는 當存含垢納汚[2]之量하며 不可持好潔獨行之操[3]니라

1) 物(물) : 생물(生物). 초목을 말한다.

2) 含垢納汚(함구납오) : 깨끗하고 더러운 것을 가리지 않고 받아들이는 아량.

3) 操(조) : 조그만 절조(節操). 협소한 지조

77. 평생 걱정거리가 없는 것이 병이다

수레를 뒤집을 만한 사나운 말도 잘 길들이면 부릴 수 있으며 다루기 어려운 쇠도 결국은 틀에 넣어 기물을 만들 수 있다. 다만 오로지 편안히 놀기만 하고 떨쳐 노력하지 않으면 평생토록 조금의 진보도 없다.

백사(白沙)선생이 말하기를

"사람으로 태어나 병이 많은 것은 부끄러운 것이 아니요, 일생동안 마음의 걱정거리가 없는 것이 내 근심거리이다."

하였으니 진실로 옳은 말이다.

▪ 일하지 않고는 먹지도 말라고 했다. 열심히 노력하면서 인생의 희비애락을 맛보고 사는 인생이 또한 참인생을 산다는 것이다. 아무런 고통도 없이 호의호식하다가 살다간 인생이야 무슨 의미가 있겠는가. 참인생은 희비애락이 깃들어 있는 곳에 있다는 것이다.

사람에게 있어 진실로 병인 것은 육체적인 병이 아니라 정신적으로 아무런 생각없고 보람없이 사는 것이다.

泛駕之馬[1]도 可就驅馳하며 躍冶之金[2]도 終歸型範[3]하나니 只一優游[4]不振하면 便終身無個進步니라 白沙[5]云 爲人多病未足羞라 一生無病[6]是吾憂라하니 眞確論也로다

1) 泛駕之馬(범가지마) : 수레를 뒤엎는 사나운 말.
2) 躍冶之金(약야지금) : 쇠를 녹여 모형틀에 넣을 때 이리저리 튀는 쇠.
3) 型範(형범) : 틀. 주형(鑄型).
4) 優游(우유) : 게으름 피우는 것.
5) 白沙(백사) : 명(明)나라의 학자 진헌장(陳獻章)의 별칭.
6) 無病(무병) : 정신적으로 인생에 대한 번민이 없는 것.

78. 한 세상을 제대로 지내는 법

사람이 오직 사욕(私欲)만 탐하면 아무리 강직(剛直)한 성품도 깎여 유연(柔軟)하게 되고 아무리 지혜로워도 막혀 어두워지며 은혜로운 마음은 변화되어 참혹(慘酷)하게 되고 깨끗한 마음이 물들여져 더럽게 되어 일생의 인품을 망치게 된다.

그러므로 옛사람은 탐하지 않는 것을 보배로 삼았으니 이것이 한 세상을 초월하며 지내는 방법이다.

▪ 탐욕이란 무한한 것이다. 탐욕이 한번 발동하게 되면 남의 지위를 탐하고 남의 재물을 탐하고 심지어는 남의 아내를 탐하게 되는 일

도 있어 결국에는 패가망신하게 될 것이니 이것을 없애는 것이 한 세
상을 제대로 살아남는 방법이다.

『맹자(孟子)』에 "마음을 수양하는 방법에는 욕심을 적게 하는 것보
다 더 좋은 방법은 없다."라고 했다.

또한 『대학(大學)』에는 "만일 군주가 덕을 밝히는 일은 외면하고
가장 말단인 재물과 권력에만 마음을 쓴다면 모든 백성들에게 앞다투
어 서로서로 재물과 권력에 눈멀게 하고 약탈하게 만들어 나라는 망하
게 된다."라고도 했다.

人只一念貪私하면 便銷剛[1]爲柔하며 塞智爲昏하며 變恩爲慘하며
染潔[2]爲汚하여 壞了一生人品하나니 故로 古人은 以不貪으로 爲寶라
所以度越[3]一世니라

1) 銷剛(소강) : 강직한 기운이 깎인다.

2) 染潔(염결) : 깨끗한 마음이 더럽게 물들여지는 것.

3) 度越(도월) : 초월하는 것.

79. 마음을 확고하게 잡고 있으면

귀와 눈으로 보고 듣는 것은 바깥으로부터 오는 도둑이고,
감정이나 욕망같은 의식은 안에서 일어나는 도둑이다. 다만
주인인 본심(本心)이 깨어있어 어둡지 않아 중앙에 홀로 똑바
로 앉아 있으면 도둑도 문득 한 가족이 된다.

▨ 보고 들어 욕심이 생겨도 마음이 확고하게 중심을 잡고 있다면
욕심으로 인한 불의(不義)나 부정(不正)을 저지르지 않을 것이다.

마음만 확고하다면 어떠한 협잡꾼 사이에 있어도 물들지 않는다고
했다. 물들지 않을 뿐 아니라 그들을 교화시킬 수도 있는 것이다.

耳目見聞은 爲外賊이요 情欲意識은 爲內賊이니 只是主人翁[1]이

惺惺[2]不昧하여 獨坐中堂[3]하면 賊도 便化爲家人矣니라

1) 主人翁(주인옹) : 주인공(主人公).

2) 惺惺(성성) : 정신을 똑바로 차리고 깨어있는 것.

3) 中堂(중당) : 중앙, 중심을 말한다.

80. 이미 이룬 일을 보전하는 것이 중요하다

시작도 하지 않은 사업의 공을 도모하는 것은 이미 이루어
진 사업을 보전함만 못하고, 지나간 실패를 후회하는 것은 앞
으로의 잘못을 막는 것만 못하다.

▨ 하고 있는 사업을 제쳐두고 시작도 하지 않는 사업의 성공을 바
라는 것은 어리석은 것이다. 또 지나간 실패를 후회하면서 허송세월을
보내는 것보다는 그 실패를 거울 삼아서 새로운 사업을 시작할 때 장
차 닥칠 화를 대비하는 것이 훨씬 현명하다는 것이다.

圖[1]未就之功[2]은 不如保已成之業이요 悔旣往[3]之失은 不如防
將來之非니라

1) 圖(도) : 도모하는 것. 계획하는 것.

2) 未就之功(미취지공) : 시작하지 않은 사업의 성취. 아직 손도 대지 않
   은 일.

3) 旣往(기왕) : 과거. 이미 가버리다.

81. 모든 일에 중도(中道)를 지켜야 한다

기상은 높고 넓어야 하지만 너무 거칠어 일반상식에서 벗어
나지는 않아야 한다. 마음은 빈틈이 없어야 하지만 작은 일에
얽매이지 않아야 한다. 취미는 담박하고 깨끗해야 하지만 편
벽되어 무미건조하지 않아야 한다. 지조를 지키는 것은 엄격

하고 분명해야 하지만 지나치게 격렬하지 않아야 하는 것이다.

氣象은 要高曠이나 而不可疎狂[1]이요 心思는 要縝密[2]이나 而不可
瑣屑[3]이며 趣味는 要沖淡이나 而不可偏枯[4]요 操守[5]는 要嚴明이나
而不可激烈이니라

1) 疎狂(소광) : 언행이 너무 거칠어 일반상식에서 벗어나는 행동.

2) 縝密(진밀) : 용의주도(用意周到)하여 빈틈이 없는 것. 치밀한 것.

3) 瑣屑(쇄설) : 사소한 일에 구애받는 것. 좀스러운 것. 잔다른 것.

4) 偏枯(편고) : 편벽되어 무미건조(無味乾燥)한 것.

5) 操守(조수) : 지조를 지키다. 주의(主義) 또는 주장(主張).

82. 바람이 지나가버린 대나무숲에는

바람이 성긴 대나무숲에 불어오면 소리를 내지만 바람이 지
나가면 대나무숲에는 소리가 머물러 있지 않고 기러기가 고요
한 연못을 지나면서 그림자를 비추지만 기러기가 가고나면 연
못에는 그림자가 남아 있지 않다. 그러므로 군자는 일이 생기
면 비로소 마음이 나타나고 일이 지나가고나면 마음도 따라서
비워지는 것이다.

▨ 지나간 일에 집착하지 말고 맑고 넓은 기상을 가지라는 말이다.
지나간 일에 집착하다 보면 다가오는 일에 대해 잘 대처할 수 없게 되
는 것이다.

風來疎竹[1]에 風過而竹不留聲하고 雁度寒潭[2]에 雁去而潭不留
影이라 故로 君子는 事來而心始現[3]하고 事去而心隨空하나니라

1) 疎竹(소죽) : 성긴 대나무숲.

2) 寒潭(한담) : 연못.

3) 現(현) : 나타나다. 활동하는 것. 작용하는 것.

83. 이것이 아름다운 덕(德)이다

청렴하면서도 용납하는 도량이 있고 어질면서도 결단을 올바로 잘하며 총명하지만 살피는 것이 지나치지 않고 곧지만 지나치게 강하지 않으면 이것은 꿀 바른 음식이면서 아주 달지 않고 해산물이면서 짜지 않은 것과 같으니 이것이 곧 아름다운 덕(德)이다.

░ 모자라지도 지나치지도 않은 중용의 덕을 강조한 것이다. 언제나 중용을 지키면 아름다운 덕(德)을 기를 수 있는 것이다.

清能有容하며 仁能善斷하며 明不傷察하며 直不過矯면 是謂蜜餞[1]不恬하며 海味[2]不醎이니 纔是懿德[3]이니라

1) 蜜餞(밀전) : 꿀탄 음식. 꿀 바른 음식.

2) 海味(해미) : 해산물.

3) 懿德(의덕) : 미덕(美德). 아름다운 덕.

84. 한때의 실의로 자포자기해서야

가난한 집이라도 깨끗이 땅을 쓸고 가난한 집의 여인이라도 깨끗이 머리를 빗으면 비록 그 모습이 요염하고 화려하지는 못할지라도 기품이 스스로 풍아(風雅)해진다.

그러므로 선비가 한번 가난과 근심과 실의에 빠졌다고 하여 어찌 스스로 자포자기할 수 있겠는가.

░ 『맹자』 이루편에 보면 비록 서시(西施)와 같은 미인이라도 온몸에 더러운 것을 바르고 있으면 모든 사람들이 코를 막고 멀리 할 것이고, 비록 추악하게 생겼다해도 목욕재계하여 몸과 마음을 깨끗하게 하면 상제(上帝)에게까지 제사지낼 수 있다고 했다. 그러므로 어떠한 처

지에서도 군자는 본바탕을 잊지 않아야 하는 것이다.

貧家도 淨拂地¹⁾하고 貧女도 淨梳頭하면 景色이 雖不艷麗나 氣度²⁾自是風雅³⁾니라 士君子가 一當窮愁⁴⁾寥落⁵⁾이언정 奈何輒自廢弛哉아

1) 拂地(불지) : 땅을 쓸다. 깨끗이 청소하다.

2) 氣度(기도) : 기품(氣品).

3) 風雅(풍아) : 풍류와 아취(雅趣).

4) 窮愁(궁수) : 가난하여 우수에 잠긴 것. 곤궁과 근심.

5) 寥落(요락) : 실의(失意)한 경우.

85. 언제나 준비하는 자세를 가져야 한다

한가한 때에 쓸데없이 허송세월하지 않으면 바쁠 때 활용 (活用)할 것이 있게 된다. 고요하게 있을 때에 마음을 공허하고 무기력하게 놓아두지 않으면 활동할 때 사용하는 것이 있게 된다. 어두운 데에서 속이고 감추지 않으면 밝은 곳에서 받아 쓰는 것이 있게 되는 것이다.

▨ 사람 사는 인생행로는 언제 어떻게 변할지 모른다. 그러니 현재의 형편이나 위치만을 생각지 말고 앞으로 변화할 사태에 대한 준비를 게을리하지 않아야 형편이 바뀌었을 때 적절히 대처할 수 있는 것이다.

閑中에 不放過¹⁾하면 忙處에 有受用²⁾하며 靜中에 不落空³⁾하면 動處에 有受用하며 暗中에 不欺隱하면 明處에 有受用하나니라

1) 放過(방과) : 헛되이 허송세월하는 것.

2) 受用(수용) : 활용. 사용. 받아쓰다.

3) 落空(낙공) : 마음이 쓸쓸하여 활기가 없다. 적막하게 멍하니 있는 것.

86. 기사회생(起死回生)하는 방법

생각이 생겨난 곳에 겨우 사욕(私慾)을 채우는 방향으로 향해 가는 것을 깨닫거든 바로 이끌어 도리(道理)에 맞는 방향을 따르게 하라.

일단 한 생각이 일어나거든 곧 깨닫고 일단 깨달았으면 곧 돌려야 한다. 이것이 재앙을 돌려 복으로 만들고 죽음에서 회생하는 중요한 방법이니 절대로 가볍게 지나쳐서는 안된다.

▨ 완전한 사람이란 없는 것이기에 누구나 잘못이 있기 마련이다. 그렇다고 자기에게 잘못이 있는 것이 당연한 것은 아니다. 자신에게 잘못된 점이 있다는 것을 깨달았다면 곧바로 고치도록 노력해야 한다는 것이다.

念頭起處에 纔覺向欲路上去어든 便挽從理路上來하라 一起便覺하며 一覺便轉하나니 此是轉禍爲福[1]하며 起死回生[2]的關頭[3]라 切莫輕易放過하라

1) 轉禍爲福(전화위복) : 재앙이 바뀌어 복(福)이 되다.
2) 起死回生(기사회생) : 죽음에서 삶을 얻다. 죽음을 삶으로 돌리다.
3) 關頭(관두) : 중요한 곳. 요점.

87. 마음을 살피고 도를 체득하는 세 방법

고요한 가운데에서 생각이 맑고 밝으면 마음의 진실한 모습을 볼 수 있으며, 한가한 때 기상(氣象)이 조용하면 마음의 진실한 기틀을 알 수 있고, 담박(淡泊)한 가운데에서 취미가 안정되어 있으면 마음의 진실한 참맛을 얻을 수 있다.

마음을 살피고 도(道)를 깨닫는 데는 이 3가지 만한 것이

없다 하겠다.

▨ 고요한 가운데에 있으면 움직이려 하고 한가하면 조급한 마음을 갖기 쉽고 담박하면 농염을 바라는 것이 사람의 마음이다. 망령된 생각을 없애려면 고요하면서도 맑고 한가하면서도 조용하고 담박함을 즐길 줄 알아야 한다는 것이다.

靜中念慮가 澄徹하면 見心之眞體[1]하며 閑中氣象이 從容[2]하면 識心之眞機하며 淡中意趣沖夷[3]하면 得心之眞味하나니 觀心證道[4]는 無如此三者니라

1) 眞體(진체) : 진실한 본체. 본바탕.

2) 從容(종용) : 조용한 모양.

3) 沖夷(충이) : 깨끗하고 평안한 것.

4) 證道(증도) : 도를 깨닫는 것.

88. 괴로운 가운데서 즐거움을 찾는 것

고요한 가운데의 고요함은 진정한 고요함이 아니다. 분주한 곳에서의 고요함을 얻어야만 겨우 천성의 참 경지에 이른 것이다.

즐거운 가운데에서의 즐거움은 진정한 즐거움이 아니다. 괴로운 가운데에서 즐거움을 얻어야만 겨우 마음의 참된 작용을 볼 수 있는 것이다.

▨ 인생의 참맛을 설명했다고 하겠다. 고진감래(苦盡甘來)의 상황을 재현했다.

靜中靜은 非眞靜이라 動處에 靜得來라야 纔是性天[1]之眞境[2]이요 樂處樂은 非眞樂이라 苦中에 樂得來라야 纔見心體之眞機[3]니라

1) 性天(성천) : 심성(心性). 본성(本性).

2) 眞境(진경) : 진정한 경지.

3) 眞機(진기) : 진정한 기틀. 미묘한 작용.

89. 좋아서 행했으면 결과는 바라지 말라

자기를 버리고 희생하려거든 그 의심하는 마음에 사로잡히
지 말라. 의심하는 마음에 사로잡히면 자기를 버리고 희생하
려는 뜻에 부끄러움이 많다. 다른 사람에게 베풀되 그 갚을 것
을 재촉하지 말라. 그 갚을 것을 재촉한다면 베푼 마음과 아울
러 모두가 잘못이 되는 것이다.

▨ 자기가 옳다고 생각하고 행한 것에 대하여 의심하려면 애초에 시
작할 가치가 없고 갚기를 바라면서 베푸는 것은 베푸는 것이 아니다.

舍己[1]엔 毋處其疑[2]하라 處其疑하면 卽所舍之志多愧矣리라 施人
엔 毋責其報[3]하라 責其報하면 倂所施之心이 俱非矣니라

1) 舍己(사기) : 자신의 이익을 버리고 남을 위해 헌신하다.

2) 處其疑(처기의) : 의심을 두다. 의심하다.

3) 責其報(책기보) : 보답하기를 재촉하는 것.

90. 하늘이 나를 어떻게 하리오

하늘이 나에게 복(福)을 박하게 주면 나는 나의 덕(德)을
두텁게 하여 이것을 맞이하며, 하늘이 나의 몸을 수고하게 하
면 나는 나의 마음을 안일하게 하여 이를 보완하며, 하늘이 나
의 형편을 어렵게 만들면 나는 나의 도(道)를 형통(亨通)하
게 하여 이것을 통하게 하면 하늘인들 나를 어찌 하겠는가.

▨ 흔히 운명은 이미 결정되어 있어서 사람의 힘으로는 어쩔 수 없
다고 체념하는데 운명이란 자기가 어떻게 만들어 가느냐에 따라 바뀔

수도 있는 것이다. 언제나 인내와 성실로써 자신의 할일을 다하며 자신에게 닥친 어려움을 극복해나가면 자기 운명을 자기가 원하는 대로 만들 수 있는 것이다.

天이 薄我以福[1]이어든 吾는 厚吾德하여 以迓[2]之하며 天이 勞[3]我 以形이어든 吾는 逸吾心하여 以補之하며 天이 阨[4]我以遇어든 吾는 亨[5]吾道하여 以通之하면 天且我이 奈何哉리오

1) 薄我以福(박아이복) : 나에게 복을 적게 내려주다.

2) 迓(아) : 맞이하다. 영(迎)과 같은 뜻.

3) 勞(노) : 수고롭게 하는 것.

4) 阨(액) : 나쁘게 하는 것.

5) 亨(형) : 형통(亨通).

91. 지혜와 기교가 무슨 도움이 되랴

정절을 지키는 선비는 복(福)을 구하는 마음이 없는 것이다. 하늘은 그 마음 없는 곳으로 나아가 그 문을 열어 복을 내려준다.

음험한 사람은 화를 피하는 데 마음을 쓰니 하늘은 그 마음을 쓰는 속으로 나아가 그 넋을 빼앗는 것이다.

가히 하늘의 조화를 보면 지극히 신묘한 것이다. 사람의 지혜와 기교가 무슨 이익이 있으리오

貞士는 無心徼福이라 天卽就無心處牖[1]其衷하며 憸人[2]은 著意 避禍라 天卽就著意中奪其魄하나니 可見天之機權[3]이 最神이라 人 之智巧[4]何益이리오

1) 牖(유) : 연다는 뜻.

2) 憸人(험인) : 간사한 사람. 음험한 사람.

3) 機權(기권) : 권능. 조화(造化).

4) 智巧(지교) : 지혜와 잔꾀.

92. 사람을 보려면 후반생을 보아야 한다

　기생이라도 만년에 한 남편을 따르면 한때의 연지분도 장애
가 되지 않는 것이요, 정조를 지키던 부인이라도 늘그막에 정
조를 잃으면 반평생의 맑은 절개도 다 그르게 되는 것이다.

　속담에 이르기를 "사람을 보려면 다만 그 후반생을 보라."
하였으니 참으로 명언(名言)이로다.

　▨ 사람은 늙어서의 끝마무리를 어떻게 하느냐가 중요하다는 것을
강조한 것이다.

　聲妓가 晚景從良하면 一世之胭花[1]無碍요 貞婦가 白頭[2]失守하
면 半生之淸苦[3]俱非하나니라 語에 云 看人只看後半截[4]하라하니 眞
名言也로다

1) 胭花(연화) : 연지분. 분과 연지를 바르던 기생생활을 말한다.

2) 白頭(백두) : 흰 머리. 늘그막. 노년(老年).

3) 淸苦(청고) : 청조고절(淸操苦節). 맑고 고결한 절개.

4) 半截(반절) : 반평생(半平生).

93. 작위있는 걸인에 불과한 것

　평범한 백성이라도 덕을 심고 은혜 베풀기를 좋아하면 문득
지위없는 공경(公卿)과 재상이요, 사대부도 헛되이 권력을 탐
하고 총애를 팔면 마침내 작위있는 걸인이 된다.

　▨『유몽영』에 "구름에 해가 비치면 노을이 이루어지고 솟는 샘에
바위가 걸치면 폭포가 된다. 의탁하는 데 따라 달라지고 이름은 또한

비롯되는 것."이라고 했다. 이와 같이 사람의 가치 또한 그 행실에 따라 가치가 정해지는 것을 논한 것이다.

平民도 肯種德[1]施惠하면 便是無位的公相이요 士夫[2]도 徒貪權市寵[3]하면 竟成有爵的乞人이니라

1) 種德(종덕) : 덕을 심다. 덕을 쌓다.

2) 士夫(사부) : 학문이 있고 지위가 있는 사람. 사대부(士大夫)의 준말.

3) 貪權市寵(탐권시총) : 권세를 탐내고 총애를 파는 것.

94. 내가 자손에게 해줄 것은

조상의 덕택을 묻는다면 현재 내 몸에 받고 있는 것이 바로 그것이니 마땅히 그 쌓아 올리기 어려웠던 것을 생각해야 하는 것이다.

자손(子孫)의 복지(福祉)를 묻는다면 내가 몸소 끼치는 바가 그것이니 기울어지기 쉬운 것을 생각해야 하는 것이다.

▨ 내가 지금 누리며 살고 있는 것은 모두 조상들이 열심히 덕을 닦고 재산을 모은 덕분이다. 그 이루기 어려웠을 것을 생각하고 사치와 낭비가 없어야 하며 조상의 음덕을 이어가야 할 것이다. 또 내가 지금 누리는 것과 같이 자손들도 누리기를 바란다면 미리 준비를 해주어야 한다는 것이다.

問祖宗[1]之德澤하면 吾身의 所享者是니 當念其積累之難하고 問子孫之福祉[2]하면 吾身의 所貽者是니 要思其傾覆[3]之易하라

1) 祖宗(조종) : 조상(祖上).

2) 福祉(복지) : 행복.

3) 傾覆(경복) : 뒤집히는 것. 기울어지는 것.

95. 군자가 소인보다 못한 것은

군자가 위선적인 행위를 한다면 소인이 악행을 함부로 하는 것과 다를 것이 없으며 군자로서 지조를 바꾸면 소인이 스스로의 잘못을 고쳐 새롭게 되는 것만도 못한 것이다.

▨ 군자가 변신하면 오히려 소인(小人)보다 못한 것이다. 또 소인이라도 개과천선(改過遷善)하면 곧바로 군자가 될 수 있는 것이다. 어찌 군자만이 영원히 군자가 될 것인가.

『음즐록』에 보면 하늘이 그 사람의 생각과 행실을 보고 과거시험의 합격자 명단에서 지웠다 올렸다 한다는 말이 있다. 어찌 생각과 행실을 함부로 할 수 있겠는가.

君子而詐善[1]은 無異小人之肆惡[2]이요 君子而改節[3]은 不及小人之自新[4]이니라

1) 詐善(사선) : 위선적인 행위. 선(善)한 척하는 것.
2) 肆惡(사악) : 악을 마음대로 행하다.
3) 改節(개절) : 절개를 고치다. 변절(變節).
4) 自新(자신) : 잘못을 뉘우쳐 새롭게 되는 것.

96. 가족을 훈계하는 모범적인 방법

집안 사람에게 잘못이 있으면 거칠게 화내지도 말고 또 가볍게 내버려 두지도 말라. 그 일을 바로 말하기 곤란하면 다른 일에 비유하여 은근히 깨우쳐 주고, 오늘 깨닫지 못하거든 내일을 기다려 다시 경계하여 마치 봄바람이 불어서 언 땅이 녹고 따뜻한 기운에 얼음이 녹는 것 같이 하는 것이 바로 가정을 다스리는 모범이다.

▨ 집안을 다스리는 데 있어 집안 사람이타 하여 함부로 해서는 안 된다. 함부로 하는데서 가정폭력도 있는 것이다. 가장 가까운 사람일수록 공경하고 예의를 다해야 한다고 하지 않는가. 가정은 사랑과 인내와 용서와 관대함 속에서 화목해지는 것이다.

家人有過어든 不宜暴怒하며 不宜輕棄니 此事를 難言이어든 借他事隱諷¹⁾之하되 今日不悟어든 俟來日再警之하여 如春風解凍하며 如和氣消氷하면 纔是家庭的型範²⁾이니라

1) 隱諷(은풍) : 다른 일을 끌어 은근히 비유로써 말하는 것.
2) 型範(형범) : 모범(模範). 전형적인 규범.

97. 결함없는 천하를 만들려면

자신의 마음이 항상 원만하면 천하가 결함없는 세계가 될 것이요, 자신의 마음이 항상 너그럽고 평화로우면 천하에도 험악한 인정(人情)이 없을 것이다.

▨ 이 세상의 모든 일들은 자신의 마음 속으로부터 시작된다고 불교에서 말했다. 마음이 평화로우면 사물이 모두 평화롭게 보이고 마음이 불편하면 주위도 모두 불편하게 보이는 것과 같다.

此心¹⁾이 常看得圓滿하면 天下自無缺陷之世界요 此心이 常放得寬平하면 天下自無險側²⁾之人情이니라

1) 此心(차심) : 자신의 마음. 자기의 본심.
2) 險側(험측) : 험악한 것. 사나운 것.

98. 이상하게 생각되는 사람

검소하고 순수한 선비는 반드시 사치스럽고 호화스러운 자

에게 이상하다고 생각되며 신중하고 엄격한 사람은 흔히 방종하고 제멋대로인 자에게는 꺼리는 바가 된다.

군자는 이런 경우에 처하면 조금도 지조와 행실을 변치 말 것이며 또 크게 그 날카로움을 나타내지도 말라.

▨ 정도를 넘어 너무 군자인 척하는 것은 오히려 반감을 사게 된다. 어떠한 경우에도 지조와 행실은 변함이 없으면서 너무 도드라지게 하지 말라는 것이다.

澹泊之士는 必爲濃艶者[1]所疑하며 檢飾[2]之人은 多爲放肆[3]者所忌하나니 君子處此에 固不可少變其操履[4]며 亦不可太露其鋒芒[5]이니라

1) 濃艶者(농염자) : 사치스럽고 호화로운 것을 좋아하는 사람.
2) 檢飾(검식) : 만사에 신중하고 엄격한 것.
3) 放肆(방사) : 방종하고 제멋대로인 것.
4) 操履(조리) : 지조(志操)와 행실.
5) 鋒芒(봉망) : 날카로운 창끝.

99. 살을 저미고 뼈를 깎아도 알지 못하는 것

역경에 처해 있으면 몸 주위에 있는 것이 모두 이로운 침과 약이다. 저절로 절개를 갈고 행실을 닦지만 깨닫지 못한다.

좋은 환경 속에 처해 있으면 눈앞에 있는 것이 다 칼과 창 같은 병기(兵器)이다. 이것들이 살을 저미고 뼈를 깎지만 알지 못한다.

▨ 역경에 있다고 절망하지 말고 좋은 환경에 처해 있다고 방심하지 말아야 한다. 젊어 고생은 사서도 한다고 했다. 그만큼 역경 속에서 사람은 성장하고 인생의 참뜻을 깨닫게 되기 때문이다.

居逆境中하면 周身이 皆鍼砭[1]藥石이라 砥節礪行而不覺하며 處順境內하면 眼前이 盡兵刃戈矛[2]라 銷膏靡骨而不知하나니라

1) 鍼砭(침폄) : 병을 고치는 침.
2) 兵刃戈矛(병인과모) : 병기(兵器). 창칼.

I○○. 자신을 태우고 남을 불사르는 사람

부귀(富貴)한 환경에서 성장한 사람은 욕심이 성난 불길 같고 권세는 사나운 불꽃 같다. 만일 조금의 서늘한 냉기를 띠지 않는다면 그 불꽃이 다른 사람을 태우는데 이르지 않으면 반드시 자기를 불살라 버릴 것이다.

▨ 부귀한 집에서 태어나 자란 사람은 갖고 싶은 것을 모두 충족해야 하는 욕심이 많고 교만한 것이 대부분이다. 그렇기에 사치와 방종과 교만으로 자신은 물론 그를 이용하려는 사람과 함께 패가망신하는 경우가 많다.

生長富貴叢中[1]的은 嗜欲[2]이 如猛火하며 權勢가 似烈焰[3]하나니 若不帶些淸冷氣味[4]하면 其火焰。 不至焚人이면 必將自爍矣리라

1) 叢中(총중) : 모여있는 것. 빽빽한 것.
2) 嗜欲(기욕) : 주색(酒色)같은 물질적인 욕망. 욕심.
3) 烈焰(열염) : 무서운 불꽃.
4) 淸冷氣味(청냉기미) : 맑고 서늘한 기운. 서늘한 냉기.

I○I. 쇠붙이와 바위도 뚫을 수 있는 마음

사람의 마음이 일단 진실하면 문득 서리를 내리게 할 수 있으며 성(城)도 함락시킬 수 있고 쇠붙이와 바위도 뚫을 수 있다. 그러나 만일 거짓되고 망령된 사람이라면 헛되이 형체만

갖추고 참된 마음은 이미 없어져 버린 것이다.

　사람을 대하면 얼굴이 미워보이고 홀로 있으면 그 그림자도 스스로 부끄러워질 것이다.

　▨ 다른 사람에게 나를 내보였을 때 떳떳할 뿐 아니라 스스로도 자신을 되돌아볼 때 부끄럽지 않은 사람이 되어야 한다는 것이다.

　자신을 돌아볼 때 부끄럽지 않고자 하는 것은 동서고금의 지성인들의 바람인 것이다.

　人心一眞이면 便霜可飛[1]하며 城可隕[2]하며 金石可貫[3]이나 若僞妄之人은 形骸徒具나 眞宰[4]已亡하여 對人則面目이 可憎이요 獨居則形影이 自媿니라

1)　便霜可飛(편상가비) : 『회남자(淮南子)』에 있는 추연(鄒衍)의 고사. "연(衍)이 연왕(燕王)을 섬기되 충성을 다했는데 좌우에서 그를 왕께 참소하여 옥에 갇혔다. 그가 하늘을 우러르며 통곡하니 5월 하늘이 그것으로 인하여 서리를 내리다."라고 하였다.

2)　城可隕(성가운) : 고금주(古今注)에 있는 기량(杞梁) 처의 고사. "기량(杞梁)이 전사하니 그 처가 탄식하며 말하기를 '위로는 어버이 없고 가운데로 지아비 없고 아래로 자식이 없으니 산 사람의 괴로운 지경이 극에 이르렀다.' 하고 대성통곡하며 오랫동안 우니 그 울음소리에 감동되어 도성(都城)이 저절로 무너졌다. 기량의 처는 드디어 물에 투신하여 죽으니 그 매(妹)가 조(姐)의 정조를 슬퍼하여 노래를 짓고 노래 이름을 기량처(杞梁妻)라 하다."했다. 또 『열녀전(列女傳)』에도 기량식(杞梁殖)의 아내 이야기가 나온다.

3)　金石可貫(금석가관) : 주자(朱子)의 시(詩)에 '양기(陽氣) 발(發)하는 곳에 금석(金石)도 또한 투(透)하나니 정신일도(精神一到)에 하사불성(何事不成)가'라는 데서 나온 말이다.

4)　眞宰(진재) : 마음의 본체(本體).

102. 극치에 이르면

문장(文章)을 배워 그 극치에 이르면 다른 기이한 것이 있지 않다. 다만 꼭 알맞아 좋을 뿐이다. 인품(人品)을 닦아 극진한 곳에 이르면 다른 특이한 것이 있지 않다. 다만 본래 그대로 일 뿐이다.

▨ 무엇이든 최고 경지에 이르러야만 본래 그대로의 진면목을 발휘하게 되는 것이다.

文章이 做到極處하면 無有他奇요 只是恰好[1]며 人品이 做到極處하면 無有他異요 只是本然이니라

1) 恰好(흡호) : 좋은 것. 꼭 알맞은 것. 어울리는 것.

103. 세상의 속박에서 벗어나는 길

이 세상 모든 만물(萬物)을 환영(幻影)이라 말한다면 부귀공명(富貴功名)은 말할 것도 없고 자신의 육체도 또한 다 가짜 형태에 지나지 않는다.

반대로 이 세상 모든 만물을 진리(眞理)의 본바탕으로써 말하면 부모형제는 말할 것도 없고 온 세상 만물이 다 나와 한몸이다.

사람이 능히 이러한 것을 간파(看破)하여 깨달아야 비로소 천하의 큰 일을 맡을 수 있으며 또한 세상의 속박에서 벗어날 수 있을 것이다.

▨ 세상의 부귀와 명리(名利) 같은 속박에 얽매이지 않고 자유로울 수 있는 경지에 다다르는 방법을 논하였다.

以幻迹[1]言하면 無論功名富貴어니와 即肢體[2]도 亦屬委形[3]이며
以眞境[4]言하면 無論父母兄弟어니와 即萬物도 皆吾一體니 人能
看得破認得眞이라야 纔可任天下之負擔[5]이며 亦可脫世間之韁
銷[6]니라

1) 幻迹(환적) : 거짓형태의 환영(幻影). 환상같은 거짓세계.

2) 肢體(지체) : 육체. 신체. 몸.

3) 委形(위형) : 잠시 빌린 형태(形態). 가짜형태.

4) 眞境(진경) : 진리의 본바탕.

5) 負擔(부담) : 지워진 짐. 맡은 임무.

6) 韁銷(강소) : 속박. 구속.

104. 재앙과 후회를 없게 하려면

입에 달콤한 맛은 모두 내장을 헐게 하고 뼈를 썩게 하는
독약이지만 반쯤에서 그치면 문득 재앙이란 없게 된다.

마음에 유쾌한 일은 몸을 망치고 덕을 잃게 하는 중간 매체
이나 반쯤에서 끝내면 문득 후회(後悔)가 없게 된다.

▨ 이 세상에는 사람을 타락으로 몰고가는 요인들이 수없이 많다.
일단 그 속에 빠져 헤어나지 못하면 몸과 마음을 망치게 된다. 문득
깨닫고 스스로 자제하여 자기 자리로 돌아온다면 재앙과 후회가 멀어
질 것이다.

爽口之味[1]는 皆爛腸腐骨[2]之藥이로되 五分이면 便無殃이요 快心
之事는 悉敗身喪德[3]之媒[4]로되 五分이면 便無悔니라

1) 爽口之味(상구지미) : 입에 맞는 맛있는 음식. 입에 달콤한 것.

2) 爛腸腐骨(난장부골) : 장을 헐게 하고 뼈를 썩게 한다.

3) 敗身喪德(패신상덕) : 몸을 망치고 덕을 잃는 것.

4) 媒(매) : 중간 매체. 매개체(媒介體). 매개.

105. 해로움을 멀리하는 3가지 방법

다른 사람의 작은 허물을 꾸짖지 말고 다른 사람의 사사로운 비밀을 들추어 드러내지 말고 다른 사람의 지난날 잘못을 마음에 새겨두지 않아야 한다.

이 3가지는 가히 덕을 기르며 또한 가히 해로운 것을 멀리하게 한다.

▨ 스스로 덕을 기를 수 있을 뿐 아니라 다른 사람으로부터의 해도 막을 수 있는 3가지 방법을 말하였다.

不責人小過하며 不發人陰私[1]하며 不念人舊惡하면 三者는 可以養德이며 亦可以遠害니라

1) 陰私(음사) : 비밀로 하고 감춘 것. 사사로운 비밀.

106. 선비의 몸가짐과 마음씀은

선비는 몸가짐을 경솔하게 해서는 안된다. 만일 경솔하게 하면 사물이 능히 나를 흔들어 놓다서 안정되고 유한한 맛이 없어지게 된다.

마음을 쓰는 것은 너무 그것에 신중하지 않아야 한다. 너무 신중하게 하면 내가 그 사물에 빠져서 신선하고 활발한 기틀이 없어진다.

▨ 몸가짐과 마음가짐은 너무 가볍게도 너무 신중하게도 하지 말고 중용을 지키되 몸가짐은 진중하고도 안정되어 한결같아야 하고 마음가짐은 가볍게 하여 신선하고 활발해야 한다는 것이다.

士君子[1]持身不可輕이니 輕則物能撓我[2]하여 而無悠閑鎭定[3]之

趣요 用意不可重이니 重則我爲物泥하여 而無瀟灑⁴⁾活潑之機니라

1) 士君子(사군자) : 선비를 말한다.

2) 撓我(요아) : 나를 구부러뜨리다. 나를 흔들어놓다. 나를 어지럽게 하다.

3) 悠閑鎭定(유한진정) : 안정되고 유한한 것.

4) 瀟灑(소쇄) : 맑고 깨끗하다. 신선하다.

107. 이 몸은 두번 다시 얻지 못하리라

하늘과 땅은 영원히 존재하지만 이 몸은 두번 다시 얻지 못할 것이며, 인생은 다만 백년이로되 이러한 날들도 아주 빨리 지나가 버리는 것이다.

다행히 그 사이에 태어난 우리는 살아있는 즐거움을 알지 않을 수 없으며 또 허송세월하지 않을까 하는 근심을 품지 않을 수 없는 것이다.

▨ 인생은 한낱 봄날의 꿈에 지나지 않는 짧은 세월이라 하지만 우리는 삶의 의미를 찾고 즐겨야 함과 동시에 다시는 얻을 수 없는 소중한 일생을 뜻없이 허송세월하여서는 안된다는 것을 마음에 새겨야 한다.

天地엔 有萬古하되 此身은 不再得이며 人生은 只百年이나 此日은 最易過라 幸生其間者 不可不¹⁾知有生之樂이며 亦不可不懷虛生²⁾之憂니라

1) 不可不(불가불) : 하지 않을 수 없다.

2) 虛生(허생) : 헛되이 사는 것. 허송세월하는 것.

108. 은혜에서 생겨나는 원한

원망은 덕으로 인해 나타나는 것이다. 그러므로 다른 사람으로 하여금 나의 덕을 입게 하는 것은 덕과 원망을 다같이 잊

게 하는 것만 같지 못한 것이다.

원한은 은혜로 인해 생겨나는 것이다. 그러므로 다른 사람으로 하여금 은혜를 알게 하는 것은 은혜와 원한을 다같이 잊어버리게 하는 것만 같지 못한 것이다.

▨ 한쪽에만 덕을 베풀고 은혜를 베풀게 되면 다른 한쪽은 원망과 원한을 갖기 마련이다. 그러므로 은혜도 원한도 없게 하는 것이 좋다는 것으로 수도승의 자세를 말한 것 같다.

怨因德彰[1] 하나니 故로 使人德我론 不若德怨之兩忘이요 仇因恩立하나니 故로 使人知恩으론 不若恩仇[2]之俱泯[3]이니라

1) 彰(창) : 드러나다. 나타나다.
2) 恩仇(은구) : 은혜와 원수. 은혜와 원한.
3) 泯(민) : 없게 한다.

109. 젊을 때 조심하지 않으면

늙어서 생기는 질병은 모두 젊은 시절에 건강에 유의하지 않아 초래한 것이요, 쇠퇴한 후에 발생하는 재앙은 모두 번성할 때 저지른 죄의 결과이다.

그러므로 가득 차게 지니고 만족하게 누릴 때 군자는 더욱 조심하는 것이다.

▨ 잔병이 많은 사람이 오히려 오래 살고 평소 건강에 자신 있는 사람이 갑자기 쓰러져 죽는다고 한다. 너무 건강에 자만하여 주의하지 않은 까닭이다.

혈기 왕성한 젊은 시절에 건강에 유의하고 집안이 융성한 때에 덕을 닦고 죄를 짓지 않도록 노력해야 한다는 말이다.

老來[1]疾病은 都是壯時招的이요 衰後罪孽[2]은 都是盛時作的이니

故로 持盈履滿³⁾을 君子尤兢兢焉하나니라

1) 老來(노래) : 노년(老年).

2) 罪孽(죄얼) : 저지른 죄에 대한 재앙.

3) 持盈履滿(지영리만) : 가득 차게 가지고 누리는 것. 분에 지나친 행복.

110. 새 친구보다는 옛 친구가 낫다

사사로운 은혜를 파는 것은 떳떳한 여론을 돕는 것만 같지 못하고 새로운 친구를 사귀는 것은 옛 친구와 우정을 돈독히 하는 것만 같지 못한 것이다.

영화로운 명예를 세우는 것은 남모르는 은덕을 심는 것만 같지 못하며 기이한 절의를 숭상하는 것은 평소의 행동을 조심하는 것만 같지 못한 것이다.

▨ 구관(舊官)이 명관(名官)이란 속담이 있다. 모든 것이 새것보다는 묵은 것이 품위와 격조가 있다. 새것은 쌈박한 맛이 있다면 옛것은 진중한 멋이 있다. 그러므로 자신의 명예를 힘쓰는 것보다는 은덕을 심어 백년의 대계를 세우는 것만 같지 못한 것이다.

市私恩¹⁾은 不如扶公議²⁾요 結新知는 不如敦舊好요 立榮名은 不如種隱德³⁾이요 尙奇節은 不如謹庸行이니라

1) 市私恩(시사은) : 사사로운 은혜를 팔다. 사사로이 은혜를 베풀어 자기 편으로 만드는 것.

2) 公議(공의) : 세상여론. 공명정대한 의론(議論).

3) 隱德(은덕) : 숨은 덕. 남모르게 베푸는 덕.

111. 평생 씻지 못할 오점(汚點)이 되는 것

공평한 의견이나 도리에 맞는 의론은 거스르지 말라. 한번

거스르면 부끄러움을 만세(萬世)에 남길 것이다.

권문세가나 사사로운 이익을 꾀하는 집에는 가히 발을 붙이지 말라. 한번 발을 붙이면 평생 씻지 못할 오점(汚點)이 될 것이다.

▨ 옛 시조의 한 구절에 '까마귀 노는 곳에 백로야 가지 마라'라는 말이 있다. 까마귀에게 물들지 않도록 가까이 가지 말라는 충고의 말로 나쁜 곳에는 아예 눈길도 돌리지 않아야 그곳에 빠져들지 않게 되는 것이다.

公平正論은 不可犯手[1]니 一犯則貽羞萬世요 權門私竇[2]는 不可著脚이니 一著則點汚[3] 終身하나니라

1) 犯手(범수) : 고의로 거슬리다. 반대하다.
2) 私竇(사두) : 사리사욕을 영위하는 소굴.
3) 點汚(점오) : 오점(汚點). 더러움에 물들다

112. 착한일 한 적 없이 사람들에게 칭찬받는 것은

자신의 뜻을 굽혀 다른 사람을 기쁘게 하는 것은 직궁(直躬)이 되어 다른 사람에게 꺼림을 받는 것만 못하다.

착한일 한 것 없이 사람들에게 칭찬을 받는 것은 악한일 한 것 없이 사람들의 비방을 받는 것만 못하다.

▨ 허울만 좋은 것보다 내실이 중요하다는 말로 잘못하고도 칭찬을 받는 것보다는 일을 잘하고 꾸지람을 받는 것이 오히려 낫다는 것이다. 나쁜 짓을 하고도 칭찬을 받으면 이것은 허위적인 것으로 언젠가는 들통이 날 것이기에 본인은 언제나 괴로울 수밖에 없고 숨기기 위해 더욱 나쁜 짓을 할지도 모른다. 반면 일을 잘했는데도 꾸지람을 받으면 당장은 화가 날지라도 그 일은 언젠가는 다시 빛을 볼 수 있기에 희망이 있는 것이다.

曲意²⁾而使人喜는 不若直躬²⁾而使人忌하며 無善而致人譽는 不若無惡而致人毁니라

1) 曲意(곡의) : 뜻을 굽히는 것.
2) 直躬(직궁) : 너무 정직한 것. 노(魯)나라 사람으로 아버지가 양을 훔치자 그것을 관가에 고발한 사람.

113. 친구의 허물을 보았을 때에는

부모형제와 골육간의 변고에 처하여서는 마땅히 조용하게 처리해야 할 것이요, 격렬히 하지 않아야 한다.

친한 친구간의 실수를 만났을 때에는 마땅히 간절하게 충고하여 바로잡아 주어야 할 것이요, 우물쭈물 주저하지 않아야 한다.

▨ 친구를 진실로 사귀는 도리는 친구의 잘못을 바로잡아 주어 함께 바른 길로 가는 것이다.

공자는 "벗과 벗 사이에는 간절히 충고하고 선을 권면(勸勉)해야 한다."고 하였고 맹자 또한 "선한 일을 하도록 권하는 것은 벗의 도리이다."라고 하였다.

處父兄骨肉之變엔 宜從容¹⁾이요 不宜激烈이며 遇朋友交遊之失하여는 宜凱切²⁾이요 不宜優游³⁾니라

1) 從容(종용) : 조용한 것. 행동이 얌전한 것.
2) 凱切(개절) : 적당하고 간절한 것.
3) 優游(우유) : 주저하는 것. 우물쭈물 하는 것.

114. 진정한 영웅은

작은 일에 물샐 틈 없이 하며 어두운 곳에서도 속이지 않으

며 실의에 빠졌을 때에도 나태하거나 방종하지 않으면 이를
바로 진정한 영웅이라 할 수 있다.

▨ 제방에 작은 구멍이 나면 결국 그 제방은 무너진다고 한다. 어떤
커다란 공적이 있어야만 영웅이 아니고 아주 작은 것이라도 아무렇게
나 방치하지 않고 역경 속에서도 언제나 끊임없이 노력하는 사람을 진
정한 영웅이라 할 수 있다는 말이다.

小處에 不滲漏[1]하며 暗中에 不欺隱하며 末路[2]에 不怠荒[3]하면 纔
是個眞正英雄이니라

1) 滲漏(삼루) : 스며서 물이 새는 것.

2) 末路(말로) : 실의(失意)에 빠져있는 때.

3) 怠荒(태황) : 나태하고 방종(放縱)한 것. 게으르고 성격이 거칠어지는 것.

115. 사랑이 지나치면 원수가 된다

천금(千金)으로도 한때의 환심을 사기 어려울 때가 있고 한
그릇의 밥으로도 마침내 평생동안 감사하는 마음을 이룰 수
있다. 대개 사랑이 지나치면 도리어 원수가 될 수 있고 박대가
심해도 꼭 필요한 것이면 도리어 기쁨을 이룬다.

▨ 굶주릴 때 밥 한 그릇은 생명을 이을 수 있는 매우 소중한 것이
요, 배부를 때 산해진미보다 달고 고마운 것이다. 상황에 알맞게 베풀
때 제대로 효과가 나타난다.

千金[1]도 難結一時之歡[2]이요 一飯도 竟致終身感[3]하나니 蓋愛重
反爲仇요 薄極翻成喜也니라

1) 千金(천금) : 많은 돈.

2) 歡(환) : 환심.

3) 感(감) : 감사하는 것.

116. 천금같이 귀중한 처세의 방편

교묘한 재주를 졸렬한 것에 감추고 어두운 것을 써서 세상을 밝게 하며 청렴한 것을 세속의 탁한 것에 맡기고 굽히는 것으로써 펴는 것이 되는 것을 삼으면, 참으로 세상을 살아가는 데 천금같이 귀중한 방편이며 몸을 안전하게 보호하는 은신처인 것이다.

▨ 이 세상을 겸손하고 공손한 태도로 살아가면 이것은 자신을 보호하고 또 자신을 화근으로부터 방어하는 은신처라는 것이다. 속담에 '뾰족한 돌이 징을 맞는다.'고 했듯 튀어나온 돌은 어느 사람의 발뿌리에 걸림으로써 망치로 쪼아내게 된다는 뜻이다. 이 세상에서 숨어사는 진리를 말한 것이다.

藏巧於拙하며 用晦而明[1]하며 寓淸于濁하며 以屈爲伸은 眞涉世之一壺[2]요 藏身之三窟[3]也니라

1) 用晦而明(용회이명) : 『주역(周易)』 지화명이(地火明夷)괘의 상전(象傳)에 "군자는 무리에 임하여 어두운 것을 밝게 하는 것이다." 라고 하였다.

2) 一壺(일호) : 한 개의 병. 한 가지 방편. 『골관자(鶡冠子)』에 "중류(中流)에서 배를 잃으면 일호천금(一壺千金) 이다."라 하였으니 강 한가운데에서 배를 잃으면 무엇이든지 붙들고 살지 않으면 안되니까 병 하나도 천금의 값이 있다는 것이다.

3) 三窟(삼굴) : 세 개의 굴. 은신처. 『전국책』에 "풍난(馮煖)이 가로되 교토(狡兎)는 삼굴(三窟)이 있어 겨우 그 죽음을 면할 따름이다. 이제 한 굴만으로는 아직 베개를 높이 하고 잘 수 없다. 청하노니 그대 두 개의 굴을 더 파도록 하라."라고 한 데서 나온 것이다.

II7. 쇠퇴한 기상은 번성한 가운데 있다

쇠퇴하여 쓸쓸한 기상은 바로 번성하고 만족한 가운데에 있고 싹트고 자라나는 작용은 곧 시들어 떨어지는 속에 있다. 그러므로 군자는 평안한 데 있어서는 마땅히 한결같은 마음을 가져 환란을 생각하고 어려움에 처하여서는 마땅히 굳게 백 번이라도 참아 일 이루기를 도모해야 한다.

▨ 세상만사 변하지 않음이 없는 것이니 항상 앞으로 다가올 변화에 대비하는 마음가짐을 갖고 처해진 환경에 순응하도록 하여야 한다. 백 번을 참으면 살인도 면한다고 했다.

衰颯[1]的景象은 就在盛滿中하고 發生[2]的機緘[3]은 卽在零落內하나니 故로 君子는 居安하면 宜操一心以慮患하며 處變[4]하면 當堅百忍以圖成이니라

1) 衰颯(쇠삽) : 쇠퇴하여 쓸쓸한 것.
2) 發生(발생) : 자라나다. 생장하다.
3) 機緘(기함) : 작용(作用). 움직임.
4) 處變(처변) : 어려움에 처하다. 변고(變故), 변란(變亂)을 당하다.

II8. 원대한 견식이 없는 자

기이한 것에 놀라고 이상한 것에 기뻐하는 사람은 원대한 견식이 없는 것이요, 괴로운 가운데 절의를 지키고 홀로 도를 닦는 사람은 언제까지나 지킬 지조는 아닌 것이다.

▨ 진리란 특별하고 기이한 것에 있는 것이 아니고 평범한 것에 있는 것으로 언제나 평범한 일상 속에서 참다운 즐거움을 찾을 수 있는 것이다. 기이하고 특이한 것은 남에게 보여 관심을 끌기 위한 허울에

지나지 않는다.

驚奇喜異[1]者는 無遠大之識하고 苦節獨行[2]者는 非恒久操니라
1) 驚奇喜異(경기희이) : 진기한 것에 놀라고 이상한 것을 좋아하는 것.
2) 苦節獨行(고절독행) : 괴로운 처지에 있으면서 절의(節義)를 지키고
  세상을 등지고 홀로 도(道)를 닦는 것.

119. 분노와 욕망의 마음을 돌리면
분노가 불길처럼 타오르고 욕망이 물끓듯 끓어오르는 때를
당하여서는 명백하게 이것을 알고 또 명백하게 잘 대처해 나
간다. 아는 자는 누구이며 잘 대처하는 자는 또 누구인가. 이
러한 때에 맹렬하게 생각을 돌리면 사악한 마귀도 문득 참 주
인이 되는 것이다.
▨ 분노와 욕망의 마음이 솟아오르면 스스로 반성하여 마음을 돌려
야 한다. 그러면 곧 진실한 마음의 본체를 볼 수 있다.

當怒火慾水正騰沸處하여 明明知得하며 又明明犯著[1]하나니 知的
是誰며 犯的又是誰요 此處能猛然轉念하면 邪魔便爲眞君[2]矣니라
1) 犯著(범착) : 범은 억(抑)과 같다. 착은 득(得)과 같다. 잘 대처하다,
  억제하다의 뜻.
2) 眞君(진군) : 마음의 본체. 참마음. 본연의 참다운 마음.

120. 남의 능력을 시기하지 말라
한쪽만 편벽되게 믿어 간사한 자에게 속지 말 것이며 자신
의 능력 이상의 일을 맡는 것 같은 객기의 부림을 당하지 말
것이며 자기의 장점으로써 다른 사람의 단점을 나타내지 말

것이며 자기의 졸렬한 것으로 인하여 다른 사람의 능력을 시기하지 말 것이다.

　▨ 모든 것을 너무 과신하면 자신도 모르게 사기를 당하게 된다. 자신이 할 수 있는 능력 이상의 일을 객기를 부려 맡지 않아야 하며 자신의 장점을 너무 과시하지 말라. 자기의 졸렬한 것은 생각하지 않고 보통 사람들은 남의 장점을 시기하는데 시기하는 마음을 버리고 자신도 좋은 것을 갖도록 노력하는 것이 더욱 건설적이다.

　毋偏信[1]而爲奸所欺하며 毋自任[2]而爲氣所使 毋以己之長而形人[3]之短하며 毋因己之拙而忌人之能하라

1) 偏信(편신) : 편벽되게 믿는 것. 한쪽 말만 편협하게 믿는 것.
2) 自任(자임) : 자기 역량 밖의 일을 스스로 맡는 것.
3) 形人(형인) : 남을 드러내다.

121. 단점으로써 단점을 공격하는 것

　다른 사람의 단점은 마음을 다하여 덮어주도록 힘써야 한다. 만일 폭로하여 이것을 드러내면 이는 단점으로써 단점을 공격하는 것이다.

　다른 사람이 완고한 것이 있으면 잘 타일러 고치도록 도와주어야 한다. 만일 성내거나 미워하면 이것은 완고한 것으로써 완고한 것을 제도(濟度)하는 것이다.

　▨ 다른 사람의 단점을 폭로하는 것 자체가 나의 단점이 되는 것이다. 이것은 나의 단점으로 남의 단점을 공격하는 것이 된다. 또한 다른 사람이 완고하다고 화를 내고 미워하기만 한다면 그것 자체가 나 자신의 완고함이 되는 것이다. 나의 완고함으로 어찌 남의 완고함을 고칠 수 있겠는가. 남에게 피를 뿌리려면 먼저 내 입에 피를 머금어야 한다는 말을 새겨보아야 할 것이다.

人之短處는 要曲[1]爲彌縫[2]이니 如暴而揚之하면 是는 以短攻
短이요 人有頑的이어든 要善爲化誨[3]니 如忿而疾之면 是는 以頑
濟頑이니라

1) 曲(곡) : 간곡(懇曲)하게 하다. 정성을 다하다.
2) 彌縫(미봉) : 해진 곳을 꿰매다. 조금씩 손보아 큰 탈 없이 하는 것.
3) 化誨(화회) : 깨닫도록 가르쳐 주는 것.

122. 마음을 보여주지 않아야 할 사람

음침한 태도로 말없이 있는 자를 만나거든 마음을 보여주지
말 것이며 화를 잘내고 잘난 체하는 자를 보거든 모름지기 입
을 다물 것이다.

▨ 음흉하게 말없이 속을 보이지 않는 사람에게 흉금을 털어놓는 것
은 나의 약점을 잡힐 수 있다. 또 화를 잘내는 성질의 사람이나 잘난
체하는 사람에게는 침묵을 지켜 쓸데없는 충돌을 피하는 것이 좋다.

遇沈沈[1]不語之士하면 且莫輸心[2]하며 見悻悻[3]自好之人이어든
應須防口하라

1) 沈沈(침침) : 음침한 것. 음흉한 것.
2) 輸心(수심) : 마음을 털어놓는 것. 속마음을 보여주는 것.
3) 悻悻(행행) : 성내기 쉬운 것.

123. 너무 긴장되어 있을 때는 늦추어라

마음이 어둡고 산란할 때에는 바로 정신을 수습할 줄 알아
야 하며 마음이 너무 긴장할 때는 늦출 줄 알아야 한다. 그렇
지 않으면 어두운 마음의 병을 고칠지라도 또 동요되어 흔들
리는 근심이 올까 두려운 것이다.

▨ 모든 세상 일에 너무 한쪽으로 치우치지 말고 적절히 조절하여 중용의 묘미를 가지라는 말이다.

念頭昏散處는 要知提醒[1]하며 念頭喫緊時는 要知放下하라 不然이면 恐去昏昏[2]之病하고 又來憧憧[3]之擾矣리라

1) 提醒(제성) : 정신을 차리게 하는 것. 정신을 일깨워 수습하는 것.
2) 昏昏(혼혼) : 마음이 혼미하다.
3) 憧憧(동동) : 뜻을 정하지 못한 마음. 마음이 동요되어 흔들리는 것.

124. 흐리다가도 맑아지는 것

맑게 갠 푸른 하늘도 문득 변하여 번개가 치고 우레가 진동하기도 하며 거센 비바람이 치다가도 문득 변하여 밝은 달에 맑은 하늘이 되는 것이다.

하늘과 땅의 작용이 어찌 항상 털끝만큼이라도 구애됨이 있을 것이며, 하늘이 어찌 항상 털끝만큼의 막힘이 있으리오

사람 마음의 본체도 또한 이와 같은 것이다.

▨ 사람 마음의 본체가 자유자재로 변화하는 것을 자연에 비유하여 말하였다.

霽日靑天이 條變[1]爲迅雷震電하며 疾風怒雨가 條變爲朗月晴空이라 氣機[2]何常一毫凝滯[3]며 太虛[4]何常一毫障塞이리요 人心之體도 亦當如是니라

1) 條變(숙변) : 갑자기 변하는 것.
2) 氣機(기기) : 하늘과 땅의 작용.
3) 凝滯(응체) : 구애받다. 막히다.
4) 太虛(태허) : 하늘.

125. 한 개의 명주(明珠)와 한 자루의 칼

사사로운 정을 이기고 욕망을 억제하는 공부는 아는 것을 일찍부터 하지 않으면 힘으로는 쉽게 할 수 없는 것이며 알아서 그것을 깨뜨리더라도 참는 것에 불과한 것이다.

대개 지식이라는 것은 악마를 비추는 한 개의 명주(明珠)이며 힘은 악마를 베어 자르는 한 자루의 지혜로운 칼이니 둘다 가히 적게 해서는 안될 것이다.

▨ 사사로운 정과 욕망같은 악마를 명주(明珠)로써 비춘다하더라도 잘 드는 칼이 없으면 없애지 못하고 잘 드는 칼이 있어도 명주로 비추지 못하면 또한 없애지 못한다. 곧 지식과 힘, 이 두 가지를 반드시 같이 가지고 있어야 한다는 것이다.

勝私制欲之功은 有日識[1]不早하면 力不易者며 有日識得破라도 忍不過者니 蓋識是一顆[2]照魔[3]的明珠요 力是一把[4]斬魔的慧劍[5]이라 兩不可少也니라

1) 識(식) : 지식. 앎.

2) 一顆(일과) : 한 개.

3) 魔(마) : 악마. 사사로운 정(情)과 욕망을 말한다.

4) 一把(일파) : 한 자루.

5) 慧劍(혜검) : 잘 드는 칼.

126. 얼굴색이 변하지 않는 사람은

남의 속임수를 알지라도 말로 나타내지 않고 남에게 모욕을 받을지라도 얼굴색을 변하지 않으면 그 사람의 마음 속에는 무궁한 뜻이 있으며 또 무궁한 작용이 있는 것이다.

覺人之詐¹⁾하여도 不形於言하며 受人之侮하여도 不動於色하면 此 中에 有無窮意味하며 亦有無窮受用²⁾하니라

1) 詐(사) : 거짓으로 속이는 것.

2) 受用(수용) : 작용(作用). 활용.

I27. 호걸(豪傑)은 역경과 곤궁 속에서 큰다

역경과 곤궁은 호걸(豪傑)을 단련시키는 하나의 화로와 도 가니이다. 능히 그 단련을 받으면 몸과 마음이 서로 유익하고 그 단련을 받지 않으면 몸과 마음이 모두 해로울 것이다.

▨ 동서고금의 영웅호걸들의 전기를 보면 역경을 겪지 않고 큰 인물 이 된 사례를 볼 수 없는 것을 알 것이다.

横逆困窮은 是煅煉¹⁾豪傑的一副²⁾鑪錘³⁾니 能受其煅煉하면 則 身心交⁴⁾益하고 不受其煅煉하면 則身心交損하나니라

1) 煅煉(단련) : 쇠를 불려 두들기는 것. 사물을 연구하고 학문을 닦는다 는 뜻이다.

2) 一副(일부) : 일개(一個). 하나.

3) 鑪錘(노추) : 쇠를 다루는 화로와 도가니.

4) 交(교) : 수(受)의 뜻으로 받다로 풀이한다.

I28. 내 몸은 하나의 작은 천지(天地)이다

내 몸은 하나의 작은 천지(天地)이다. 기뻐하고 화내는 것 을 알맞게 하며 좋아하고 싫어하는 것을 법도에 맞게 하면 곧 천지의 이치를 배우는 공부이다.

천지는 하나의 커다란 부모(父母)이다. 백성으로 하여금 원 한이 없게 하고 사물로 하여금 괴로움이 없게 하면 또한 이것

이 화목하는 기상(氣象)이 되는 것이다.

▨ 천지의 이치는 중용(中庸)의 이치이다. 인체는 하나의 작은 우주이고 작은 우주의 기거동작을 법칙에 맞게 하면 이것이 중용의 도리이며 천지의 이치이기도 하며 이것을 미루어 나가면 천하의 모든 진리가 한 몸안에 있다는 것을 발견하게 된다.

吾身은 一小天地也라 使喜怒不愆[1]하며 好惡有則하면 便是變理[2]的功夫요 天地는 一大父母也라 使民無怨咨[3]하며 物無氛疹[4]하면 亦是敦睦[5]的氣象이니라

1) 不愆(불건) : 법에 알맞는 것.

2) 變理(섭리) : 조화(調和).

3) 怨咨(원자) : 원망하는 것.

4) 氛疹(분진) : 괴로워하고 고민하다.

5) 敦睦(돈목) : 화목(和睦).

129. 다른 사람이 나를 속일지라도

남을 해치려는 마음을 가져서는 안되지만 남이 나를 해치려는 것을 막는 마음은 없지 않을 것이다. 이는 소홀하게 생각하는 것을 경계하는 것이다.

차라리 남의 속임을 받을지언정 사람의 속임수를 미루어 추측하지 말라 하였으니 이것은 지나치게 살피는 것을 경계한 것이다.

이 두 가지 말을 아울러 염두에 두면 생각이 밝아지고 덕행이 두터워질 것이다.

▨ 자신이 남을 해쳐서는 안되지만 남이 나를 해치는 것은 막아야 하지 않겠는가. 또 남의 속임을 당하더라도 남이 나를 속일 것이라고 유추하지는 말라고 했다. 이러한 두 가지를 마음에 새겨두면 정신이

밝아지고 덕행이 쌓아진다는 것이다.

害人之心은 不可有요 防[1]人之心은 不可無니 此戒疎於慮也요
寧受人之欺나 毋逆[2]人之詐니 此警傷於察也라 二語竝存하면 精
明[3]而渾厚[4]矣리라

1) 防(방) : 남으로부터 가해져오는 해를 미리 예방하는 것.

2) 逆(역) : 미리 짐작하는 것. 미리 추측하는 것.

3) 精明(정명) : 생각이 치밀한 것.

4) 渾厚(혼후) : 덕이 두터운 것.

130. 은혜 때문에 대체를 그르치지 말라

많은 사람이 의심하는 것으로 인하여 자신의 의견을 굽히지
말 것이며 자기의 의사에만 임하여 다른 사람의 말을 부정하지
말 것이다.

조그마한 사사로운 은혜 때문에 대체(大體)를 손상시키지
말 것이며 공론(公論)을 빌려 사사로운 정을 만족시키지 말
것이다.

▨ "작은 이익은 큰 이익을 해친다."고 했다. 제갈공명이 패전의 책
임을 물어 눈물을 머금고 아끼던 마속의 목을 베어버린 것은 대체를
생각한 것으로 공(公)과 사(私)를 분명히 한 것이다. 확고부동한 신념
을 갖고 공사를 분명히 하여 작은 것에 얽매이지 않아야 한다.

毋因群疑[1]而阻獨見하며 毋任己意而廢人言하며 毋私小惠而
傷大體[2]하며 毋借公論以快私情하라

1) 群疑(군의) : 여러 사람이 의심하는 것.

2) 大體(대체) : 대국(大局).

131. 친할 수 없거든 미리 칭찬하지 말라

착한 사람이라도 바로 친할 수 없거든 미리 칭찬하지 말라. 헐뜯고 이간하는 간사함이 생길까 두렵다. 악한 사람이라도 능히 가볍게 내치지 못하거든 마땅히 먼저 발설하지 말라. 뜻하지 않은 화를 초래할까 두렵다.

▨ 지도자를 보필하는 지위에 있는 중요 관직에 있는 사람이 현자를 추천하고 간사한 사람들을 물리치는데 있어서 주의하여야 할 점을 말한 것이다.

善人은 未能急親이어던 不宜預揚[1]이니 恐來讒譖[2]之奸이며 惡人은 未能輕去어든 不宜先發이니 恐招媒孽之禍[3]니라

1) 揚(양) : 찬양하다. 칭찬하다.
2) 讒譖(참참) : 참언(讒言)과 이간. 헐뜯고 이간질하는 것.
3) 媒孽之禍(매얼지화) : 뜻하지 않은 화.

132. 뛰어난 경륜도 세심한 주의에서부터

푸른 하늘의 밝은 해와 같이 빛나는 절의(節義)는 어두운 방 한구석에서 길러온 것이며, 천지를 뒤흔드는 뛰어난 경륜도 깊은 물에 다다른 듯하고 엷은 얼음을 밟듯이 하여 조심스럽게 세심한 주의를 기울여 만들어진 것이다.

▨ 성공이란 무작정 이루어진 것이 아니라 반드시 남다른 노력과 주도면밀한 계획에 의해 이루어지는 것이다. 훌륭한 행동과 큰 사업을 성공시킨 사람을 보면 모두 그 이면에 피나는 노력과 괴로움을 겪은 후에 맺은 결실인 것이다.

青天白日的節義는 自暗室屋漏[1]中培來며 旋乾轉坤[2]的經綸은
自臨深履薄[3]處操出[4]이니라

1) 暗室屋漏(암실옥루) : 어두운 방의 한쪽 구석.

2) 旋乾轉坤(선건전곤) : 천지를 뒤흔드는 것.

3) 臨深履薄(임심리박) : 깊은 물에 가까이 가고 얇은 얼음을 밟다. 곧 세
  심한 주의를 기울인다는 뜻.

4) 操出(조출) : 끌어내다. 만들어내다.

133. 부모와 자식사이가 장사꾼사이가 되는 것은

아버지는 사랑하고 자식은 효도하며 형은 동생을 아끼고 동
생은 공경하여 비록 지극한 경지에 이를지라도 다 당연한 일
을 한 것이다.

털끝만큼이라도 감격스러워 하는 마음을 두지 말 것이니 만
일 베푼 자가 공덕을 쌓았다고 생각하고 받은 자가 은혜를 받
았다고 생각한다면 곧 길에서 만난 사람인 것이다. 시장의 장
사꾼과 같은 관계일 뿐인 것이다.

▨ 당연히 할일을 하는 것이 인간된 도리이다. 인간이 인간된 도리
를 하는데 자신이 베풀고 덕을 쌓았다고 자부하고 받는 사람이 도움을
받았다고 자부하는 것은 시장의 장사꾼들의 관계라는 것이다. 인륜에
있어서의 진실한 사랑은 희생적이어야 하고 아무것도 바라지 않으면서
자신이 도리를 다할 뿐이라는 것이다.

父慈子孝하며 兄友弟恭하며 縱做到極處라도 俱是合當如此요
著不得一毫感激的念頭니 如施者任德[1]하며 受者懷恩하면 便是路
人[2]이라 便成市道[3]니라

1) 任德(임덕) : 덕에 임하다. 덕을 베풀었다고 생각하다.

2) 路人(노인) : 길가는 사람. 길에서 만나는 사람. 즉 타인.

3) 市道(시도) : 시장에서의 일. 장사치의 하는 일.

I34. 누가 나를 밉다 하겠는가

아름다운 것이 있으면 반드시 미운 것이 있어 대(對)를 이루는 것이니 나의 아름다움을 자랑하지 않으면 누가 능히 나를 밉다 하겠는가.

깨끗한 것이 있으면 반드시 더러운 것이 있어 짝이 되나니 내가 깨끗한 것을 좋아하지 않으면 누가 능히 나를 더럽다 하겠는가.

▨ 양(陽)이 있으면 음(陰)이 있듯이 세상사는 언제나 상대되는 것이 있기 마련이다. 아름답고 미운 것을 초월하고 깨끗하고 더러운 것을 초월하여 나의 아름다움과 깨끗함을 너무 드러내지 않을 때 남의 질투와 미움을 사지 않고 남의 시기와 미움으로 인한 실패가 없게 될 것이다.

有姸[1]이면 必有醜爲之對니 我不誇姸하면 誰能醜我하며 有潔이면 必有汚爲之仇니 我不好潔하면 誰能汚我하리요
1) 姸(연) : 아름다운 것. 곱다.

I35. 권세의 변화에는 부귀한 사람이 민감하다

뜨거웠다 차가웠다 수시로 변하는 상태는 부귀가 빈천보다 더욱 심하며 투기의 마음은 골육간이 타인보다 더욱 사납다. 이곳에 만일 냉정한 이성으로써 당면하거나 담담한 마음으로써 제어하지 않는다면 하루도 번뇌의 장애 속에 앉아있지 않는 날이 드물 것이다.

▨ 돈과 명예와 권력이 있는 사람에게 붙어 아부하고 그렇지 않은

사람은 멸시하는 것이 이 세상의 세태며, 사촌이 땅을 사면 배가 아프다는 속담이 있듯 가까운 사람이 잘 되는 것에 더욱 질투하는 것이 보통 사람들의 마음이다. 이러한 세상 인정에 얽매여 번뇌의 나날을 보내지 말고 냉정한 이성과 담담한 마음을 가지라는 말이다.

炎涼[1]之態는 富貴更甚於貧賤하며 妬忌之心은 骨肉[2]이 尤狠於外人하나니 此處에 若不當以冷腸[3]하며 御以平氣[4]하면 鮮不日坐煩惱障中矣니라

1) 炎涼(염량) : 뜨겁고 찬 것. 곧 인심(人心)이 권세의 유무에 따라 변하는 것. 염량세태(炎涼世態)라고도 한다.
2) 骨肉(골육) : 가까운 친척.
3) 冷腸(냉장) : 냉정한 마음. 냉철한 이성(異性).
4) 平氣(평기) : 평정(平靜)의 기운. 담담한 마음.

136. 반드시 공로에는 상을 과실에는 벌을

공로와 과실은 조금이라도 혼동하면 안된다. 혼동하면 사람이 나태한 마음을 품는다. 은혜와 원한은 크게 밝히지 말라. 밝히면 다른 사람이 의심하는 마음을 일으킬 것이다.

▨ 공로와 과실을 혼동하여 공을 세워도 상이 없으면 공을 세우기 위해 노력하는 일이 없을 것이며, 잘못을 해도 벌이 없으면 그만두지 않을 것이다.

功過는 不容少混이니 混則人懷惰墮之心하며 恩仇는 不可大明이니 明則人起携貳[1]之志하나니라

1) 携貳(휴이) : 의심하고 이간하는 것. 사람이 배반하여 불신하는 것.

137. 벼슬과 봉록은 지나치게 높지 않아야

작위(爵位)는 지나치게 높지 않아야 한다. 지나치게 높으면 위태로운 것이다.

능히 해낼 수 있는 일이라도 능력을 다 발휘하지 않아야 한다. 능력을 다 발휘하면 쇠퇴하는 것이다.

행실은 지나치게 높게 하지 않아야 한다. 지나치게 높으면 헐뜯는 일이 일어나고 비방을 당하게 된다.

▨ 아무리 좋은 것도 극에 달하면 기우는 것이다. 달도 차면 기운다고 했고, 그릇에 담긴 물도 차면 넘치는 법이다. 적당한 중용의 도를 이루는 것이 중요하다.

爵位는 不宜太盛이니 太盛則危하며 能事[1]는 不宜盡畢이니 盡畢則衰하며 行誼[2]는 不宜過高니 過高則謗興而毀來하나니라
1) 能事(능사) : 자기가 매우 잘할 수 있는 일. 특별히 잘하는 일.
2) 行誼(행의) : 행실(行實).

138. 드러낼수록 공이 적어지는 것

나쁜일 일수록 그늘에 숨는 것을 싫어하고 착한일 일수록 드러나는 것을 싫어하는 것이다.

그러므로 나쁜 일이 겉으로 나타나는 것은 재앙이 적고 숨겨지는 것은 재앙이 크다. 착한 일이 겉으로 드러난 것은 공(功)이 적고 숨겨진 것은 공이 큰 것이다.

▨ 자신의 잘못은 자꾸 드러내어 고치도록 노력하고 착한 일 한 것은 감추어 뽐내지 않아야 덕을 쌓을 수 있는 것이다.

惡忌陰[1]하고 善忌陽[2]하나니 故로 惡之顯者는 禍淺하고 而隱者는
禍深하며 善之顯者는 功小하고 而隱者는 功大하니라
1) 陰(음) : 숨기는 것.
2) 陽(양) : 나타내는 것.

139. 재주는 있지만 덕이 없다면

덕(德)이란 재주의 주인이며 재주라는 것은 덕의 노예이다.
재주는 있지만 덕이 없으면 마치 집에 주인이 없고 노예가
일을 마음대로 처리하는 것과 같은 것이다. 이렇게 되면 어찌
도깨비가 미쳐 날뛰지 않겠는가.

▨ 덕 없는 사람이 조그만 재주만 믿고 경거망동하면 세상 사람들의
웃음거리만 될 것이다. 재주있는 자는 덕을 닦는 일에 더욱 정진하여
야만 그 재주가 빛나는 것이다.

德者는 才之主요 才者는 德之奴니 有才無德이면 如家無主而奴
用事矣라 幾何不魍魎[1]而猖狂[2]이리오
1) 魍魎(망량) : 산도깨비.
2) 猖狂(창광) : 미쳐 날뛰는 것.

140. 쥐도 도망할 길을 만들어 주어야 한다

간악한 무리를 제거하고 아첨하는 무리를 막는데 있어 한
가닥의 갈 길을 열어놓아야 한다. 만일 한 곳이라도 용납하는
곳이 없게 되면 비유컨대 쥐구멍을 막는 자와 같아서 일체의
갈 길을 다 막아버리면 모든 좋은 물건을 다 물어뜯길 것이다.

▨ 궁지에 몰린 쥐가 고양이를 문다고 했다. 또한 병법에는 궁지에
몰린 적은 쫓지 말라고 했다. 죽기살기로 싸워 많은 손해를 보기 때문

이다. 그렇기에 배수의 진을 치고 죽을 결심으로 싸우는 적은 이기기 어려웠던 옛 전쟁 이야기를 많이 본다.

옛날 은(殷)나라의 탕왕(湯王 : 殷나라의 창업군주)은 사냥을 할 때 짐승이 도망할 길을 만들어놓고 사냥했으며 새를 잡을 때도 한쪽이 터진 그물로 새를 잡았다고 한다.

鋤奸杜倖[1]엔 要放他一條[2]去路[3]니 若使之一無所容하면 譬如塞鼠穴者하여 一切去路를 都塞盡하면 則一切好物[4]을 俱咬破矣리라

1) 鋤奸杜倖(서간두행) : 서는 제거하다, 간은 간악한 것, 두는 막다, 행은 아첨하는 자의 뜻.
2) 一條(일조) : 한 가닥. 한 줄기.
3) 去路(거로) : 갈 길. 도망할 길. 달아날 길.
4) 好物(호물) : 좋은 세간. 중요한 기물.

141. 타인과 함께 할 수 없는 것

마땅히 타인과 더불어 허물의 책임을 같이 할 수 있지만 타인과 더불어 공(功)을 같이 할 수는 없다. 공을 같이 하면 서로 시기하게 되는 것이다.

타인과 환란을 함께 할 수는 있지만 타인과 더불어 안락을 함께 할 수는 없다. 안락을 함께 하면 서로 원수같이 되는 것이다.

▨ 환란과 어려움 속에서는 서로 돕지만 공로와 안락은 서로 많이 가지려 다투게 되어 원수같이 되기도 한다.

이러한 세상사 인간의 마음을 잘 파악한 중국 월(越)나라 범려는 월왕 구천을 도와 오(吳)나라를 멸망시키고는 월나라를 떠나 몸을 보전하였고, 월나라 대부였던 종(種)은 깨닫지 못하고 연연해 하다 죽음을 맞이하였던 것이다.

當與人同[1]過로되 不當與人同功이니 同功則相忌[2]하며 可與人共
患難이로되 不可與人共安樂이니 安樂則相仇하나니라

1) 同(동) : 같이 나누어 갖는 것.

2) 忌(기) : 시기하는 것.

142. 무한한 공덕을 쌓는 것

사군자로서 빈곤하여 능히 물질적으르 남을 구제하지는 못할
지라도, 어리석어 방황하는 사람을 만나면 한 마디를 발하여 그
를 깨우쳐 주며 위급한 처지의 사람을 만나면 말 한 마디를 하
여 이를 해결해 구원해 준다.

이것 또한 무한한 공덕이 되는 것이다.

▨ 남을 도와주는 방법은 꼭 물질로써가 아니라는 것이다. 학문을
한 사람은 학문으로써 남의 앞길을 열어주는 것이다. 각자의 분수와
능력에 맞는 방법으로 남에게 베푸는 것이다.

士君子 貧不能濟物[1]者라도 遇人痴迷[2]處하면 出一言提醒之하며
遇人急難處하연 出一言解救[3]之하나니 亦是無量功德이니라

1) 濟物(제물) : 물질로써 구제하다.

2) 痴迷(치미) : 어리석어 방황하는 것.

3) 解救(해구) : 해결하고 구제하는 것.

143. 인정(人情)의 공통된 병폐

굶주리면 먹여주는 자에게 붙고 배부르면 쌀쌀하게 떠나며
따뜻하면 모여들고 추우면 버리는 것이 인정(人情)의 공통된
병폐이다.

▨ 세상 사람들은 굶주리고 배그프면 염치불구하고 부유한 사람에

게 달라붙어 아첨을 떨어 굶주림을 해결하지만 일단 배가 부르고 여유
로워지면 떠나가 버린다. 부유한 집에는 많은 사람이 모여들고 부유하
던 집이 몰락하면 모두 발길을 끊는다. 속세의 인정의 무심한 것을 지
적한 것이다.

饑則附하며 飽則颺[1]하며 燠[2]則趨[3]하며 寒則棄는 人情通患[4]也니라

1) 颺(양) : 날아오르다. 떠나가는 것. 새가 날아오르다.
2) 燠(욱) : 더운 것. 따뜻한 것.
3) 趨(추) : 쏠리는 것.
4) 通患(통환) : 일반적인 병.

144. 냉철한 눈을 깨끗하게 닦으라

군자는 마땅히 냉철한 눈을 깨끗하게 닦아야 할 것이요, 삼
가하여 경솔하게 굳은 마음을 움직이지 않는 것이다.

▨ 군자는 감정에 휘말리지 않고 냉철한 마음으로 사물을 보아야 하
며 확고부동한 마음으로 신념을 가지고 행동해야 한다.

君子는 宜淨拭冷眼[1]이요 愼勿輕動剛腸[2]이니라

1) 淨拭冷眼(정식냉안) : 정식은 깨끗하게 닦는 것. 냉안은 냉철한 안목,
   이성적인 판단.
2) 剛腸(강장) : 확고부동한 마음.

145. 도량을 넓히려면 식견을 크게 하라

덕은 도량에 따라 나아가며 도량은 식견으로 말미암아 성장
하는 것이다. 그러므로 그 덕을 두텁게 하려면 가히 그 도량을
넓히지 않을 수 없으며 그 도량을 넓히려고 한다면 그 식견을

가히 크게 하지 않을 수 없는 것이다.

▨ 견식을 넓힘으로써 도량이 커지고 도량이 커져야 비로소 덕망을 갖출 수 있는 것이다. 높은 산은 골짜기도 깊고 골짜기가 깊은 산은 물도 많고 산도 큰 산이 되는 것과 같은 뜻이다.

德隨量[1]進하며 量由識[2]長하나니 故로 欲厚其德이면 不可不弘其量이라 欲弘其量인댄 不可不大其識이니라

1) 量(양) : 도량.

2) 識(식) : 지식. 식견.

146. 이목구비가 모두 속박물이다

등잔불이 반딧불처럼 깜박거리고 세상 모든 소리들이 조용해지는 한밤중은 우리들이 비로소 편안하게 잠자리에 들어가려 할 때인 것이요, 새벽에 꿈에서 깨어 만물이 움직이지 않고 아직 일어나지 않은 때는 우리가 비로소 혼돈에서 벗어나는 곳이다.

이때를 틈타 한 생각으로 빛을 돌려 스스로 마음을 비추면 비로소 이목구비는 다 심신을 결박하는 질곡(桎梏)이요, 정욕기호(情欲嗜好)는 다 심신을 결박하는 기계(機械)라는 것을 알 수 있을 것이다.

▨ 도가(道家)의 사상가들이 말하는 도(道)의 현상을 말한 것이다.

一燈螢然하고 萬籟[1]無聲은 此吾人初入宴寂[2]時也요 曉夢初醒에 群動[3]未起는 此吾人初出混沌處也라 乘此而一念廻光하여 炯然返照[4]하면 始知耳目口鼻는 皆桎梏[5]而情欲嗜好는 悉機械[6]矣리라

1) 萬籟(만뢰) : 모든 물건의 소리.

2) 宴寂(연적) : 편안하게 잠자는 것.

3) 群動(군동) : 만물의 운동.

4) 炯然返照(형연반조) : 형연은 빛나는 모양. 반조는 빛이 되비치는 것.

5) 桎梏(질곡) : 속박물. 수갑과 차꼬 자유를 속박하는 것.

6) 機械(기계) : 마음을 타락시키는 기계. 원인.

147. 하늘과 땅의 차이가 되는 거리

자기를 반성하는 사람은 모든 일에 접촉할 때마다 약석(藥石)이 되는 것이다. 타인을 허물하는 사람은 마음을 움직일 때마다 곧 이것이 날카로운 창이 되는 것이다. 하나는 모든 선의 길을 열고 하나는 온갖 악의 근원을 연다. 서로의 거리가 하늘과 땅의 차이가 있다.

▨ 호리(毫釐)의 차가 천리의 거리를 가져온다. 시작에서 조금의 차이가 결과에서는 천리나 상극의 결과를 초래하는 것을 의미한다. 선과 악이란 인간의 반성과 성찰에서 오는 것으로 그의 차이는 백지 하나의 차이에 불과하지만 결과는 천지 차이가 된다.

反己者는 觸事에 皆成藥石이요 尤人者는 動念하면 卽是戈矛니 一以闢衆善之路요 一以濬諸惡之源이라 相去霄壤[1]矣니라

1) 霄壤(소양) : 천양(天壤). 천지(天地).

148. 정신은 항상 새로운 것

위대한 사업이나 훌륭한 문장은 몸을 따라 소멸하여 없어지지만 정신은 만고에도 항상 새로운 것이다. 부귀공명은 세상의 변화를 좇아 움직이지만 기절(氣節)은 천년이 하루같이 변함이 없다. 군자는 진실로 마땅히 저것으로 이것을 바꾸지 않

는 것이다.

▨ 위대한 사업이나 훌륭한 문장, 부귀공명과 같은 한때의 안락을 위해 영원한 정신과 기절을 바꾸지 말라는 경구이다.

事業文章은 隨身銷毁[1]어니와 而精神은 萬古如新이니라 功名富貴는 逐世轉移하대 而氣節은 千載[2]一日이니 君子는 信不當以彼[3] 易此也니라

1) 銷毁(소훼) : 소멸하여 없어지는 것.

2) 千載(천재) : 천년(千年).

3) 彼(피) : 저것. 곧 사업과 문장, 부귀공명.

149. 변화 외의 변화가 있다

어망(魚網)을 쳐놓았는데 기러기가 그 속에 걸리며, 버마재비가 먹이를 탐하고 있는데 참새가 그 뒤를 노리고 있다. 기틀 속에 기틀이 감추어져 있으며 변화의 밖에서 변화가 일어난다. 사람의 지혜와 기교를 어찌 족히 믿으리오

▨ 세상사의 무궁무진한 조화에 어찌 인간의 지혜나 기교를 비교할 것이며 더할 수 있겠는가.

魚網之設에 鴻[1]則罹其中하며 螳螂之貪에 雀又乘其後[2]하나니 機裡藏機하며 變外生變이라 智巧를 何足恃哉리오

1) 鴻(홍) : 큰 기러기.

2) 螳螂…其後(당랑…기후) : 당랑은 버마재비, 사마귀. 『장자』에 보면 솔개를 잡으려고 보니 솔개는 저 죽을 줄 모르고 참새를 노리고 있고 참새는 당랑을 노리고 있더라는 말이 나온다.

I50. 진실한 마음이 없다면

사람됨이 한 점의 진실한 마음이 없으면 일개의 걸인에 불과하여 일마다 허망할 것이다. 세상을 살아가는 데 일단의 원활한 기취가 없으면 한 개의 나무로 만든 장승과 같아 가는 곳마다 장애가 있을 것이다.

▨ 사람이란 신조와 기개가 있어야 하고 줏대가 있어야 한다. 사람이 줏대가 없으면 움직이는 동물에 불과하다. 인간이라는 긍지와 자부심이 없으면 만물의 영장이라고 할 수 있을까.

作人에 無點眞懇[1]念頭하면 便成個花子[2]하여 事事皆虛요 涉世에 無段圓活機趣[3]는 便是個木人[4]이라 處處有碍니라

1) 眞懇(진간) : 진실하고 간절한 것.
2) 花子(화자) : 걸인(乞人), 거지. 인형(人形).
3) 圓活機趣(원활기취) : 원전활달(圓轉活達)한 기지(機智). 활달한 맛. 활달한 움직임.
4) 木人(목인) : 나무로 만든 사람. 장승. 나무인형.

I5I. 괴로움을 버리면 즐거움이 있다

물은 물결이 일지 않으면 스스로 고요하며 거울은 가리지 않으면 스스로 밝다.

그러므로 마음은 애써 맑게 할 것이 없다. 그 혼탁한 것을 버리면 맑은 것이 스스로 나타난다.

즐거움도 반드시 찾아다닐 필요가 없다. 그 괴로움을 버리면 즐거움이 자연히 생기는 것이다.

▨ 거울은 먼지가 끼지 않으면 항상 밝다. 하늘은 구름이 없으면 항

상 맑다. 인간의 마음도 이와 같다. 괴로움이 없으면 마음은 항상 즐거울 것이다.

水不波則自定하며 鑑¹⁾不翳²⁾則自明하나니 故로 心無可淸이라 去
其混³⁾之者而淸自現하며 樂不必尋이라 去其苦之者而樂自存이니라

1) 鑑(감) : 거울.

2) 翳(예) : 흐려지다. 먼지가 끼어 흐려진 것.

3) 混(혼) : 혼탁한 것.

152. 모든 것을 경계하여야 한다

잠깐의 생각으로 귀신의 금기를 범할 수도 있고 한 마디 말로 천지의 조화를 깨뜨릴 수도 있고 한 가지 작은 일로 자손의 재화를 빚는 자도 있으니 마땅히 간절히 경계하여야 할 것이다.

▨ 재미로 던진 돌에 연못의 개구리는 생사가 걸린다는 말이 있듯이 소소한 말이나 소소한 일 등이 때에 따라서는 큰 실수를 저지르게 하거나 대사를 그르치게 하기도 하며 또는 하늘의 법칙도 범하게 되므로 모든 것은 신중히 하여야 한다는 뜻이다.

有一念而犯鬼神¹⁾之禁하며 一言而傷天地之和하며 一事而釀²⁾
子孫之禍者하나니 最宜切戒니라

1) 鬼神(귀신) : 여기서는 하늘이라는 뜻.

2) 釀(양) : 빚다. 근본.

153. 일을 너무 급하게 하지 말라

일을 급하게 하면 명백하지 않은 것이 있다. 이것을 너그러

이 하면 혹 스스로 명백해지는 것이다. 너무 조급하게 하여 그 분노를 초래하게 하지 말라.

사람을 조종하여도 순종하지 않는 자 있다. 이를 놓아두면 혹 스스로 감화되는 것이다. 조종함을 심하게 하여 그 완고한 고집을 더하게 하지 말라.

▨ 일을 함에 있어 너무 성급하게 하다가 밝히지 못하는 것이 있을 때 조급하게 밝히려 들면 오히려 역효과를 가져올 수 있다.

사람을 부림에 있어 너무 닥달하면 오히려 반감을 사기 십상이다. 관대하게 대하면 자연적으로 깨닫게 될 것이다.

事有急之不白者하대 寬之或自明하나니 毋躁急以速其忿하며 人有操之不從者하대 縱之或自化[1]하나니 毋操切[2]以益其頑[3]하라

1) 自化(자화) : 스스로 깨달아 순종하게 되는 것.

2) 操切(조절) : 심하게 부리다. 지나치게 꾸짖다.

3) 頑(완) : 완고한 것. 고집부리는 것.

154. 높은 절의나 뛰어난 문장(文章)도

절개나 의리가 높아 고위고관을 내려보고 문장(文章)이 뛰어나 백설(白雪)보다 하얗다 할지라도 만일 덕성(德性)으로써 이를 닦지 않으면 마침내 혈기(血氣)의 사사로움이 되는 것이요, 기능(技能)의 말단인 것이다.

▨ 아무리 높은 절개와 의리를 지녔다 해도 덕을 닦아 지니게 된 것이 아니면 한낱 객기에 의한 혼자만의 것이며 아무리 훌륭한 문장이라도 겉으로만 화려하게 꾸민 것에 지나지 않는 것이다.

節義傲靑雲[1]하며 文章이 高白雪[2]이라도 若不以德性陶鎔[3]之면 終爲血氣之私요 技能之末이니라

1) 靑雲(청운) : 고위고관(高位高官). 높은 벼슬자리.

2) 白雪(백설) : 고상한 시사(詩詞). 문선(文選)에 있는 백설(白雪)의 곡
   (曲)을 말한다.

3) 陶鎔(도용) : 단련(鍛鍊)하여 질그릇이나 쇠그릇을 만드는 것. 닦다.
   수양하다.

155. 전성시대에 물러나라

일을 사양하고 물러나려거든 마땅히 전성시대에 해야 할 것
이다. 몸둘 곳을 택할 때에는 마땅히 홀로 뒤떨어진 곳에 해야
할 것이다.

▨ 물러날 때는 가장 전성시대를 구가할 때 물러나야 덕있음을 보일
수 있고 남이 처하지 않는 뒤떨어진 곳에 처할 때 남과 다투지 않아
몸을 온전히 보존할 수 있는 것이다.

謝事는 當謝於正盛[1]之時하며 居身[2]은 宜居於獨後之地[3]하라

1) 正盛(정성) : 번성하는 것. 전성(全盛).

2) 居身(거신) : 몸을 두다. 처신(處身).

3) 獨後之地(독후지지) : 홀로 뒤떨어져 있는 지위. 다른 사람과 다투지
   않는 자리.

156. 베풀 때는 보답을 상각지 말라

덕을 삼가하는 데는 모름지기 지극히 작은 일에서부터 삼가
해야 한다.

은혜를 베푸는 데는 갚지 못할 자에게 힘써 베풀어라.

▨ 작은 일도 소홀히 하지 않고 힘쓴다면 덕을 갖출 수 있게 된다.

거지에게 옷해 입힌 셈 친다는 속담이 있듯이 은혜를 베풀 때는 보

답받을 생각을 하지 않아야 한다. 보답받을 것을 마음에 두고 은혜를 베푸는 것은 물건을 사고파는 것과 같으며 은혜라 할 수 없는 것이다.

謹德은 須謹於至微之事하며 施恩은 務施於不報之人¹⁾하라
1) 不報之人(불보지인) : 보답을 않는 사람. 보답할 수 없는 사람.

157. 권문세가를 찾아다니는 것은

시장 사람과 사귀는 것은 산골의 늙은이를 벗하는 것만 같지 못하고 권문세가를 찾아다니는 것은 초가집 사람과 친하는 것만 같지 못하다.

거리에 떠도는 소문을 듣는 것은 나무꾼과 목동의 노래를 듣는 것만 같지 못하고 요즘 사람들의 실덕(失德)과 그릇된 행실을 말하는 것은 옛사람의 좋은 말과 훌륭한 덕행을 서로 이야기하는 것만 같지 못하다.

▨ 사람은 누구와 사귀고 어떤 환경에 처해 있는가에 따라 생각과 행동이 바뀔 수 있는 것이다. 아무리 나의 신념이 굳다 할지라도 자주 그러한 사람과 환경을 접하게 되면 나도 모르게 동화되기 쉬운 것이다. 좋은 사람과 환경을 접하도록 힘쓰는 것이 나에게 도움이 된다.

交市人은 不如友山翁¹⁾하고 謁朱門²⁾은 不如親白屋³⁾하며 聽街談巷語⁴⁾는 不如聞樵歌牧詠⁵⁾하며 談今人失德過擧는 不如述古人嘉言懿德이니라
1) 山翁(산옹) : 산골의 늙은이.
2) 朱門(주문) : 권세와 지위가 높은 사람의 집.
3) 白屋(백옥) : 흰 띠풀로 지붕을 이은 집. 초가집.
4) 街談巷語(가담항어) : 거리의 풍문.
5) 樵歌牧詠(초가목영) : 나무꾼과 목동의 노래.

158. 덕이란 사업의 기초이다

덕이란 사업의 기초이다. 기초가 견고하지 않고서 집이 단단
하여 오래간 것이 있지 않았다.

▨ 모든 것은 기초가 튼튼해야 한다. 기초가 견고하지 않은데 그 위
에 아무리 화려하고 단단하게 지었다 하더라도 얼마 가지 않아 무너지
게 되는 것이다.

德者는 事業之基니 未有基不固而棟宇[1]堅久者니라
1) 棟宇(동우) : 동은 대들보, 우는 지붕으로 건물, 집의 뜻.

159. 뿌리가 튼튼하지 못하면

마음이란 자손의 근본이다. 근본을 튼튼하게 심지 않고서 가
지와 잎사귀가 무성한 것이 있지 않았다.

▨ 『주역』에 "선을 쌓은 집에는 반드시 경사가 많다(積善之家 必有
餘慶)"라는 말이 있다. 뿌리가 튼튼하게 내리지 않은 나무에 지엽이
무성하지 못하듯이 자기 마음이 올바르지 않으면 자손의 번영이 있을
수 없다. 자손이 번성하고 잘 살게 되는 것은 내가 어떤 덕행을 쌓느
냐에 따라 달려 있는 것이다.

心者는 後裔[1]之根이니 未有根不植而枝葉榮茂者니라
1) 後裔(후예) : 자손(子孫).

160. 자기 집의 보배를 버려두고

옛사람이 말하였다.

"자기 집의 무진장(無盡藏 : 헤아릴 수 없는 것)한 것을 버려 두고 남의 집 대문 앞을 찾아다니며 밥그릇을 들고 걸식하는 거지아이를 본받는다"

그리고 또 말하였다.

"벼락부자가 된 거지아이의 꿈같은 말은 그만두어라. 뉘집의 부엌인들 불을 때면 연기가 없으랴."

하나는 스스로 가지고 있는 것에 대한 어두움을 경계한 것이고 하나는 스스로 가지고 있는 것을 자랑하는 일을 경계한 것이니 학문의 적절한 경계로 삼을 것이다.

▨ 학문하는 사람들이 경계로 삼을 잠언을 말한 것이다. 하나는 자신이 가지고 있는 덕성은 생각하지 않고 남이 가지고 있는 덕성을 부러워하고 자신이 가지고 있는 마음과 재능은 헤아려보지 않고 남이 가지고 있는 재능이나 탐내는 어리석은 짓의 경계이다. 또 하나는 자기가 가지고 있는 조그마한 재능과 덕성을 자랑하지 말라는 경계로 그러한 것은 누구나 가지고 있다는 것이다.

前人이 云 抛却自家無盡藏하고 沿門持鉢[1]效貧兒라하며 又云
暴富[2]貧兒休說夢하라 誰家竈裡火無烟고하니 一箴自昧所有하며
一箴自誇所有라 可爲學問切戒니라

1) 鉢(발) : 바리. 밥그릇.
2) 暴富(폭부) : 벼락부자. 갑자기 부자가 된 것.

161. 학문은 매일 먹는 밥과 같다

도라는 것은 일종의 공공물이다. 마땅히 사람마다 따르게 하여 이끌어 행하게 해야 한다. 학문은 하나의 모든 가정에서 다 먹는 밥이다. 마땅히 일을 따라서 경계하고 조심해야 한다.

▨ 도란 인간이 지켜야 할 공준(公準)이요, 학문은 상하귀천을 가릴

것 없이 배워야 하는 것으로 밥과 같은 것이다. 도가 없고 학문이 없는 사회는 금수의 세상과 같은 것이다.

道是一重¹⁾公衆物事²⁾라 當隨人而接引하며 學是一個尋常家飯이라 當隨事而警惕³⁾이니라

1) 一重(일중) : 일종(一種).
2) 公衆物事(공중물사) : 공공물건.
3) 警惕(경척) : 조심하고 두려워하는 것.

162. 사람을 의심한다는 것은

사람을 믿는다는 것은 사람들이 반드시 다 성실하지 못할지라도 자기만은 홀로 성실하기 때문이다. 사람을 의심한다는 것은 사람들이 반드시 다 속이지는 않을지라도 자신이 먼저 속이기 때문이다.

▨ 『여씨춘추』에 보면 어떤 나무꾼이 도끼를 잃었는데 옆집 아이의 행동거지나 말하는 것을 보니 영락없이 그가 훔쳐간 것 같아 의심을 떨칠 수 없었다. 그러던 어느날 산에 나무하러 가서 도끼를 찾고 그 옆집 아이를 다시 보니 전혀 의심갈 만한 구석이 없더라는 이야기가 있다. 믿음이란 자신에게서 우러나오는 것이다. 자신이 불안하면 남도 불안해 보이고 자신이 정상적이면 남도 정상적으로 보이는 것이다. 그러므로 믿음이란 자신의 마음에서 시작하여 남에게 옮기는 것이요, 남이 자기에게 믿음을 주는 것은 아니다. 속임수도 이와 마찬가지이다.

信人者는 人未必盡誠이나 己則獨誠矣요 疑人者는 人未必皆詐¹⁾나 己則先詐矣니라

1) 皆詐(개사) : 모두 다 속이는 것.

163. 봄바람은 만물을 살아나게 한다

마음이 너그럽고 온후한 사람은 봄바람이 만물을 따뜻하게 기르는 것 같아 만물이 이를 만나면 살아날 것이다.

마음이 잔인하고 각박한 사람은 마치 차가운 겨울눈이 음침하게 만물을 얼어붙게 하는 것과 같아 만물이 이를 만나면 죽게 될 것이다.

▨ 날씨가 온화하면 만물이 소생하듯 인간의 마음도 온화하면 만물이 태어나듯 사회에 생동감이 넘치고 인간의 정이 메마르고 각박하면 사회도 얼어붙어 겨울에 초목이 마르는 것과 같다는 것을 비유하여 경계한 것이다.

念頭寬厚的은 如春風煦育[1]하여 萬物이 遭之而生하며 念頭忌刻[2]的은 如朔雪[3]陰凝[4]하여 萬物이 遭之而死하나니라

1) 煦育(후육) : 따뜻하게 하여 기른다.
2) 忌刻(기각) : 시기가 심하고 잔인한 것. 잔인하고 각박한 것.
3) 朔雪(삭설) : 겨울의 눈. 북풍한설(北風寒雪).
4) 陰凝(음응) : 음침하여 얼어붙는 것. 그늘진 곳은 온기가 적다.

164. 뜰앞의 봄눈과 같은 악행

선을 행하고 그 이익을 보지 못한 것은 풀 속의 동과(東瓜 : 동아)와 같아서 남모르게 조금씩 자라나는 것이다.

악을 행하고 그 손해를 보지 않는 것은 뜰앞의 봄눈과 같아 반드시 모르는 사이에 사라지는 것이다.

▨ 선을 행하면 모르는 사이에 바라지도 않은 보답을 받게 되고 악을 행하면 지금 당장 손해를 보지 않는다 하더라도 결국에는 그 악행

때문에 서서히 복이 줄어들 것이다.

爲善에 不見其益은 如草裡東瓜[1]하여 自應暗長[2]하며 爲惡에 不
見其損은 如庭前春雪하여 當必潛消[3]니라

1) 東瓜(동과) : 동과(冬瓜). 동아라고도 한다. 박과에 속하는 일년생 덩
굴식물. 수박 비슷한 열매가 열린다.
2) 暗長(암장) : 모르는 사이에 자라나는 것.
3) 潛消(잠소) : 모르는 사이에 사라지는 것.

165. 융성할 때보다 쇠퇴한 때 더 잘 대해 주어야

옛 친구와 만나거든 친밀한 정을 더욱 새롭게 하며, 은밀한
일을 처리해야 할 경우에는 마음의 흔적을 더욱 분명하게 할
것이며, 늙고 쇠퇴한 사람을 대할 때에는 은혜와 예우를 더욱
융성하게 해야 한다.

▨ 옛 친구를 만나면 더욱 우정을 돈독하게 하고, 비밀을 지켜야 하
는 일을 접했을 때는 자신의 태도를 분명히 밝혀 쓸데없는 오해가 생
기지 않도록 하고, 늙고 곤란한 처지에 있는 사람을 대할 때는 옛날
젊고 번영하였을 때보다 더욱 융성하게 예우를 해주는 것이 덕을 쌓는
일이다.

遇故舊[1]之交엔 意氣要愈新이며 處隱微[2]之事하면 心迹[3]宜愈顯
하며 待衰朽[4]之人엔 恩禮當愈隆하라

1) 故舊(고구) : 옛 친구. 오래 사귄 친구.
2) 隱微(은미) : 은밀하다. 비밀스럽다.
3) 心迹(심적) : 마음의 흔적. 마음 상태.
4) 衰朽(쇠후) : 쇠퇴하고 늙은 것.

166. 사리(私利)를 채우는 도구

근면이라는 것은 덕의(德義)를 실행하는 것에 민첩한 것을 말함이다. 그러나 세상 사람들은 근면을 빌려 그 빈곤을 구제하는 것으로 여긴다.

검소한 것은 재물과 이익에 담박한 것을 뜻한다. 그러나 세상 사람들은 검소한 것을 빌려 그 인색한 것을 장식하는 구실로 삼는다.

군자의 몸을 지키는 신조가 도리어 소인의 사리사욕을 채우는 도구가 되었구나. 아깝구나.

▨ 근면이라는 것은 군자가 덕과 의를 실천하는데 있어서 필요한 것이었는데 세상 사람들이 가난을 극복하기 위한 용어로 만들어 버렸다고 하였다. 검소도 마찬가지다. 역설적인 경구인 것 같다.

勤者는 敏於德義어늘 而世人은 借勤以濟其貧하며 儉者는 淡於貨利어늘 而世人은 假儉以飾其吝하나니 君子持身[1]之符[2]가 反爲小人營私[3]之具矣라 惜哉로다

1) 持身(지신) : 몸을 보전하는 것. 몸을 지키는 것.
2) 符(부) : 신조(信條).
3) 營私(영사) : 사리(私利)를 돌보는 것. 사리사욕을 채우는 것.

167. 감정과 지혜로 얻은 깨달음

마음의 떨치고 일어나는 것에 의지하여 만들어진 것은 따라서 일어나면 따라서 중지하게 된다. 어찌 이 멈추지 않는 수레바퀴라 할 수 있겠는가.

일시적인 감정과 지혜로 얻어진 깨달음은 깨달음이 있으면

곧 흐려짐이 있나니 마침내 항상 밝은 등불은 아닌 것이다.

▨ 깊은 공부와 수련으로 깨달아야 참 깨달음이 되는 것이요, 일시적인 감정의 동요에 따라 깨닫는 것은 그 깨달음이 진정한 깨달음은 아닌 것이다.

憑[1]意興作爲者는 隨作則隨止니 豈是不退之輪[2]이며 從情識解悟者는 有悟則有迷요 終非常明之燈[3]이니라

1) 憑(빙) : 의지하다.

2) 不退之輪(불퇴지륜) : 머물지 않고 앞으로만 나아가는 바퀴. 멈추지 않고 구르는 수레바퀴.

3) 常明之燈(상명지등) : 항상 밝은 등불. 영원히 빛나는 등불로 밝은 지혜를 말한다.

168. 내 잘못은 용서하지 말라

다른 사람의 잘못은 마땅히 용서하고 자기의 잘못에 있어서는 가히 용서하지 않는 것이며 자신이 곤욕을 당했을 때는 마땅히 참아내고 다른 사람이 곤욕을 당할 때는 가히 참지 않는 것이다.

▨ 자신의 잘못은 용서하지 말고 반드시 반성하여 다시는 잘못을 범하지 않도록 해야 한다. 반면 다른 사람이 곤욕을 당하고 있으면 구제하기 위해 노력해야 한다.

人之過誤는 宜恕하대 而在己則不可恕하며 己之困辱[1]은 當忍하대 而在人則不可忍이니라

1) 困辱(곤욕) : 곤궁과 굴욕.

169. 기인(奇人)과 이상한 사람

능히 세속을 벗어나면 이것을 곧 기인(奇人)이라 할 수 있으나 고의적으로 만들어 기이함을 숭상하는 것은 기인이 아니라 이상한 사람이 되는 것이다.

더러운 세상사에 섞이지 않으면 이것이 곧 청렴결백한 것이라 할 수 있으나 세속과의 관계를 완전히 끊고 청렴만을 구하는 것은 청렴이 되지 않고 도리어 과격한 것이 되는 것이다.

▨ 세속의 욕망을 초월할 수 있는 사람을 기인(奇人)이라 할 수 있고, 혼탁한 세속에 살면서도 물들지 않는 사람을 진정 청렴결백하다고 말할 수 있다.

能脫俗[1]하면 便是奇[2]로대 作意尙奇者는 不爲奇而爲異하며 不合汚하면 便是淸이로대 絶俗求淸者는 不爲淸而爲激[3]이니라

1) 脫俗(탈속) : 세속을 벗어나다. 속세를 초월하는 것.
2) 奇(기) : 기인(奇人)이라는 뜻.
3) 激(격) : 과격(過激)한 것을 말한다. 지나친 것.

170. 위엄은 먼저 엄격해야 한다

은혜를 베풀 때는 마땅히 담박한 것부터 시작하여 점차 두텁게 하여야 한다. 먼저 두텁게 베풀고 뒤에 담박해지면 사람이 베풂을 잊게 된다.

위엄은 마땅히 엄격하게 시작하여 너그러워야 한다. 먼저 너그럽고 뒤에 엄격하면 사람이 그 혹독함을 원망하게 된다.

▨ 조삼모사(朝三暮四)의 고사가 생각나는 구절이다. 먹이를 아침에 4개 주고 저녁에 3개 주는 것이나 아침에 3개를 주고 저녁에 4개

를 주는 것은 전체적으로는 변함이 없는데도 다르게 느껴지는 것이다.

 이와 같이 똑같은 것도 어떻게 하느냐에 따라 사람들은 다르게 생각하게 되는 것이다. 은혜는 점점 두텁게 하고 엄격한 것은 점점 엷어져야 사람들에게 원망받지 않게 되는 것이다.

 恩宜自淡¹⁾而濃²⁾이니 先濃後淡者는 人忘其惠요 威宜自嚴而寬이니 先寬後嚴者는 人怨其酷하나니라

1) 淡(담) : 엷은 것. 담박한 것. 순수한 것.
2) 濃(농) : 두터운 것. 많은 것. 후한 것.

171. 뜻이 깨끗하면 마음이 밝아진다

 마음을 비우면 곧 본연의 성(性)이 나타난다. 마음을 쉬지 않고 본연의 성(性) 보기를 구하는 것은 물결을 헤쳐 달을 찾는 것과 같다.

 뜻이 깨끗하면 마음이 맑아진다. 뜻을 밝게 하지 못하고 마음 밝기를 구하는 것은 거울의 밝음을 찾으면서 오히려 티끌을 더하는 것과 같은 것이다.

 ▨ 마음의 잡념을 없애 마음을 비워야 본연의 성(性)을 볼 수 있다. 마음의 잡념을 없애기 위해 노력하지 않으면서 본성을 보려하는 것은 자기에게 있는 것을 알지 못하고 밖에서 찾는 것과 같다.

 본성을 보려면 마음을 비워야 하고 마음을 비우려면 뜻을 맑게 하여야 한다.

 心虛則性現하나니 不息心而求見性¹⁾은 如撥波覓月²⁾이요 意淨則心淸하나니 不了意³⁾而求明心은 如索鏡增塵⁴⁾이니라

1) 見性(견성) : 성(性)을 본다는 뜻. 성(性)은 만물의 본바탕을 말한다.
   즉 성(性)의 본질을 파악하는 것.

2) 撥波覓月(발파멱월) : 물결을 뒤집어서 달을 찾는 것.

3) 了意(요의) : 뜻을 명료하게 하다. 뜻을 밝게 하다.

4) 索鏡增塵(삭경증진) : 먼지를 일으키면서 거울의 맑기를 바라는 것.

172. 고관대작의 관복을 받드는 것

내가 귀(貴)하여 사람들이 받드는 것은 내 높은 관직의 관복을 받드는 것이요, 내가 천(賤)하여 사람들이 이를 모욕하는 것은 이 베옷과 짚신을 모욕하는 것이다. 그렇다면 원래 나를 받드는 것이 아니다. 내 어찌 기뻐할 것인가. 원래 나를 모욕하는 것이 아니다. 내 어찌 화를 낼 것인가.

▨ 정승이 죽으면 문상객이 없어도 정승집 개가 죽으면 문상객이 많다는 말이 있다. 사람이 사람을 진정으로 사귀지 않고 관직이나 명예에 따라 오는 사람들은 대개 그 명성이나 관직 때문에 존경하고 받드는 것으로 나의 덕망과는 상관이 없다는 현실 비판적인 경구이다.

我貴而人奉之는 奉此峨冠大帶[1]也요 我賤而人侮之는 侮此布衣草履[2]也니 然則原非奉我라 我胡爲喜하며 原非侮我라 我胡爲怒리오

1) 峨冠大帶(아관대대) : 높은 관과 넓은 띠. 고관(高官)의 예복.

2) 布衣草履(포의초리) : 베옷과 짚신. 천민의 복장.

173. 불나방을 불쌍히 여겨 불을 켜지 않다

'쥐를 위하여 항상 밥을 남기고 불나방을 불쌍히 여겨 불을 켜지 않는다' 라고 한 옛 사람의 이같은 마음씀은 우리 인간의 한 점 생생한 작용인 것이다. 만일 이런 것이 없다면 곧 이른바 흙덩이나 나무토막같은 무신경한 형체일 뿐이다.

▨ 쥐나 불나방같은 것에까지 미치는 사람의 마음은 진실로 부처의
자비심이며 이러한 자비심은 초목이나 금수에게까지 미친 것이다.

爲鼠常留飯하며 憐蛾不點燈¹⁾하나니 古人此等念頭는 是吾人一
點生生之機²⁾라 無此면 便所謂土木形骸³⁾而已니라

1) 爲鼠…不點燈(위서…불점등) : 쥐가 굶주릴까 불쌍히 여겨 항상 찬밥
   을 조금씩 남겨두고 나방이 등불에 뛰어들어 타죽을까 불쌍히 여겨 등
   불을 켜지 않는다는 작자미상(作者未詳)의 시 구절.
2) 生生之機(생생지기) : 생생한 기틀. 생동하는 작용.
3) 土木形骸(토목형해) : 흙덩이나 나무토막같이 신경(神經)이 없고 형태
   만 있는 것.

174. 단 이슬같은 자비의 마음

마음의 본체는 저 천체(天體)와 같다. 한 번의 기쁜 마음은
상서로운 별과 경사스런 구름이요, 한 번의 분노하는 마음은
진동하는 우레와 사나운 비이다. 한 번의 자비로운 마음은 부
드러운 바람과 단 이슬이요, 한 번의 엄격한 마음은 뜨거운 햇
빛과 찬 서리이다.

어느 것이 결여된 것을 얻으리오 다만 따라서 일어나고 따
라서 소멸하여 확연(廓然 : 넓은 모양)히 장애가 없으면 문득
태허(太虛 : 하늘)와 더불어 본바탕을 함께 할 것이다.

▨ 사람에게 있어 즐거움, 분노, 자비, 엄격 같은 감정이라는 것은 어
느 것이고 없어서는 안되는 것들이다. 다만 그 감정이 일어나야 할때
일어나고 사라져야 할때 사라져서 어긋나거나 거리끼지 않도록 하는 것
이 중요하다. 그러면 지극히 공정하고 사사로움이 없을 것이다.

心體¹⁾는 便是天體니 一念之喜는 景星慶雲²⁾이요 一念之怒는

震雷暴雨요 一念之慈는 和風甘露요 一念之嚴은 烈日秋霜이니
何者少³⁾得이리요 只要隨起隨滅하여 廓然⁴⁾無碍하면 便與太虛⁵⁾同
體하리라

1) 心體(심체) : 마음의 본체.
2) 景星慶雲(경성경운) : 상서로운 별과 경사스러운 구름.
3) 少(소) : 결여되다의 뜻.
4) 廓然(확연) : 훤하게 트이는 모양. 넓은 모양.
5) 太虛(태허) : 하늘.

175. 일이 있을 때와 없을 때

　일이 없을 때는 마음이 어두워지기 쉬우니 마땅히 침착하고
고요한 가운데 항상 밝게 비추고 있어야 한다.
　일이 있을 때는 마음이 들떠서 갈피를 잡지 못하기 쉬우니
마땅히 항상 밝은 지혜를 지니고 침착하고 안정시키는데 주안
점을 두어야 할 것이다.
　▨ 공자께서도 할일이 없으면 바둑 장기라도 두라고 했다. 괜시리
마음을 그냥 놓아두면 쓸데없는 공상을 하기 쉬우므로 그것을 방지하
기 위하여 한 말씀일 것이다. 이와 같이 마음은 지혜로 밝게 비추어
침착하고 안정시켜야 한다는 것이다.

　無事時엔 心易昏冥¹⁾하나니 宜寂寂²⁾而照以惺惺³⁾하며 有事時엔
心易奔逸하나니 宜惺惺而主以寂寂하라
1) 昏冥(혼명) : 어두움. 불명료한 것.
2) 寂寂(적적) : 침착하고 고요한 것.
3) 惺惺(성성) : 항상 밝은 것.

176. 일을 의논하는 사람과 맡은 사람은

무슨 일을 의논하는 사람은 몸이 일 밖에 있어 마땅히 이롭고 해로운 실정을 세밀히 살펴야 하는 것이며 일을 맡은 사람은 몸이 일 가운데에 있어 마땅히 이해(利害)의 생각을 잊어버려야 하는 것이다.

▨ 어떤 일을 의논할 때는 객관적으로 냉정하게 그 이해(利害)를 세밀히 따져야 한다. 그렇지 않고 그 일에 휩싸이게 되면 공정한 판단을 내리기 어렵게 된다.

반면 자기가 무슨 일을 실행하는 당사자가 되었을 때에는 이해에 얽매이지 말고 그 일에 성심성의를 다하여야 한다. 그렇지 않으면 이해에 사로잡혀 그 일을 성사시키지 못하게 되는 것이다.

議事[1]者는 身在事外하여 宜悉利害之情[2]하며 任事[3]者는 身居事中하여 當忘利害之慮하라

1) 議事(의사) : 일을 상의하는 것.
2) 情(정) : 사정. 실정.
3) 任事(임사) : 일을 맡는 것.

177. 권세있는 중요한 자리에 있게 되면

선비가 권세있는 중요한 자리에 있게 되거든 모든 행실은 엄정(嚴正)하고 명백하게 해야 하며 다음은 온화하고 평이(平易)하게 해야 한다. 조금이라도 방종하여 비리고 노린 냄새를 풍기는 무리에 가까이 하지 말고 또한 과격하게 하여 벌들(소인)의 독침을 범하지는 말라.

▨ 권세가 있다고 너무 방종하게 권력을 남용하여 더러운 냄새를 풍

기는 무리에 물들지 말고, 너무 과격하여 소인들의 저항을 받아 그들
의 모함을 받지 않도록 해야 한다는 것이다.

士君子 處權門要路[1]어든 操履[2]要嚴明하며 心氣要和易[3]하고
毋少隨[4]而近腥羶[5]之黨하며 亦毋過激而犯蜂蠆[6]之毒하라

1) 權門要路(권문요로) : 권력의 문과 중요한 길. 권세있고 중요한 지위.

2) 操履(조리) : 지조(志操)와 행실. 몸가짐.

3) 和易(화이) : 온화하고 평이(平易)하다.

4) 隨(수) : 따르다. 기분을 따르다. 방종하다.

5) 腥羶(성전) : 생선의 비린내와 고기의 노린내.

6) 蜂蠆(봉채) : 벌의 독침.

178. 절의를 내세우는 사람들은 …

절의(節義)를 내세우는 자는 반드시 절의 때문에 비방을 받
으며 도학(道學)을 표방(標榜)하는 자는 항상 도학으로 인하
여 허물을 불러들인다.

그러므로 군자는 악한 일에 가깝게 하지 않으며 또한 좋은
이름을 세우지 않는다. 다만 혼연(渾然)한 화기(和氣)만이 겨
우 몸을 보호하는 보배가 되는 것이다.

標[1]節義者는 必以節義受謗하며 榜[2]道學者는 常因道學招尤하나
니 故로 君子는 不近惡事하며 亦不立善名이요 只渾然[3]和氣라야 纔
是居身之珍이니라

1) 標(표) : 표방. 내세우다.

2) 榜(방) : 표방. 내세우다.

3) 渾然(혼연) : 둥글어 모나지 않은 것.

179. 다 나의 도야(陶冶 : 훈육) 속에 있다

사기꾼을 만나거든 성심(誠心)으로 그를 타일러 감동시키고, 포악한 자를 만나거든 온화한 기운으로 그를 대해 악취를 제거시키고, 사악에 기울고 사사로운 이익만 아는 자를 만나거든 명예와 의리, 기개와 절조로써 격려하면 천하는 나의 도야(陶冶 : 훈육) 속에 들어오지 않는 것이 없을 것이다.

▨ 세상을 살다보면 여러 종류의 사람을 만나게 된다. 때로는 악한 자를 만나기 쉬운데 자기 자신이 그들과 같이 악해져서는 안된다. 악한 자의 성질과 경우에 따라 상대방을 정성껏 타이르고 격려하여 주면 그들도 다 그 악한 점을 고치게 될 것이다. 상대에 따라 대응하는 방법을 적절히 하여야 한다.

遇欺詐的人하연 以誠心感動之하며 遇暴戾[1]的人하연 以和氣薰蒸[2]之하며 遇傾邪私曲[3]的人하연 以名義氣節激礪之하면 天下無不入我陶冶[4]中矣리라

1) 暴戾(폭려) : 포악하여 인도(人道)에 벗어나는 것.
2) 薰蒸(훈증) : 악취를 제거하는 것.
3) 傾邪私曲(경사사곡) : 마음이 바르지 못하고 사리(私利) 사욕(私慾)만 생각하는 것.
4) 陶冶(도야) : 훈육(訓育)을 말한다. 질그릇과 쇠그릇을 만들듯이 심신을 단련하다.

180. 100대에 걸쳐 향기로운 이름을 전하는 것

한 생각의 자비로운 것은 가히 천지간의 온화한 기운을 빚어낼 것이고, 한 치 마음의 결백한 것은 가히 백대(百代)에

맑고 향기로운 이름을 명백하게 전할 것이다.

　▨ 사람의 자비로운 마음은 하늘과 땅 사이의 온화한 기운까지 만들어낸다고 하였다. 이것은 물론 사람과 사람사이에서도 통하는 것일 것이다. 또한 마음이 결백하면 당대는 물론이요, 100세의 후손에게까지도 좋은 이름을 전할 수 있는 것이다.

　一念慈祥하면　可以醞釀[1]兩間[2]和氣하며　寸心[3]潔白하면　可以昭垂[4]百代淸芬[5]하나니라

1) 醞釀(온양) : 빚어내는 것.

2) 兩間(양간) : 천지간.

3) 寸心(촌심) : 마음. 마음은 한 치라 했다. 촌(寸)은 방촌(方寸).

4) 昭垂(소수) : 명백히 전하는 것.

5) 淸芬(청분) : 맑고 향기로운 이름.

181. 기괴한 것은 재앙의 근본이다

　음모와 기괴한 습관과 이상한 행실, 남이 못하는 기묘한 재주는 다 함께 세상을 살아가는데 있어 재앙의 근본이 되는 것이다. 다만 하나의 평범한 덕(德)과 평범한 행실만이 문득 혼돈을 완전하게 하고 화평한 것을 부르리라.

　▨ 너무 재지(才智)가 넘쳐서 본성에 어긋나는 행동을 하게 되면 자신의 몸을 망치게 되고 결국은 집안도 망치게 되는 결과를 빚는다는 것이다.

　陰謀怪習과　異行奇能[1]은　俱是涉世的禍胎[2]라　只一個庸德庸行[3]이라야　便可以完混沌[4]而召和平하리라

1) 奇能(기능) : 남이 못하는 기괴한 재능, 재주.

2) 禍胎(화태) : 재화(災禍)의 씨. 재앙의 근본.

3) 庸德庸行(용덕용행) : 평범한 덕행.

4) 混沌(혼돈) : 자연 그대로의 소박한 덕(德). 『장자(莊子)』 응제왕편
(應帝王篇)에 '남쪽바다를 다스리는 신을 숙이라 하고 북쪽바다를 다
스리는 신을 홀이라 하며 중앙을 다스리는 신을 혼돈이라 하였다. 숙과
홀이 어느날 혼돈의 땅에서 만났는데 혼돈이 그들을 융숭하게 대접하였
다. 그래서 숙과 홀은 보답을 하기 위해 구멍이 없는 혼돈이 답답할 것
이라고 생각하여 하루에 하나씩 혼돈에게 구멍을 뚫어 주었는데, 이레
가 되는 날 혼돈이 죽었다.'는 이야기가 있다. 그대로 두었으면 죽지 않
을 것을 공연히 손을 대 죽게 한 것이다. 여기서는 본연 자체란 뜻.

182. 인내〔耐〕라는 글자 하나의 의미

옛말에 이르기를 "산에 오를 때는 비탈진 험한 길도 견디고,
눈을 밟을 때는 위험한 다리도 견딘다."고 하였으니 이 하나의
내(耐 : 견디다)라는 글자는 지극히 의미가 있다.

음흉한 인정(人情)과 험난한 세상길을 살아가는 데에 만일
하나의 내자(耐字)를 얻어 의지하여 지나가지 않으면 거의 어
찌 가시덤불이나 시궁창에 빠지지 않겠는가.

▨ 『소학』의 선행(善行)편에 '장공예(張公藝)의 집안은 9대에 걸
쳐 종족이 한 집안에 살았다. 당(唐)나라 고종(高宗)이 장공예에게 9
대의 종족들이 한 집안에서 화목하게 지낼 수 있는 방법을 물으니 공
예는 종이에 참을 인(忍)자 100여 자를 써서 올렸다'고 하였다.

語에 云 登山耐側路[1]하고 踏雪耐危橋[2]라하니 一耐字極有意味로
다 如傾險[3]之人情과 坎坷[4]之世道에 若不得一耐字撑持過去하면
幾何不墮入榛莽[5]坑塹[6]哉리오

1) 側路(측로) : 한쪽으로 기운 길. 험난한 비탈길.

2) 危喬(위교) : 위험한 다리.

3) 傾險(경험) : 마음이 비뚤어져 음험(陰險)한 것. 음흉한 것.

4) 坎坷(감가) : 길이 험하여 울퉁불퉁한 것.

5) 榛莽(진망) : 가시덤불.

6) 坑塹(갱참) : 구덩이.

183. 문장을 자랑하는 것은

　공업(功業)을 과장하고 문장을 뽐내 자랑하는 것은 다 외물 (外物)에 의지하여 이루어진 자랑이다. 알지 못하겠노라. 마음 이 밝게 빛나는 본래의 모습을 잃지 않으면 한 치의 공업(功 業)과 한 글자를 모르더라도 또한 스스로 정정당당한 사람이 되어 살게 되는 것이다.

　▨ 인간의 본바탕이란 본래 밝고 맑은 것이다. 이 밝고 맑은 것을 유지하여 생활을 한다면 세상에 부러울 것이 없이 정정당당하게 어느 누구와도 대적할 수 있는 군자의 마음인 것이다. 문장이나 뽐내고 공 업이나 자랑하는 사람보다는 더욱 순수한 사람이라는 뜻이다.

　誇逞[1]功業하며 炫耀[2]文章은 皆是靠外物[3]做人[4]이라 不知心 體瑩然[5]하대 本來不失하면 卽無寸功隻字[6]라도 亦自有堂堂正正 做人處니라

1) 誇逞(과령) : 과장하는 것. 뽐내는 것.

2) 炫耀(현요) : 빛나는 것. 자랑하는 것.

3) 靠外物(고외물) : 외물에 의하여.

4) 做人(주인) : 사람이 된다.

5) 瑩然(영연) : 빛나는 모양.

6) 寸功隻字(촌공척자) : 조그마한 공업이나 한 자의 글자.

184. 마음이 일에 따라 흔들리지 않음이 없다

바쁜 가운데서 한가한 것을 구하려면 모름지기 먼저 한가한 때에 미리 마음의 자루를 잡아 두어야 할 것이다. 시끄러운 때에 고요한 것을 얻으려면 모름지기 먼저 고요한 때에 마음의 줏대를 세워야 하는 것이다. 그렇지 않으면 마음은 형편으로 인하여 변하고 일에 따라 흔들리지 않을 자 있지 않을 것이다.

▨ 상황에 따라서 마음은 변한다. 이 상황에 따라 변하는 마음을 잘 조존(操存)하여 대처할 줄 아는 사람은 진정한 군자이다.

忙裡에 要偸閑커든 須先向閑時討個欛柄[1]하며 鬧中[2]에 要取靜커든 須先從靜處立個主宰하라 不然이면 未有不因境而遷하며 隨事而靡[3]者리라

1) 欛柄(파병) : 칼자루.
2) 鬧中(뇨중) : 시끄러운 가운데.
3) 隨事而靡(수사이미) : 일이나 사물(事物)에 따라 마음이 흔들리다.

185. 자손을 위해 복을 짓는 일

외물(外物)로 인하여 자기의 마음을 어둡게 하지 말며 사람을 혹사시켜 고통을 극도에 이르게 하지 말며 사물의 힘을 끝까지 다 쓰지 않게 하여라. 이 3가지는 천지를 위하여 마음을 세우는 것이며 백성을 위하여 생명을 세우는 것이며 자손을 위하여 복을 짓는 것이다.

▨ 현대사회에서도 새겨둘 명언이다. 이상의 3가지가 지켜질 때 사회는 안정되고 가정도 행복해질 것이며 국가는 발전할 것이다.

不昧己心하며 不盡人情[1]하며 不竭物力하라 三者는 可以爲天地
立心이며 爲生民立命[2]이며 爲子孫造福[3]이니라

1) 盡人情(진인정) : 남에게 정(情)을 다하다. 가혹함이 극도에 이르다.

2) 立命(입명) : 평안하게 사는 것.

3) 造福(조복) : 행복을 남기는 것.

186. 관직에 있는 자를 경계하는 두 마디

관직에 있는 자에게 경계하는 두 마디 말이 있다. "오직 공
평하면 밝은 지혜가 생기고 오직 청렴결백하면 위엄이 생긴
다."라고 하였다.

집안을 다스리는 데 두 가지 명심할 것이 있다. "오직 너그
럽게 용서하면 불평없이 평화롭고 오직 검소하면 쓰는 것이
넉넉해진다."라고 하였다.

▨ 이 말은 현대사회에서도 알맞는 말이다. 관직에서 청렴결백하고
가정에서 근검절약하면 국가는 부유해지고 가정은 화평해지는 비결이
아닌가 한다.

居官[1]에 有二語하니 曰惟公則生明[2]하고 惟廉則生威하며 居家[3]
에 有二語하니 曰惟恕則情平[4]하고 惟儉則用足이니라

1) 居官(거관) : 벼슬자리에 있는 것.

2) 明(명) : 밝은 지혜.

3) 居家(거가) : 집에 있는 것.

4) 情平(정평) : 불평불만이 없이 평화로운 것.

187. 건강할 때 노쇠할 때를 생각하라

부귀한 지위에 있을 때에는 요컨대 빈천한 자리에 있는 사

람의 고통을 알아야 할 것이며 젊고 건강한 때에는 모름지기
늙고 쇠잔한 때의 괴로움을 생각해야 할 것이다.

▨ 사람의 앞날이란 예측하기 어려운 것이다. 오늘 내가 부귀하다고
내일도 부귀할 것이라고 단정할 수 없으니 빈천한 사람의 고통을 생각
함으로써 자신을 경계하여야 한다. 또 오늘은 젊고 건강하지만 오래지
않아 자신도 늙고 병들 것이다. 그대를 생각하여 노쇠한 사람에게 잘
대우해 주어야 한다는 뜻이다.

處富貴之地하연 要知貧賤的痛癢[1]이더 當少壯之時하연 須念
衰老的辛酸[2]이니라

1) 痛癢(통양) : 고통. 괴로움.
2) 辛酸(신산) : 맵고 시다. 고통, 괴로움을 뜻한다. 고생.

188. 오명(汚名)과 치욕도 받아들일 수 있어야

몸가짐을 지나치게 맑고 깨끗하게 해서는 안된다. 일체의 더
러움과 치욕을 받아들일 수 있어야 한다. 사람과 사귈 때에는
너무 지나치게 분명해서는 안된다.

일체의 선한 사람이나 악한 사람이나 어진이나 어리석은 사
람을 포용할 수 있어야 한다.

▨ 모든 것을 포용할 줄 아는 그런 사람단이 천하도 포용할 수 있는
지도자인 것이다.

持身엔 不可太皎潔[1]이니 一切汚辱垢穢[2]를 要茹納得하며 與人엔
不可太分明이니 一切善惡賢愚를 要包容得하나니라

1) 皎潔(교결) : 너무나 결백한 것. 너무 맑고 깨끗한 것.
2) 汚辱垢穢(오욕구예) : 오명(汚名)과 치욕(恥辱), 더러운 때.

189. 소인을 상대로 원수를 맺지 말라

소인을 상대로 원수를 맺지 말라. 소인에게는 소인을 상대하는 자가 따로 있다. 군자에게는 아첨하지 말라. 군자에게는 원래 사사로운 은혜란 없는 것이다.

▨ 군자에게는 아첨이 통하지 않고 사사로운 은혜도 바랄 수가 없다. 소인(小人)에게는 원수를 맺지 말라는 것은 소인에게 원수를 맺으면 그 소인은 수단과 방법을 가리지 않고 해치고자 하기 때문이다. 새겨두어야 할 말이다.

休[1]與小人仇讐하라 小人은 自有對頭[2]하며 休向君子諂媚[3]하라
君子는 原無私惠[4]니라

1) 休(휴) : 쉬다. 그치다.

2) 對頭(대두) : 상대.

3) 諂媚(첨미) : 아첨하는 것.

4) 私惠(사혜) : 사사로이 베푸는 것. 특별한 은혜.

190. 고치기 어려운 병

마음대로 욕심부리는 병은 곤란하기는 해도 가히 고칠 수 있으나 이론(理論)에 얽매인 병은 고치기 어렵다. 사물의 장애는 가히 제거할 수 있으나 의리(義理)로 이어진 장애는 제거하기 어려운 것이다.

▨ 과욕의 병과 사물에 장애받는 것은 일반 사람의 병이요, 이론에 얽매이고 정신적 의리에 의한 장애는 학자의 병이다. 일반 사람은 그래도 고치기 쉬우나 학자의 병은 아는 것이 병이 되어 심하게 되면 고치기 힘든 것이다.

縱欲[1]之病은 可醫나 而執理[2]之病은 難醫요 事物之障은 可除나 而義理之障은 難除니라

1) 縱欲(종욕) : 마음대로 욕심을 부리는 것.

2) 執理(집리) : 이론에 집착하는 것. 이론에 얽매이는 것.

191. 심신의 수양은 쇠를 단련하듯이 한다

심신(心身)을 갈고 닦는 것은 마땅히 백 번 단련하는 쇠와 같이 해야 한다. 급하게 성취한 것은 깊은 수양이 아니다.

일을 행해 나가는 데에는 마땅히 천균(千鈞)의 쇠뇌를 다루 듯 주의해야 한다. 경솔하게 쏘는 자는 큰 공(功)을 세울 수 없는 것이다.

▨ 쇠를 제대로 연마하지 않으면 잘 부려져 못쓰게 된다. 제대로 쓰 기 위해서는 백번천번 달구고 두드려야만 단단하고 강해져서 마음놓고 쓸 수 있는 것이다. 이와 같이 심신을 수양해야만 제대로 된 수양이라 할 수 있다. 손쉽게 이루어진 것은 결코 깊은 수양이 아니다. 모든 일 을 경솔하게 하지 말라는 경구이다.

磨礪[1]는 當如百煉之金이니 急就者는 非邃養[2]이며 施爲者는 宜 似千鈞之弩니 輕發者[3]는 無宏功[4]이니라

1) 磨礪(마려) : 심신의 수양.

2) 邃養(수양) : 깊이 수양하는 것.

3) 輕發者(경발자) : 경솔하게 쏘는 자. 경솔하게 일을 행하는 것.

4) 宏功(굉공) : 큰 공.

192. 관용을 받는 대상이 되지 말라

차라리 소인들의 꺼려하고 비방하는 사람이 될지언정 소인

들의 아첨하고 즐거워하는 사람이 되지 말 것이며 차라리 군
자의 꾸짖어 주고 바로잡아 주는 사람이 될지언정 군자의 관
대하게 용서받는 사람이 되지 말라.

▨ 소인들이 아첨하고 즐거워하는 사람이 되면 소인들이 꾸미는 나
쁜 일을 함께 행하게 될 수도 있다. 한편 군자가 관대하게 용서하는
것은 나쁘거나 모자라는 것도 너그럽게 보아주는 것이기에 꾸짖어 바
로잡을 가치조차 없다고 판단되는 것이다.

寧爲小人所忌毁[1]언정 毋爲小人所媚悅[2]하며 寧爲君子所責修[3]
언정 毋爲君子所包容[4]하라

1) 忌毁(기훼) : 미워하고 욕하는 것.
2) 媚悅(미열) : 아첨하고 즐거워하는 것.
3) 責修(책수) : 꾸짖어 바로잡는 것.
4) 包容(포용) : 관대하게 용서하는 것.

193. 명예를 좋아하는 자의 해악은 …

이로운 것을 좋아하는 자는 도의(道義) 밖에 벗어나 있어
그 해로운 것이 나타나지만 엷다. 명예를 좋아하는 자는 도의
속에 도망쳐 들어가 그 해로운 것이 숨어있으므로 더욱 깊은
것이다.

▨ 재물을 탐하여 재물에 눈이 먼 사람은 처음부터 도의 밖에서 날
뛰기에 그 해로움을 공공연히 알 수 있어 그 폐해의 정도가 그다지 심
하지 않다. 명예를 좋아하는 사람은 도의를 지키는 것 같이 하여 겉으
로는 군자인 척하고 숨어서 잘못을 행하므로 그 끼치는 폐해가 아주
심하다. 공자도 이르기를 "향원은 도의 적이다"라고 했다.

好利[1]者는 逸出於道義之外하여 其害顯而淺[2]하나 好名[3]者는

竄入⁴⁾於道義之中하여 其害隱而深하니라

1) 好利(호리) : 이로움을 좋아하는 것. 재리(財利)를 좋아하는 것.

2) 淺(천) : 옅다. 얕다. 심하지 않다는 뜻.

3) 好名(호명) : 명예를 좋아하는 것. 이름을 드날리기 좋아하는 것.

4) 竄入(찬입) : 도망쳐 들어가다. 숨다.

194. 은혜는 받고도 잘 갚지 않는다

남의 은혜를 받으면 비록 깊을지라도 갚지 아니하고 원망을 받은 것은 얕을지라도 또한 이것을 갚는다. 남의 악을 들으면 비록 불분명해도 의심하지 않고 선은 확실히 나타났을지라도 또한 이것을 의심하게 된다.

이것은 잔혹함의 극치이며 경박함이 대우 심한 것이다. 마땅히 간절히 이를 경계할 것이다.

▨ 사람 성정의 잔혹하고 경박한 것을 지적하였다. 자신을 돌아보지 않으면 이러한 잘못에 빠져들게 된다. 덕을 기르는 사람은 언제나 명심하고 스스로 경계하여 절대로 이런 일이 없도록 증자의 자기 반성 습관과 같이 언제나 반성하고 자신을 돌아보아야 할 것이다.

受人之恩하면 雖深이나 不報하고 怨則淺亦報之하며 聞人之惡하면 雖隱이나 不疑하고 善則顯亦疑之하나니 此刻¹⁾之極이요 薄²⁾之尤也니 宜切戒之하라

1) 刻(각) : 참혹한 것. 잔혹한 것.

2) 薄(박) : 부박(浮薄)한 것. 경박한 것.

195. 조각구름이 해를 가리는 것과 같다

남을 헐뜯고 욕하는 사람들은 조각구름이 해를 덮는 것과

같아서 오래지 않아 스스로 밝아진다. 남에게 아첨하고 들러
붙는 사람들은 틈새로 스며드는 바람이 살결을 침범하는 것과
같아 그 해악을 깨닫지 못하는 것이다.

▨ 타인이 나를 헐뜯고 욕하는 것은 마치 한 조각 구름이 해를 가렸
다가 지나가는 것과 같아 오래지 않아 진실이 스스로 밝혀지는 것이
다. 그러므로 내가 걱정하고 경계해야 할 것은 헐뜯고 욕하는 사람이
아니고 나에게 아첨하고 아양떠는 사람이다. 이들은 마치 문틈으로 스
며드는 바람과 같아 모르는 사이에 수양에 방해가 되고 덕성을 손상시
키는 것이다.

讒夫毁士[1]는 如寸雲[2]蔽日하여 不久自明하며 媚子阿人[3]은 似隙
風[4]侵肌하여 不覺其損이니라

1) 讒夫毁士(참부훼사) : 남을 헐뜯고 욕하는 무리.
2) 寸雲(촌운) : 한 치의 구름. 작은 조각구름.
3) 媚子阿人(미자아인) : 남에게 아첨하고 들러붙는 무리.
4) 隙風(극풍) : 창문 사이로 새어 들어오는 바람.

196. 물살 급한 여울목에는 고기가 없다

산이 너무 높고 험한 곳에는 나무가 없지만 골짜기가 감도
는 곳에는 초목이 무성하게 자라난다.

물이 너무 급하게 여울지는 곳에는 고기가 없지만 물이 고
이고 잔잔한 곳에는 물고기나 자라가 모여 사는 것이다.

이 너무 고상한 행동과 좁고 급한 감정은 군자로서 거듭 경
계해야 할 것이다.

▨ 군자는 너무 고상하여 오만해 보이지 않아야 하고 편협하고 급하지
않아야 사람들을 교화시킬 수 있으며 모든 것을 관대하게 포용할 수 있는
넓은 도량을 가져야 하는 것이다. 일반 사람들과 너무 동떨어져 있으면

오히려 반감을 사 그 군자의 교화는 헛돌 것이다.

　山之高峻處엔 無木이로되 而谿谷廻環則草木이 叢生하며 水之湍
急1)處엔 無魚로되 而淵潭停蓄2)則魚鼈이 聚集하나니 此高絶之行과
褊急3)之衷은 君子는 重有戒焉하라

1) 湍急(단급) : 급류(急流). 물이 급하게 흐르는 곳.

2) 停蓄(정축) : 정지하여 괴여있는 것.

3) 褊急(편급) : 마음이 좁고 과격한 것.

197. 고집이 세고 끈질긴 사람은

　큰 공을 세우고 큰 사업을 성취한 사람은 겸허하고 원만한
사람이 많다. 사업에 실패하고 기회를 잃는 자는 반드시 고집
이 세고 끈질긴 사람이다.

　▨ 겸허하고 원만한 사람은 세상에 공적이나 업적도 많이 남기지만
편협하고 경박하며 치졸한 사람은 사업도 실패하고 또 좋은 기회도 갖
기가 힘들다. 복은 웃는 곳에 있다고도 하지 않았는가. 화목한 곳에 복
이 스며들고 우울한 곳에는 복이 없다는 것과 같다.

　建功立業者는 多虛圓1)之士하며 僨事2)失機者는 必執拗3)之
人이니라

1) 虛圓(허원) : 겸허하고 원만한 것. 허심하고 원만한 것. 허심탄회한 것.

2) 僨事(분사) : 일을 망치는 것.

3) 執拗(집요) : 고집이 세고 끈질긴 것. 집착하여 고집부리는 것.

198. 세속과 다르게는 하지 말라

　세상을 살아가는 데 있어 마땅히 세속에 너무 휩쓸리지 말

며 또한 마땅히 세속과 담을 쌓아 너무 다르게도 하지 말라.

　일을 행하는 데 있어서는 마땅히 사람으로 하여금 싫어하게 하지 아니하며 또한 마땅히 사람으로 하여금 너무 기쁘게도 하지 아니하는 것이다.

　▨ 세상을 살아가는 데 있어 너무 세사에 휩쓸리지도 너무 동떨어져서도 안되는 것으로 그 중간을 택하지 않으면 안된다. 또한 일을 하는 데 있어서는 남들이 싫어하게 되면 방해를 받아 일을 성사시키지 못한다. 사공이 많으면 배가 산으로 간다고 했듯이 남들의 기분만 맞추어 주어도 일을 성사시키지 못하는 것이다. 나의 줏대를 세우고 종합하여 행하는 것이다.

　處世엔 不宜與俗同[1]이며 亦不宜與俗異요 作事[2]엔 不宜令人厭하며 亦不宜令人喜니라

1) 俗同(속동) : 세속과 함께 하다. 세속에 영합하는 것. 세속에 휩쓸리는 것.
2) 作事(작사) : 일을 행하는 것. 사업(事業)을 경영하는 것.

　199. 잎이 진 뒤의 귤은 더 향기롭다

　해가 이미 넘어가면 오히려 노을이 아름다운 빛을 발하며 한 해가 장차 저물어가면 등자와 귤은 더욱 향기로워진다.

　그러므로 늘그막 말년에 군자는 다시 마땅히 정신을 백배하도록 노력해야 할 것이다.

　▨ 끝마무리를 잘해야 한다는 것이다. 젊었을 때 좋은 일을 많이 했어도 만년에 추한 행동을 보이면 모든 것이 허사가 된다. 인생의 말년은 모든 것을 갈무리하는 해이기도 하다. 말년의 선행은 평소의 모든 악행을 다 덮어주는 것이다.

　日旣暮而猶烟霞絢爛[1]하며 歲將晚而更橙橘[2]芳馨하나니 故로

末路晩年을 君子更宜精神百倍니라

1) 絢爛(현란) : 빛이 아름다운 것.

2) 橙橘(등귤) : 등자와 귤.

200. 사람을 움켜잡고 무는 수단방법은

매는 사납지만 서있는 것을 보면 조는 것 같고 범은 맹수지만 걷는 것을 보면 병든 것 같다. 바로 이런 행위들이 사람을 움켜잡고 사람을 무는 수단방법이다.

그러므로 군자는 총명한 것을 겉으로 나타내지 않으며 뛰어난 재능을 뽐내지 않도록 해야 한다. 이로써 겨우 큰 임무를 짊어질 역량(力量)이 있게 되는 것이다.

▨ 매와 범은 평상시에는 자기의 힘을 밖으로 나타내지 않고 숨기고 있다가 유사시에 그 날카로움을 나타내어 먹이를 잡는다. 이와 같이 군자는 자기의 총명을 나타내지 말고 자기의 재능을 자랑하지 말고 감추어둘 줄 알아야 한다. 그래야만 시기 질투에서 벗어나 큰 일을 할 수 있게 된다.

鷹立如睡하며 虎行似病은 正是他攫人噬[1]人手段處니 故로 君子는 要聰明不露하며 才華不逞[2]이라야 纔有肩鴻任鉅[3]的力量이니라

1) 噬(서) : 물어뜯는 것.

2) 才華不逞(재화불령) : 재화는 뛰어난 재능이며 불령은 뽐내지 않는 것.

3) 肩鴻任鉅(견홍임거) : 대사를 담당하는 것. 큰 일을 맡는 것.

201. 지나친 겸양(謙讓)은 비굴해 보인다

절약하고 검소한 것은 미덕이지만 너구 지나치면 인색이 되고 잔다랗게 되어 도리어 바른 도를 상하게 되는 것이다.

겸양(謙讓)은 아름다운 행실이지만 지나치면 지나친 공경이
되고 비굴하게 된다. 이러한 것은 모두 꾸며진 마음에서 나오
는 일이 많은 것이다.

▨ 다른 사람이 너무하다고 하지 않을 정도로 해야 검약과 겸양 같
은 좋은 미덕도 빛나는 것이지 너무 지나치다고 할 정도로 하면 오히
려 반대의 효과를 가져올 수 있다. 모든 일을 정도에 맞게 중용을 지
켜야 하는 것을 말한 것이다.

儉은 美德也나 過則爲慳吝[1]이요 爲鄙嗇[2]이며 反傷雅道[3]니라
讓은 懿行[4]也나 過則爲足恭[5]이며 爲曲謹[6]이니 多出機心[7]이니라

1) 慳吝(간린) : 너무 아껴 인색한 것.

2) 鄙嗇(비색) : 인색한 것. 너무 인색하여 비루해 보이는 것.

3) 雅道(아도) : 바른 도(道). 정도(正道).

4) 懿行(의덕) : 미덕(美德). 아름다운 행실.

5) 足恭(족공) : 지나친 공경. 공손한 것이 지나친 것.

6) 曲謹(곡근) : 지나치게 삼가하는 것.

7) 機心(기심) : 무엇을 바라고 도모하는 마음.

202. 일이 뜻대로 된다고 기뻐하지 말라

자기 뜻대로 되지 않는 것을 근심하지 말 것이며 뜻대로 되
어 마음이 쾌하다고 기뻐하지 말 것이며 오래도록 편안한 것
을 믿지 말 것이며 일의 처음에 어려움을 겪는 것을 꺼리지
말지니라.

▨ 일이 원하는 대로 되지 않는다고 걱정하지 말라. 언젠가는 원하
는 일이 이루어질 때도 있을 것이다. 원하는 일이 이루어졌다고 너무
기뻐하지 말라. 언제 실패할지 모르는 것이다. 세상사 새옹지마라는 것
을 언제나 생각하고 너무 울고웃고 하지 말라. 초월하여 여유를 가지

고 순응할 뿐이다.

毋憂拂意[1]하며 毋喜快心하며 毋恃久安[2]하며 毋憚初難[3]하라

1) 拂意(불의) : 자기 뜻대로 되지 않는 것.

2) 久安(구안) : 오래도록 무사태평한 것.

3) 初難(초난) : 처음 겪는 어려움.

203. 훌륭한 선비가 아닌 것은 …

자주 잔치를 열어 즐거움이 많은 집은 좋은 집이 아니요, 명성과 화려한 것에 젖어 있는 선비는 훌륭한 선비가 아니요, 빛나는 이름이나 높은 지위를 얻는 것을 생각하는 마음이 강한 신하는 좋은 신하가 아닌 것이다.

▨ 자신의 임무를 충실히 할 때 사람은 값진 것이다. 집안에서 잔치만 하고 명예나 날리기를 좋아하고 높은 지위만을 요구하는 것은 모두가 자신에게 충실하지 않은 자들이다.

飮宴之樂이 多하면 不是個好人家[1]요 聲華[2]之習이 勝하면 不是個好士子[3]요 名位之念이 重하면 不是個好臣士니라

1) 好人家(호인가) : 좋은 집. 훌륭한 가정.

2) 聲華(성화) : 명성과 화려한 것.

3) 士子(사자) : 선비.

204. 괴로운 마음을 즐거움으로 바꾸는 사람

세상 사람들은 자기 마음에 맞는 것으로써 즐거움을 삼으나 도리어 즐거운 마음에 이끌려 괴로운 곳에 있게 되는 것이다. 세상일에 통달한 사람은 마음과 어긋나는 곳으로써 즐거움을

삼기 때문에 마침내 괴로운 마음을 즐거움과 바꾸어 얻게 되는 것이다.

▨ 고생끝에 낙이 온다고 했다. 여러 가지로 고생하고 고달픈 경우를 달관하여야 그 마음에 진정한 즐거움을 찾을 수 있다. 욕망과 탐욕은 즐거운 것 같지만 끝내는 괴로움을 가져다 준다. 그러므로 군자는 자신의 수양으로 욕망과 탐욕에서 벗어나 즐거움을 얻게 되는 것이다.

世人은 以心肯[1]處爲樂하여 却被樂心引在苦處하며 達士[2]는 以心拂處爲樂하여 終爲苦心換得樂來하나니라

1) 心肯(심긍) : 마음이 즐거운 것. 마음에 만족하는 것.
2) 達士(달사) : 도에 통달한 사람. 세상일에 달관한 사람.

205. 물 한 방울이라도 더하는 것을 꺼리는 사람들

가득 차 있는 자는 물이 장차 넘으려 하면서도 아직 넘지 않는 것과 같아서 절대로 다시 물 한 방울이라도 더하는 것을 꺼린다.

위급한 위치에 처한 자는 나무가 장차 꺾어지려 하면서도 아직 꺾어지지 않은 것과 같으니 조금이라도 건드리는 것을 간절히 꺼리는 것이다.

▨ 가득 찬 부귀를 누리는 자는 가득 차 있는 물과 같아 한 방울이라도 더하면 넘치게 되는 것과 같이 불안한 것이다. 위급한 처지에 있는 자는 흡사 나무가 꺾일듯 말듯한 것과 같아 조금만 건드리면 꺾여져 부러지게 되는 것과 같이 위태로운 것이다.

군자는 몸과 마음을 삼가하여 이러한 상황에 놓이지 않도록 해야 하는 것이다.

居盈滿[1]者는 如水之將溢未溢하여 切忌[2]再加一滴하며 處危急

者는 如木之將折未折하여 切忌再加一搦³⁾이니라

1) 盈滿(영만) : 가득 찬 것.

2) 忌(기) : 꺼리다. 싫어하다.

3) 一搦(일닉) : 한 번 잡는 것. 조금 건드리는 것.

206. 냉정한 마음으로 도리를 생각하라

냉철한 눈으로 사람을 보며 냉정한 귀로 말을 들으며 냉정한 감정으로 느낌에 응하며 냉정한 마음으로 도리를 생각하여야 할 것이다.

▨ 『대학』에도 보면 "자신의 마음을 자신이 가지고 있지 않으면 모든 사물을 보아도 사물의 바른 모습을 제대로 볼 수 없고, 무슨 소리를 들어도 그것이 무슨 소리인지 제대로 듣지 못하고 맛있는 음식을 먹어도 그 맛의 참맛을 알지 못하는 것이다."라고 하였듯이 자신의 참된 마음을 보존하는 것이 중요한 것이다.

冷眼觀人하며 冷耳聽語하며 冷情當感하며 冷心思理하라

207. 복을 많이 받는 사람은

어진 사람은 마음이 너그러워 문득 복을 많이 받고 또 경사가 오래갈 뿐 아니라 하는 일마다 관대하고 용서하는 기상이 이루어지는 것이다.

야비한 사람은 생각하는 것이 좁고 경솔하여 문득 복록이 박하고 자손에게 끼치는 은택도 짧아 하는 일마다 옹졸한 모양이 되어서 발전하지 못하는 것이다.

▨ 복이나 재앙은 자신이 불러들인다고 했다. 어진이의 마음은 평화가 깃들어서 복이 많고, 경사가 있고 야비한 사람은 행동이 치졸하므

로 복이 없고 은택도 없다는 것을 말하였다.

仁人은 心地寬舒라 便福厚而慶長하여 事事成個寬舒氣象하며 鄙夫[1]는 念頭迫促[2]이라 便祿薄而澤[3]短하여 事事得個迫促規模[4] 하나니라

1) 鄙夫(비부) : 비루한 사람. 마음이 야비한 사람. 옹졸한 사람.
2) 迫促(박촉) : 줄어들다. 좁고 조급한 것. 옹졸한 것.
3) 澤(택) : 여택(餘澤). 자손에게 미치는 은택(恩澤).
4) 規模(규모) : 모양.

208. 착한 일을 들어도 급히 친하지 말라

남의 나쁜 일을 들었을지라도 곧 미워하지 않는 것이다. 남을 흠잡는 사람들의 모략일까 두려운 것이다.

남의 착한 일을 들었을지라도 급히 친하지 않는 것이다. 간사한 사람들이 이끌어 자기 출세를 위한 것일까 두렵기 때문이다.

▨ 그 사람을 비방하는 말을 들었을 때 사실 확인을 하지 않고 경솔하게 그대로 믿고 그 사람을 미워하지 않아야 한다. 혹시 사사로운 원한을 풀기 위해 거짓으로 만들어낸 말일 수도 있기 때문이다.

마찬가지로 그 사람의 착한 일을 들었을 때도 앞뒤가리지 않고 당장 그것을 믿고 그 사람을 신임하거나 가까이 하지 않아야 한다. 혹시 간악한 자가 자신의 입신출세를 위해 꾸며낸 말일 수도 있기 때문이다.

사람을 믿고 사람을 쓰는 데는 항상 신중하고 세밀한 주의가 필요한 것이다.

사람을 추천하거나 사람을 가려 쓸 때도 진상을 살피지 않고 소문만 듣고 결정하지 말고 신중하고 치밀하게 살펴야 한다는 것이다.

聞惡이라도 不可就惡이니 恐爲讒夫[1]洩怒[2]요 聞善이라도 不可急
親이니 恐引奸人[3]進身[4]이니라

1) 讒夫(참부) : 고자질하는 사람.
2) 洩怒(설노) : 노여움을 나타내는 것.
3) 奸人(간인) : 간사한 사람.
4) 進身(진신) : 자신의 출세를 위하는 것.

209. 복(福)이 스스로 모여들게 하는 자

성질이 조급하고 마음이 거친 자는 한 가지 일도 이룰 수가
없을 것이며 마음이 평화롭고 기상이 평안한 자는 모든 복
(福)이 스스로 모여드는 것이다.

▨ 성격이 조급하면 경솔하기 쉽고 마음이 거칠면 세밀하게 살피지
못한다. 경솔하고 세밀하지 못하면 무슨 일이나 실패하기 쉬운 것이다.
이와 반대로 마음이 평화로운 사람은 침착하고 신중하여 여러 가지 상
황을 헤아릴 줄 알기 때문에 여러 일을 성공시켜 많은 복을 누리게 되
는 것이다.

性燥心粗[1]者는 一事無成하며 心和氣平者는 百福[2]自集하나니라
1) 粗(조) : 조잡한 것.
2) 百福(백복) : 백 가지 복. 많은 복. 모든 복.

210. 친구는 아무나 함부로 사귀지 말라

사람을 쓰는 데는 너무 가혹해서는 안되는 것이다. 너무 가
혹하면 충실하고자 생각하던 자가 떠나간다. 친구를 사귀는
데에는 마구잡이로 덮어놓고 친하면 안되는 것이다. 아무나
좋아하면 아첨하고 빌붙는 자가 모여들기 때문이다.

▨ 사회 생활을 하면서 지켜야 할 일들이다. 사람은 너무 가혹하게 하면 정이 멀어져서 떠나가고 아무나 무턱대고 친구로 사귀면 아첨꾼도 득실거리게 된다. 중용(中庸)의 도가 필요한 것이다.

用人은 不宜刻[1]이니 刻則思效者[2]去하며 交友엔 不宜濫[3]이니 濫則貢諛[4]者來하나니라

1) 刻(각) : 각박. 가혹한 것.
2) 思效者(사효자) : 진심으로 충실하고자 하는 자.
3) 濫(람) : 함부로 하는 것. 헤픈 것. 마구잡이로 하는 것.
4) 貢諛(공유) : 아첨하고 빌붙는 것.

211. 꽃향기 무르익고 버들잎 푸르른 곳에서는

바람이 비껴불고 빗발이 굵은 곳에서는 다리에 힘을 꽉 주어 세워서 안정시킬 것이며, 꽃향기 무르익고 버들잎 푸르른 곳에서는 눈을 높은 곳에 두어서 보지 말아야 할 것이며, 길이 위태롭고 험한 곳에서는 빨리 머리를 돌려 피해야 하는 것이다.

▨ 세상에서 처세하는 데 있어 주의할 점을 말한 것이다. 험한 세상을 살아가려면 꿋꿋한 마음가짐을 가져야 하며, 화류계의 여색에 빠지지 않도록 조심해야 할 것이며, 위험한 곳에는 가지 않는 것이며 만약 위험한 곳에 처하면 가장 빠르게 벗어나야 한다는 것이다.

風斜雨急[1]處엔 要立得脚定하며 花濃柳艷[2]處엔 要著得眼高하며 路危徑險處엔 要回得頭早[3]니라

1) 風斜雨急(풍사우급) : 비바람이 모질게 몰아치다. 인생살이의 어려움을 비유한 것.
2) 花濃柳艷(화농유염) : 꽃이 화려하고 버들이 곱다. 꽃은 아름답고 버들은 하늘거린다는 뜻으로 마음을 유혹하는 여색을 비유한 것.

3) 回得頭早(회득두조) : 빨리 머리를 돌리다. 위급한 상황을 직시하고 생
  각을 고쳐 새로운 방법을 강구하거나 빨리 피하는 것.

212. 온화한 마음과 겸양의 덕

　절의(節義)가 있는 사람은 온화한 마음을 가져야만 겨우 분
쟁(忿爭)의 길을 열지 않을 것이다. 공명(功名)이 있는 선비
는 겸양의 덕을 자기 몸에 체득하여야만 바야흐로 질투의 문
을 열지 않을 것이다.

　▨ 절의가 있는 사람은 성격이 남보다 과격할 수 있다. 스스로의 마
음을 온화하게 가져야 남들과 충돌을 피하게 된다. 공명이 있는 자는
자연히 남의 시기와 질투를 받기 쉬우므로 항상 겸손하여야 시기로 인
한 해를 예방할 수 있는 것이다.

　節義之人은 濟1)以和衷이라야 纔不啓忿爭之路하며 功名之士는
承2)以謙德이라야 方不開嫉妬之門이니라
1) 濟(제) : 구(救)하는 것.
2) 承(승) : 자기 몸에 체득하는 것.

213. 관직에 있을 때와 고향에 있을 때

　사대부가 벼슬자리에 있을 때에는 가히 편지 한 장이라도
절도가 없어서는 안되는 것이다. 사람으로 하여금 대면하기
어렵게 함으로써 요행을 바라는 실마리를 막을 것이다.

　물러나 고향에 있을 때에는 위의(威儀)를 지나치게 높이 가
져서는 안되는 것이다. 사람으로 하여금 대면하기를 쉽게 함
으로써 옛 정을 두텁게 해야 하기 때문이다.

　▨ 높은 벼슬자리에 있을 때는 작은 것에도 세심한 주의를 기울이고

위엄을 보여 소인배들에게 작은 틈도 주지 않아야 하며 물러나 고향에
있을 때는 자연인으로 돌아와 화기를 갖고 편안한 관계를 유지해야 하
는 것이다. 사대부의 벼슬자리에 있을 때와 물러났을 때의 처세에 대
해 이야기하였다.

士大夫居官하연 不可竿牘[1]無節이니 要使人難見하여 以杜倖端[2]
이며 居鄉하연 不可崖岸[3]太高니 要使人易見하여 以敦舊好니라

1) 竿牘(간독) : 편지.
2) 倖端(행단) : 요행을 바라는 실마리. 소인이 요행을 바라고 모여드는
   단서.
3) 崖岸(애안) : 깎아지른 듯한 벼랑. 위엄이나 위의(威儀)를 말한다.

214. 대인도 두려워하고 서민도 두려워하라

덕망이 높은 사람은 가히 두려워하지 않을 수 없는 것이다.
덕망이 높은 사람을 두려워하면 곧 방종한 마음이 없어지게
되는 것이다. 일반 서민도 또한 가히 두려워하지 않을 수 없는
것이다. 일반 서민을 두려워하게 되면 제멋대로 하여 횡포하
다는 말을 듣지 않게 되는 것이다.

▨ 덕망이 높은 사람을 두려워하고 공경하면 방종한 마음이 없어진
다. 또한 일반 서민들을 얕보지 않고 항상 두려워한다면 제멋대로 하
지 않게 되어 횡포하다는 말을 듣지 않게 된다. 언제나 모든 사람을
대할 때 두려워하는 마음을 가지고 몸가짐을 조심하라는 것이다.

大人은 不可不畏니 畏大人則無放逸[1]之心이요 小民[2]도 亦不可
不畏니 畏小民則無豪橫[3]之名이니라

1) 放逸(방일) : 제멋대로 놀아나는 것.
2) 小民(소민) : 천민. 일반 서민.

3) 豪橫(호횡) : 멋대로 권세를 부리는 것. 제멋대로 횡포를 부리는 것.

215. 나보다 못한 사람을 생각하게 되면

일이 다소 뜻대로 되지 않을 때에는 곧 나보다 못한 사람을 생각하면 원망하고 탓하는 마음이 스스로 없어지게 된다. 마음이 다소 나태해지고 황량해지면 곧 나보다 나은 사람을 생각하면 정신(精神)이 스스로 분발하게 되는 것이다.

▨ 위를 보고 사는 사람은 항상 피곤하고 항상 부족하며 아래를 보고 사는 사람은 항상 편안하고 진취성은 없다. 그러므로 적절히 위도 보고 아래도 보는 사람이 되어야 현실에 만족도 하고 발전도 할 수 있는 것이다.

事稍拂逆[1]이어든 便思不如我的人하면 則怨尤自消하며 心稍怠荒[2]이어든 便思勝似我[3]的人하면 則精神自奮하나니라

1) 拂逆(불역) : 마음대로 안되는 것.
2) 怠荒(태황) : 태만하고 거치른 것.
3) 勝似我(승사아) : 나보다 나은 것.

216. 끝맺음을 소홀히 하지 말라

기쁨에 들떠 경솔히 승낙하지 말 것이며 취기에 이끌려 화를 내지 말 것이며 유쾌함에 들떠 일을 많이 말 것이며 권태롭다 하여 끝맺음을 소홀히 하지 말 것이다.

▨ 기쁜 일이 있다고 마음이 들떠서 앞뒤 가리지 않고 무조건 승낙해서는 안된다. 술에 취했을 때는 이성을 잃기 쉬운 것이니 함부로 성내어 술이 깨었을 때 후회할 일을 하지 않도록 주의해야 한다. 또 기분이 좋다고 무리하게 일을 많이 하여서도 안되고 귀찮다고 끝맺음을

소홀히 하여서도 안된다. 모든 것에 신중해야 한다는 것이다.

不可乘喜[1]而輕諾하며 不可因醉而生嗔[2]하며 不可乘快而多事하며 不可因倦而鮮終[3]이니라

1) 乘喜(승희): 기쁨을 타다. 기쁨에 들뜨다.
2) 生嗔(생진): 성내는 것.
3) 鮮終(선종): 끝맺지 않는 것. 끝맺음을 소홀히 하는 것.

217. 독서는 저절로 춤추는 경지까지 이르러야

진실로 책을 잘 읽을 줄 아는 사람은 책 읽는 즐거움에 취해 자신도 모르는 사이에 손발을 움직여 춤추는 경지까지 이르러야 바야흐로 문자에 집착하지 않게 되는 것이다.

사물을 잘 보는 사람은 마음이 융화하고 정신이 흡족해지는 경지에 이르러야 바야흐로 사물의 진실을 파악하게 되어 표면의 형태에 구애되지 않게 되는 것이다.

▨ 독서는 삼매경(三昧境)에 이르러야 독서의 진미를 알아 글자를 익히는 데에서 벗어날 수 있고 사물을 관찰할 때에도 사물의 진수를 파악하여 그의 본질을 연구해야지 표면만 보는 것은 수박 겉핥기에 지나지 않는다는 것이다.

善讀書者는 要讀到手舞足蹈處라야 方不落筌蹄[1]며 善觀物者는 要觀到心融神洽時라야 方不泥迹象[2]하나니라

1) 筌蹄(전제): 고기잡는 소쿠리와 토끼잡는 덫. 『장자』에 있는 말. 고기 잡는 자는 소쿠리를 잊고 토끼잡는 자는 덫을 생각지 않는다는 뜻이니 독서도 글의 내용이 중요하지 문자가 중요한 것이 아니라는 뜻.
2) 泥迹象(니적상): 형태에 구애되다. 니(泥)는 구애되다의 뜻. 적상(迹象)은 사물의 외부 형태.

218. 천벌을 받아 마땅한 사람

하늘은 한 사람을 현명하게 하여 이토써 모든 사람들의 어리석음을 깨우치려 한 것이어늘 세상은 도리어 자신의 장점을 드러나게 하여 다른 사람의 단점을 나타나게 한다.

하늘은 한 사람을 부유하게 하여 이로써 모든 사람들의 곤궁함을 구제하려 한 일이어늘 세상은 도리어 자신이 좀 있다는 것을 뽐내어 다른 사람의 가난한 것을 업신여기고 있다.

참으로 천벌을 받아 죽임을 당할 사람들인져.

▨ 부자들이나 고관대작들은 참고혜야 한다. 자신의 사명감을 잊고 사리사욕에 눈이 어두운 자들을 정계 재계, 또는 실업계에서 많이 볼 수 있다. 이들은 이러한 사실을 깨달아 어려운 시기를 함께 이겨나가도록 노력해야 하겠다.

天賢一人하여 以誨衆人之愚어늘 而世反逞所長하여 以形人之短하며 天富一人하여 以濟衆人之困이어늘 而世反挾[1]所有하여 以凌人之貧하나니 眞天之戮民[2]哉인져

1) 挾(협) : 믿고 뽐내다.
2) 戮民(육민) : 죽임을 당할 백성. 천벌을 받아 마땅한 사람.

219. 일을 함께 하기 어려운 사람

지인(至人 : 도에 통달한 사람)은 무엇을 생각하고 무엇을 걱정하리오. 우인(愚人)은 깨닫는 것도 없고 아는 것도 없는 것이다. 가히 더불어 학문을 논하고 또한 가히 더불어 공을 세울 수 있지만 오직 중간치 재주을 가진 사람은 한편의 사려(思慮)와 지식이 많아 도리어 한편의 억측과 시새움이 많으며 일

마다 더불어 같이 하기 어려운 것이다.

▨ 통달한 사람과 어리석은 사람은 어느 한쪽에 치우치지 않은 사람들이기에 함께 학업을 논하고 공을 세울 수 있으나 중간치 재주를 가진 사람은 한쪽으로 기울은 어줍잖은 지식과 학문으로 모든 일에 억측과 시기가 강하기에 같이 일하기 어렵다는 이야기이다.

至人[1]은 何思何慮리오 愚人[2]은 不識不知라 可與論學하며 亦可與建功이로되 唯中才[3]的人은 多一番[4]思慮知識하여 便多一番億度猜疑라 事事에 難與下手니라

1) 至人(지인) : 도(道)에 통달한 사람.
2) 愚人(우인) : 어리석은 사람.
3) 中才(중재) : 지인(至人)과 우인(愚人)의 중간치의 사람.
4) 一番(일번) : 한 번. 한쪽. 어지간한 것.

220. 입은 마음의 문, 뜻은 마음의 발

입은 마음의 문이다. 입을 지키는 것이 엄밀하지 못하면 마음의 진실한 비밀이 다 새나가는 것이다.

뜻은 마음의 발이다. 뜻을 막는 것이 엄격하지 않으면 잘못된 길로 달리게 되는 것이다.

▨ 입은 마음 먹은 것을 나타내기에 마음의 문이 된다. 그러기에 입을 잘 단속해야만 마음의 진실한 비밀을 잘 지킬 수 있고 괜한 구설수에 오르지 않게 된다. 또 뜻은 마음 먹은대로 행하는 마음의 발이니 엄격하게 통제하지 않으면 잘못된 길로 가게 된다.

口乃心之門이니 守口不密하면 洩盡眞機[1]하며 意乃心之足이니 防意不嚴하면 走盡邪蹊[2]하나니라

1) 眞機(진기) : 마음의 기틀. 마음의 진실한 비밀.

2) 邪蹊(사혜) : 정당치 못한 길.

221. 남을 꾸짖을 때와 자기를 반성할 때

남을 꾸짖는 자는 허물이 있는 속에서 허물이 없는 것을 찾
으면 감정이 평온해 질 것이다. 자기를 꾸짖는 자는 허물 없는
속에서 허물 있는가를 찾으면 덕(德)에 진보가 있을 것이다.

▨ 남의 잘못은 관대하게 용서하고 나의 잘못은 엄격하게 꾸짖으라
는 말이다. 남의 잘못을 꾸짖을 때에는 그 잘못 가운데에서 잘못 없는
부분을 찾으려 노력하면 마음이 관대해져 너무 혹독하게 하지 않게 될
것이고 다시 그러한 잘못을 범하지 않도록 타이를 수 있어 별로 반감
을 사지 않고 교화할 수 있을 것이다. 이와 반대로 자기를 반성할 때
에는 잘못이 없더라도 돌이켜 보고 조심하면 덕행이 저절로 닦아질 것
이다.

責[1]人者는 原[2]無過於有過之中하면 則情平[3]하며 責己者는 求有
過於無過之內하면 則德進하나니라

1) 責(책) : 책망하는 것. 꾸짖는 것.

2) 原(원) : 근본을 찾다.

3) 情平(정평) : 마음이 평안한 것.

222. 어린이는 어른의 씨앗이다

어린이는 어른의 씨앗이며 수재(秀才)는 사대부의 씨앗이
다. 이때 만일 화력(火力 : 힘)이 이르지 못하고 단련(훈육)이
완전하지 못하면 후일 세상에 처해 조정에 섰을 때 마침내 훌
륭한 그릇을 이루기 어려운 것이다.

▨ 어린이는 어른의 거울이다. 열심히 교육시키고 훈련을 시켜서 장

차 국가의 동량으로 삼아야 한다. 젊어 고생은 사서라도 한다고 했다.

子弟者는 大人之胚胎[1]요 秀才[2]者는 士夫之胚胎니 此時에 若
火力不到하여 陶鑄[3]不純[4]하면 他日에 涉世立朝하여 終難成個令
器[5]니라

1) 胚胎(배태) : 새끼를 배는 것. 알, 씨앗.

2) 秀才(수재) : 과거에 급제한 사람.

3) 陶鑄(도주) : 도공(陶工)이 도기(陶器)를 만들고 단공(鍛工)이 쇠를
   녹여 그릇을 만드는 것. 단련하는 것.

4) 純(순) : 충분한 것. 완전한 것.

5) 令器(영기) : 훌륭한 그릇.

223. 군자는 환란에 처하여 근심하지 않는다

군자는 환란에 처하여도 근심하지 아니하고 즐거운 때를 당
하여는 두려워하고 조심하며 권세있는 자를 만나서도 두려워
하지 않고 의지할 데 없는 외로운 사람에 대하여 동정심을 발
동하는 것이다.

▨ 총칼 앞에서 두려워하지 않고 권세가 앞에서도 비굴하지 않고,
즐거움이 있을 때에는 너무 오만하지 않을까 두려워하면서도 의지할
곳 없는 외로운 사람들에 대해서는 동정심을 발동하는 것은 도덕군자
가 아니고서는 할 수 없는 행동이다.

君子는 處患難而不憂하고 當宴遊而惕慮[1]하며 遇權豪[2]而不懼하
고 對惸獨[3]而驚心[4]하나니라

1) 惕慮(척려) : 두려워하고 걱정하는 것.

2) 權豪(권호) : 권력 있는 집과 세력 있는 집.

3) 惸獨(경독) : 의지할 곳 없이 고독한 것.

4) 驚心(경심) : 동정하는 마음.

224. 늦게 이루어진 것만 같지 못하다

복숭아꽃이나 오얏꽃이 비록 아름답지만 어찌 푸르른 소나무와 잣나무의 꿋꿋한 정절만 하겠는가. 배나 살구가 비록 맛이 좋으나 어찌 누런 유자나 푸른 귤의 높은 향기만 하겠는가. 믿음직스럽구나. 아름답고 빨리 지는 것은 담박하면서 오래 가는 것에 미치지 못하며 일찍 뻬어난 것은 늦게 이루어지는 것만 같지 못한 것이다.

▨ 일찍 핀 꽃이 빨리 진다고 했다. 젊어서 조금 뛰어나 잠깐 화려한 것보다는 늦게 가서 크게 성공하여 말년을 잘 지내는 것이 좋다는 것이다.

桃李雖艶이나 何如松蒼柏翠¹⁾之堅貞이며 梨杏雖甘이나 何如橙黃橘綠²⁾之馨冽³⁾이리오 信乎라 濃夭⁴⁾不及淡久⁵⁾며 早秀不如晩成⁶⁾也니라

1) 松蒼柏翠(송창백취) : 소나무와 잣나무가 푸른 것.

2) 橙黃橘綠(등황귤록) : 누런 유자와 푸른 귤.

3) 馨冽(형렬) : 향기가 매우 높다.

4) 濃夭(농요) : 아름다우나 빨리 지는 것.

5) 淡久(담구) : 담담하나 오래 있는 것.

6) 晩成(만성) : 늦게 이루어지다. 대기만성(大器晩成)의 뜻.

225. 인생의 진정한 경지

바람 자고 물결 고요한 가운데에서 인생의 진정한 경지를 볼 수 있으며 맛이 담담하고 소리 드둔 곳에서 마음의 본바탕

을 알 수 있는 것이다.

▨ 일이 많아서 바쁘게 움직이고 마음이 번잡스러울 때는 마치 바다에 풍랑이 일어난 것과 같으며 일이 없고 마음이 평온할 때는 물결이 잠잠하고 고요한 것과 같다. 인생의 진정한 경지는 이와 같이 고요할 때 비로소 찾을 수 있는 것이니 괜시리 많은 일을 벌려놓지 말고 마음을 번잡하게 하지 말라는 것이다. 또한 담박한 맛과 조용한 곳에 접했을 때 비로소 마음의 본바탕을 알 수 있는 것이니 맛좋은 음식과 여러 가지 소리에 마음을 빼앗기지 말라는 것이다.

風恬[1]浪靜中에 見人生之眞境하며 味淡聲希[2]處에 識心體之本然하나니라

1) 風恬(풍념) : 바람이 잔잔한 것.

2) 聲希(성희) : 소리가 드문 것. 고요한 것. 『노자도덕경(老子道德經)』에 들어도 들을 수 없는 것을 희(希)라 한다고 하였는데 아주 큰 소리는 오히려 듣기 어렵다고 했다.

제2권 후집(後集)

배우가 분칠을 하고 연지찍어 단장하여
아름다움과 미움을 붓끝으로 이루지만
조금있다가 노래가 끝나고 무대가 파하면
그 아름답고 추한 것이 어찌 있겠는가.
바둑을 두는 사람은 앞뒤를 다투며
바둑돌로 자웅(雌雄)을 겨루지만
갑자기 대국(對局)이 다하고
바둑돌을 거두어 들이면
자웅(雌雄)이 어찌 있을 것인가.

1. 명리(名利)를 말하기 싫어하는 사람은

산림(山林)에서의 즐거움을 말하는 자는 아직 반드시 참으
로 산림에서의 참맛을 얻지 못한 것이요, 명예나 이로움을 말
하는 것을 싫어하는 자는 아직 반드시 다 명예나 이로움의 정
을 잊지 못한 사람이다.

▨ 자연에서의 참맛을 깨달은 사람은 그 즐거움을 말로 표현할 필요
성을 느끼지 못하고 다만 즐길 뿐이다. 또한 명리(名利)를 진정 잊은
사람은 좋아하고 싫어함이 없이 모든 것을 초월하는 것이다.

談山林之樂者는 未必眞得山林之趣요 厭名利[1]之談者는 未
必盡忘名利之情[2]이니라

1) 名利(명리) : 명예와 이로움.

2) 情(정) : 생각. 명리를 얻고 싶어하는 것.

2. 낚시는 물고기의 생사를 손에 쥐는 것

낚시질은 한가히 즐기는 일이지만 오히려 죽이고 살리는 칼
자루를 쥐고 있는 것이며 바둑을 두는 일은 고상한 놀이이지
만 또한 전쟁의 마음을 발동시키는 것이다.

가히 일을 기뻐하는 것은 일을 덜어서 알맞게 하는 것만 같
지 못하며, 재능이 많은 것은 무능하여 본바탕을 온전하게 간
직한 것만 같지 못한 것이다.

▨ 낚시질 하는 것은 속세를 떠나 한가하게 즐기는 일이지만 그 즐
거움은 고기를 죽이는 결과를 가져온다. 또 바둑두는 것은 고상한 놀
이이지만 흑돌과 백돌의 싸움을 즐기는 것이기에 다툼의 마음이 생길
수 있는 것이다. 일을 만들지 말고 자연적인 본바탕을 간직하는 것이

중요하다는 것이다.

　釣水[1]는 逸事也로되 尙持生殺之柄[2]이며 奕棋[3]는 淸戱也로되
且動戰爭之心하나니 可見喜事不如省事[4]之爲適이요 多能이 不
若無能之全眞[5]이로다
1) 釣水(조수) : 낚시질하는 것.
2) 生殺之柄(생살지병) : 살리고 죽이는 권력을 가진 것.
3) 奕棋(혁기) : 바둑을 두는 것.
4) 省事(성사) : 일을 덜다. 곧 일을 줄이는 것.
5) 全眞(전진) : 진실을 온전히 하다. 진(眞)은 본바탕, 천진(天眞).

3. 천지(天地)의 본 모습을 볼 수 있는 계절
　꾀꼬리 울고 꽃들이 만발하여 산은 짙푸르고 골짜기가 아름
다운 것은 모두 건곤(乾坤 : 하늘과 땅)의 조화에 의한 실체없
는 모습에 불과한 것이다.
　물이 마르고 나뭇잎이 떨어져 바위와 벼랑이 앙상하게 드러
나는 가을은 겨우 천지(天地)의 진실한 본바탕을 보여준다.
　▨ 자연의 본모습은 결코 화려한 것에 있는 것이 아니라는 것을 일
깨워주는 말이다. 자연의 변화무쌍한 것을 거명하여 우주의 도(道)의
실체를 이야기한 것이다.

　鶯花茂[1]而山濃谷艶은 總是乾坤之幻境[2]이요 水木落而石瘦崖
枯는 纔見天地之眞吾[3]니라
1) 鶯花茂(앵화무) : 꾀꼬리 울고 꽃이 만발하여 봄경치가 한창인 것.
2) 幻境(환경) : 실체없는 자태. 거짓모습.
3) 眞吾(진오) : 진정한 본체. 본바탕. 참모습.

4. 마음이 좁은 자는 천지가 좁다한다

세월은 본래 끝없이 긴 것이지만 바쁜 사람은 스스로 짧다고 한다. 천지는 본래 너그러워 무엇이든 받아들이지만 마음이 좁은 사람은 스스로 좁다고 한다. 바람과 꽃, 눈과 달 같은 자연의 경치는 본래 한가한 것인데 힘들여 배격하는 사람은 스스로 번거롭다고 하는 것이다.

▨ 모든 외부적인 것을 받아들일 때 그 마음가짐에 따라 다르게 느껴지는 것이다. 마음이 너그러우면 항상 넉넉한 것이고 마음이 항상 불만족할 때 부족함을 느끼는 것이다. 항상 마음의 여유를 가지고 사물을 접하며 포용할 때 마음도 편안해지고 사물의 본래 모습을 볼 수 있는 것이다.

歲月은 本長而忙者自促하며 天地는 本寬而鄙者自隘하며 風花雪月은 本閑而勞攘[1]者自冗[2]하느니라

1) 勞攘(노양) : 힘들여 배격하는 것.
2) 冗(용) : 번거로운 것.

5. 아름다운 경치는 꼭 먼 곳에 있지 않다

정취(情趣)를 얻는다는 것은 꼭 많은 것에 있지 않다. 조그마한 연못이나 주먹 만한 돌 사이에도 좋은 풍경(風景)이 있게 마련이다.

마음에 드는 경치는 꼭 먼 곳에 있는 것이 아니다. 쑥대로 만든 창, 초가집 아래에도 맑은 바람 밝은 달은 스스로 넉넉한 것이다.

▨ 아름다운 경치는 꼭 먼 곳에만 있는 것은 아니다. 자신의 마음

속에 있는 것이다. 보는 시각에 따라 또 느끼는 감정에 따라서 아름다
운 것을 느낄 수가 있다. 그 마음이 있으면 그 경치가 있고 그 마음이
없으면 그 경치도 없는 것이다.

得趣[1]不在多라 盆池拳石[2]間에 煙霞[3]具足하며 會景[4]不在遠이라
蓬窓竹屋下에 風月이 自賒[5]하나니라

1) 趣(취) : 정취(情趣). 풍정(風情).

2) 盆池拳石(분지권석) : 화분 만한 연못과 주먹 만한 돌.

3) 煙霞(연하) : 풍경(風景).

4) 會景(회경) : 마음에 드는 경치.

5) 賒(사) : 한가한 것. 넉넉한 것.

6. 몸 외의 몸을 엿본다

아주 고요한 한밤중에 종소리를 듣고는 꿈속의 꿈을 불러
깨우며 잔잔하고 맑은 연못 속의 달그림자를 보고는 몸 밖의
몸을 엿볼 수 있는 것이다.

▨ 아무 소리도 들리지 않는 고요한 한밤중에 은은히 들려오는 종소
리에 의해 이 세상의 꿈에서 깨어나 나를 돌아볼 수 있는 여유가 생기
고 잔잔한 연못 속에 달그림자가 비치는 것을 볼 수 있는 눈을 가진
사람은 자연의 모습을 엿볼 수 있는 마음의 여유가 있는 것이다.

聽靜夜之鍾聲하여는 喚醒[1]夢中之夢하며 觀澄潭[2]之月影하여는
窺見[3]身外之身하나니라

1) 喚醒(환성) : 불러 깨우는 것.

2) 澄潭(징담) : 물이 맑은 연못.

3) 窺見(규견) : 엿보는 것.

7. 마음을 전하는 비결이다

새의 지저귐과 벌레소리도 모두 마음을 전하는 비결이요, 꽃의 아름다움과 풀의 색깔도 도를 나타낸 글 아닌 것이 없는 것이다. 배우는 사람은 마음을 맑게 통하게 하고 가슴 속을 영롱하게 하여야 사물을 접촉할 때 모두 마음에서 깨닫는 곳이 있게 되는 것이다.

▨ 천지만물이 그대로 우주의 실상이다. 진리를 배우려는 사람은 타고난 마음의 본체를 맑게 가지고 가슴 속을 밝게 하여 보고 듣고 느끼는 모든 것을 스스로 체득하도록 힘써야 할 것이다.

鳥語蟲聲도 總是傳心之訣이요 花英草色도 無非見道之文이니 學者는 要天機淸徹하며 胸次[1]玲瓏[2]이라야 觸物에 皆有會心處니라

1) 胸次(흉차) : 가슴 속.
2) 玲瓏(영롱) : 투명한 것. 밝은 것.

8. 글자 없는 책은 읽을 줄 모른다

사람들은 글자 있는 책은 읽을 줄 알지만 글자 없는 책은 읽을 줄 모르며, 줄 있는 거문고는 탈줄 알지만 줄 없는 거문고는 탈줄 모른다. 이것은 형체는 쓰면서도 정신은 쓸줄 모르는 것이다. 어떻게 진실한 거문고와 책의 정취를 얻었다고 하겠는가.

▨ 글자 없는 책과 줄 없는 거문고는 마음으로 느끼는 것을 말한 것이다. 표면에 나타난 형체에만 집착하고 마음으로 사물의 참뜻을 알려고 하지 않는 것을 말한 것이다.

人이 解讀有字書하되 不解讀無字書하며 知彈有絃琴하되 不知彈
無絃琴하나니 以跡用[1]이요 不以神用[2]이라 何以得琴書之趣리오
1) 跡用(적용) : 형체에만 집착하는 것.
2) 神用(신용) : 정신을 쓰는 것.

9. 앉은 곳에 책이 있으면 선경(仙境)이다

마음에 물욕(物欲)이 없으면 곧 이것이 가을하늘과 물결 잔
잔한 바다이며, 앉은 곳에 거문고와 책이 있으면 곧 신선이 사
는 선경을 이룬 것이다.

▨ 마음에 욕심이 없으면 평안할 것이요, 옆에 항상 거문고와 책이
있어 이를 즐길 줄 알고 속세의 번거로움을 잊으면 어디에 있던 신선
이 사는 것 같은 살기 좋은 곳이 될 것이다.

心無物欲이면 卽是秋空[1]霽海[2]요 坐有琴書면 便成石室[3]丹
丘[4]니라
1) 秋空(추공) : 맑게 갠 가을하늘.
2) 霽海(제해) : 물결이 잦아들어 잔잔한 바다. 맑게 갠 잔잔한 바다.
3) 石室(석실) : 신선이 거처하는 곳.
4) 丹丘(단구) : 신선이 있는 곳. 선경(仙境).

10. 질탕하게 논 후에는 흐느껴 운다

손님과 친구들이 모여들어 질탕하게 마시고 놀다가 이윽고
촛불이 쇠잔해지며 향기도 다하고 차도 다 식으면 모르는 사
이에 도리어 흐느껴 울게 되어 사람이 한없이 쓸쓸하고 무미
하게 느끼게 되는 것이다.

세상사가 거의 이러한 종류에 속하는 것이다. 사람이 어찌

속히 머리를 돌리지 않으리오

▨ 즐거움이 다하면 슬픔이 온다고 했으며 꽃이 활짝 피면 시들게 되고 달도 차면 기울며 모이면 흩어지는 것이다. 세상사 모든 일은 극단까지 가면 반드시 다른 극단으로 치닫게 되는 것으로 극단까지 가는 일이 없도록 하여 항상 중간을 벗어나면 곧 반성하고 제자리로 돌아와야 한다.

賓朋이 雲集하여 劇飮¹⁾淋漓²⁾樂矣라가 俄而오 漏盡燭殘하며 香銷茗冷하면 不覺反成嘔咽³⁾하며 令人索然⁴⁾無味하나니 天下事率類此라 人이 奈何不早回頭也리오

1) 劇飮(극음) : 폭음하는 것.

2) 淋漓(임리) : 질탕한 모양.

3) 嘔咽(구열) : 흐느껴 우는 것.

4) 索然(삭연) : 눈물 흘리는 모양. 쓸쓸한 모양.

11. 천하의 영웅도 내 손아귀에 들어온다

사물(事物) 속에 깃들어 있는 정취를 깨닫게 되면 다섯 호수[五湖]의 풍경도 자기 마음 속에 전부 다 들어오게 된다.

눈 앞에서 일어나는 모든 사물의 작용을 간파할 수 있다면 천고(千古)의 걸출한 영웅들도 다 내 손아귀에 들어오는 것이다.

▨ 구태여 꼭 드러나는 아름다운 풍경이 있는 곳에 가보아야만 좋은 경치가 있는 것이 아니고 모든 사물 속에 그각의 정취가 있는 것을 깨달으면 커다란 호수라도 내 마음에 받아들일 수 있다. 또 모든 사물의 현상 속에서 그 변화의 이치를 간파하여 깨닫는다면 만고의 영웅호걸도 내 손아귀에 넣고 마음대로 할 수 있다.

會得個中趣면 五湖¹⁾之煙月이 盡入寸裡²⁾하며 破得³⁾眼前機하면

千古之英雄이 盡歸掌握하나니라

1) 五湖(오호) : 중국에 있는 다섯 개의 큰 호수로 파양호(鄱陽湖), 단양
   호(丹陽湖), 청초호(靑草湖), 동정호(洞庭湖), 태호(太湖)를 말한다.

2) 寸裡(촌리) : 마음 속.

3) 破得(파득) : 간파하다의 뜻.

12. 산하와 대지도 미세한 먼지에 속하거늘

산하(山河)와 대지(大地)도 이미 미세한 먼지에 속하거늘
하물며 먼지 속의 먼지야 어떻겠는가.

피가 통하고 살이 붙어있는 몸뚱이도 언젠가는 물거품과 그
림자로 돌아가거늘 하물며 그림자 밖의 그림자는 어떻겠는가.

최상의 지혜를 가진 자가 아니라면 밝고 밝은 마음은 없는
것이다.

▨ 세상의 모든 사물은 자연으로 돌아간다. 인생이란 긴 것 같은데
사실은 짧은 것이다. 이러한 사실을 깨우치고 또 자연계의 모든 것을
깨우치는 것은 최상의 지혜를 가진 자 뿐이다.

山河大地도 已屬微塵이어늘 而況塵中之塵이며 血肉身軀도 且歸
泡影[1]이어늘 而況影外之影이리오 非上上智[2]면 無了了心[3]이니라

1) 泡影(포영) : 거품과 그림자.

2) 上上智(상상지) : 최상의 지혜.

3) 了了心(요료심) : 명료하고 밝은 마음.

13. 달팽이 뿔 위에서의 영역싸움

돌이 부딪칠 때 반짝이는 불빛 속에서 길고 짧은 것을 다투
다니 얼마마한 세월이겠는가.

달팽이 뿔 위에서 자웅(雌雄)을 겨루니 그 얼마나 큰 세계
이겠는가.

▨ 인생은 마치 돌끼리 부딪칠 때 잠깐 빛나는 불빛과 같이 순간적
인 것이다. 그곳에서 길고 짧은 것을 다투고 있으니 길다면 얼마나 길
겠는가. 『장자』에 "달팽이 왼쪽 뿔에 나라를 정하고 있는 자 있으니
촉씨(觸氏)라 하며 달팽이 오른쪽에 나라를 정한 자 있으니 만씨(蠻
氏)라고 한다. 때에 서로 땅을 다투어 싸우니 시신 수만이라."는 이야
기가 있다. 달팽이 뿔 위에서 이긴들 얼마나 큰 영역이겠는가. 사람들
의 명리(名利)다툼은 이와 같이 허망한 것을 표현한 것이다.

石火[1]光中에 爭長競短하니 幾何[2]光陰이며 蝸牛[3]角上에 較雌論
雄하니 許大[4]世界아

1) 石火(석화) : 돌이 부딪칠 때 일어나는 불꽃.

2) 幾何(기하) : 얼마나.

3) 蝸牛(와우) : 달팽이.

4) 許大(허대) : 얼마나 큰.

14. 살풍경한 것이란 …

꺼진 등불에 불꽃이 없고 떨어진 가죽옷이 따뜻하지 않은
것은 다 살풍경(으스스)한 것이다.

몸은 마른 나무토막 같고 마음은 불꺼진 재와 비슷한 것은
완고하고 무지한 것을 면할 수 없는 것이다.

▨ 꺼진 등불과 떨어진 가죽옷은 정도가 지나쳐 살풍경한 정취를 주
며 마른 나무 같은 몸과 식은 재와 같은 마음은 활기없는 무능한 상황
에 빠진 것으로 집착과 탐욕에서 벗어났다 할지라도 선한 일을 행할
능력과 활기를 잃은 것이다.

寒燈無焰하며 敝裘無溫은 總是播弄[1]光景[2]이요 身如槁木하며 心似死灰는 不免墮在頑空[3]이니라

1) 播弄(파롱) : 가지고 놀다. 장난하다. 조롱하다.
2) 光景(광경) : 경치. 상황.
3) 頑空(완공) : 몸은 마른 나무, 마음은 꺼져 식은 재와 같은 깨달음이라 전연 활기가 없고 착한 일을 할 능력이 없는 것.

15. 깨달을 때를 찾으면 깨달을 때가 없다

사람은 옳다고 생각할 당시에 바로 쉬면 문득 깨달을 수 있으리라.

만약 한 곳의 쉴곳을 찾기를 바라면 자녀의 혼사를 비록 다 마쳤다 할지라도 일 또한 적지 않으리라.

승도(僧道)가 비록 좋다고 하지만 마음은 또한 깨닫지 못하리라.

옛사람이 이르기를

"지금 곧 쉴 수 있으면 문득 쉬어라. 만약 깨달을 때를 따로 찾으면 깨달을 때가 없으리라."

고 하였으니 보는 것이 탁월하다 하겠다.

▨ 모든 것을 생각이 났을 때 시행해야 한다. 그때가 지나버리면 다시 원점으로 돌아간다. 휴(休), 곧 쉰다는 것은 모든 물욕(物欲)에서 해탈(解脫)하는 것으로 번뇌에서 벗어나는 것을 말한다.

쉬어야겠다고 생각하면 뒤로 미루지 말고 바로 행하라는 말이다. 아들 딸 모두 결혼시킨 후에 하겠다고 미루면 그때 가서 다른 일이 생겨 쉬지 못하게 된다는 것이다.

人肯當下[1]休어든 便當下了[2]하라 若要尋個歇處[3]하면 則婚嫁雖完[4]이라도 事亦不少하나니 僧道[5]雖好나 心亦不了하리라 前人이

云 如今休去어든 便休去하라 若覓了時[6]면 無了時니라하니 見之卓[7]
矣로다

1) 當下(당하) : 그때. 바로. 즉시.

2) 了(료) : 깨닫다.

3) 歇處(헐처) : 쉴 곳. 헐은 쉬다의 뜻.

4) 婚嫁雖完(혼가수완) : 혼인을 비록 마치다. 혼가는 아들을 장가들이고
   딸을 시집보내다.

5) 僧道(승도) : 승려와 도사.

6) 覓了時(멱료시) : 깨달을 때를 찾는 것.

7) 卓(탁) : 탁월한 식견.

16. 번거롭다가 한가한 데로 들어가보면

 냉정한 다음 열광했을 때를 본 연후에 한때의 정열로 분주
히 뛰어다닌 일이 무익(無益)하다는 것을 알게 되는 것이다.
 번거롭다가 한가한 때로 들어가 본 연후에 한가한 가운데의
감칠맛이 가장 오래간다는 것을 깨닫게 되는 것이다.
 ▨ 냉정한 눈으로 일에 열광할 때를 보면 그 분주한 것이 무익하다
는 것을 알고, 한가한 때 번잡스러운 때를 보면 한가한 것이 얼마나
여유있는가를 알 수 있다.

 從冷[1]視熱然後에 知熱處之奔走[2]無益하며 從冗入閒然後에 覺
閒中之滋味[3]最長[4]이니라

1) 從冷(종냉) : 냉정을 쫓다. 흥분이 가라앉아 냉정을 찾은 때.

2) 奔走(분주) : 열심히 이리저리 뛰어다니는 것.

3) 滋味(자미) : 맛있는 것. 감칠맛이 있는 것.

4) 最長(최장) : 가장 길다. 가장 오래간다. 매우 여유롭다의 뜻.

17. 꼭 바위굴에 숨어살 필요는 없다

부귀를 뜬구름인 양 여기는 기풍(氣風)은 있더라도 반드시 심산유곡 바위굴에 숨어살 필요는 없는 것이다.

산수(山水)의 경치에 심취하는 고치기 어려운 버릇은 없더라도 항상 스스로 술에 취하고 시를 즐기는 풍류는 있어야 하는 것이다.

▨ 『논어(論語)』술이편(述而篇)에 "거친 밥을 먹고 물을 마시고 나서 팔을 굽혀 베개를 삼아도 즐거움이 또한 그 가운데에 있는 것이니, 의롭지 않게 부(富)하고 귀한 것은 내게는 뜬구름과 같다."라는 구절이 있다. 자신의 마음가짐이 중요하다는 것이다.

有浮雲富貴之風이라도 而不必巖棲穴處[1]며 無膏肓[2]泉石[3]之癖이라도 而常自醉酒耽詩[4]니라

1) 巖棲穴處(암서혈처) : 속세를 떠나 심산유곡(深山幽谷)의 바위굴에 살다.
2) 膏肓(고황) : 고질병. 고치기 어려운 병.
3) 泉石(천석) : 산수(山水).
4) 耽詩(탐시) : 시를 탐하다. 시를 즐기다.

18. 법에도 공(空)에도 얽매이지 않는다

세속의 명예와 이익을 다투는 것은 다른 사람들에게 맡겨서 그들이 흠뻑 취해도 혐오하지 않으며, 편안하고 담박한 것은 나에게 알맞게 하되 홀로 깨어있는 것을 자랑하지 않으리라. 이는 석씨(釋氏)의 이른바 '법에도 얽매이지 않으며 공(空)에도 얽매이지 않은 것이다. 몸과 마음이 둘 다 자유자재(自

由自在)한 것이다.' 라는 것이다.

▨ 명예나 이익을 위하여 서로 다투는 일이나 시중의 모든 일들을 초월할 때 자신은 유유자적할 수 있다. 유유자적, 이것은 법(法)에 구속되지 않고 공(空)에도 구속받지 않아 자신의 마음을 자재(自在)케 하는 것으로 바로 심신의 안정을 구하는 길이기도 하다.

競逐[1]은 聽人而不嫌盡醉하며 恬淡[2]은 適己而不誇獨醒이라 此 釋氏[3]所謂不爲法纏[4]하며 不爲空纏[5]이라 身心이 兩自在者니라

1) 競逐(경축) : 명예와 이익을 가지고 서로 경쟁하고 다투는 것.
2) 恬淡(염담) : 편안하고 담박한 것.
3) 釋氏(석씨) : 석가(釋迦).
4) 法纏(법전) : 법은 세상 일체의 사물, 전은 얽매이는 것으로 법에 얽매이다의 뜻. 곧 있음에 집착하는 것.
5) 空纏(공전) : 공에 얽매이다. 곧 없음에 붙잡히는 것.

19. 좁은 방도 천지(天地)같이 넓게 생각된다

길고 짧은 것은 자기 생각 하나에 말미암는 것이며 넓고 좁은 것은 자기 마음에 달린 것이다.

그러므로 마음이 한가로운 사람에게는 하루도 천년같이 아득하게 생각되고 마음이 넓은 사람에게는 좁은 방도 천지와 같이 넓게 생각되는 것이다.

▨ 장자와 노자 또한 수없이 말하고 있는 것으로 모든 것은 인간의 마음에 달려 있는 것이다. 길고 짧은 것, 넓고 좁은 것, 한가로운 것 등이 마음의 수용상태에 따라서 느끼는 것도 다른 것을 표현한 것이다. 마음이 좁으면 모든 것이 좁게 보인다.

延促[1]은 由於一念하며 寬窄[2]은 係之寸心이라 故로 機閒者[3]는 一

日도 遙於千古하고 意廣者는 斗室⁴⁾도 寬若兩間⁵⁾이니라

1) 延促(연촉) : 길고 짧은 것.

2) 寬窄(관착) : 관은 넓은 것, 착은 좁은 것.

3) 機閒者(기한자) : 기(機)는 마음의 뜻으로 마음이 한가한 사람.

4) 斗室(두실) : 좁은 방.

5) 兩間(양간) : 하늘과 땅 사이.

20. 세상사 잊을 것 없는 것 조차 잊다

욕심을 덜고 또 덜어 꽃을 가꾸고 대나무를 심어 그대로 오유선생(烏有先生)과 사귀어 돌아가련다.

세상사 잊어버리고 향을 사르고 차를 끓이며 모두 백의동자도 묻지 않는구나.

▨『노자(老子)』에 "도를 닦되 날로 덜고 이를 덜어 또 덜음으로써 무위(無爲)에 이른다."라고 하였다. 여기서 던다는 것은 물욕을 없앤다는 뜻으로 물욕을 완전히 끊으면 무(無)의 세계에 도달한다는 것이다. 매일을 유유자적하게 보내며 물욕을 덜어간다면 오유선생(烏有先生)과 같은 무의 경지에 다다를 수 있게 된다는 것이다. 또 모든 것을 잊고 향을 사르고 차를 끓여 흥을 돋우면 백의동자가 도연명(陶淵明)에게 술을 가져와 같이 즐겼듯이 자연스럽게 무아(無我), 무욕(無慾)의 경지에 이를 수 있게 된다는 것이다.

損¹⁾之又損하고 栽花種竹하여 儘交還烏有先生²⁾하며 忘無可忘하고 焚香煮茗³⁾하여 總不問白衣童子⁴⁾라

1) 損(손) : 손해. 덜다. 물욕(物欲)을 끊는 것.

2) 烏有先生(오유선생) : 한(漢)나라 사마상여(司馬相如)의 부(賦)에 있는 망시공(亡是公), 오유선생(烏有先生), 자허(子虛)라는 세 사람의 가공인물 중 한 사람. 오유는 "어찌 있으랴"라는 뜻으로 무(無)라는 뜻.

3) 煮茗(자명) : 차를 끓이다.

4) 白衣童子(백의동자) : 도연명(陶淵明)의 고사(故事)로 9월 9일날 도
   연명이 술이 없어 울타리 밑에서 꽃을 따고 있으니 백의(白衣)를 입은
   왕홍(王弘)이라는 사람이 술을 가지고 와서 같이 취하였다는 이야기가
   있다.

21. 선경(仙境)과 평범한 경지

눈 앞에 닥쳐오는 모든 일을 마음으로 만족할 줄 아는 사람
에게는 모든 것이 선경(仙境)이요, 만족할 줄 모르는 사람에
게는 평범한 경지이다.

모든 세상에 나타나는 사물의 원인을 잘 사용하는 사람은
기틀을 살리고 제대로 사용하지 못하는 사람은 기틀을 죽이는
것이다.

▨ 분수에 맞게 살면 모든 것이 편안하고 분수를 잃으면 불평과 불
만 뿐이다. 분수에 따라 사물을 이용하는 것은 자연의 기틀을 살리는
것이요, 분수를 모르고 날뛰는 것은 사물의 기틀을 죽이는 것이다.

都來眼前事는 知足者仙境이요 不知足者凡境[1]이며 總出世上因
은 善用者는 生機[2]요 不善用者는 殺機[3]니라

1) 凡境(범경) : 범인(凡人)의 경지. 평범한 경지.

2) 生機(생기) : 사람과 사물을 이익되게 하는 작용.

3) 殺機(살기) : 사람과 사물을 손상시키는 작용.

22. 가장 오래가는 맛

권세있는 자에게 빌붙어 사는 사람의 재앙은 매우 비참하고
또 매우 신속한 것이다.

담박함에 길들이고 편안한 것을 지키는 맛은 가장 담박하고
또 가장 오래가는 것이다.

▨ 권불십년(權不十年)이란 말과 같이 세도가에게 빌붙은 자는 세
도가 몰락함과 함께 몰락하는 것이요, 담박하고 안전한 곳에 살면 언
제나 위험이 따르지 않고 대대로 이어나갈 수 있는 것이다. 『여씨춘
추』에서 자열자(子列子)는 곤궁하여 굶주리고 추위에 떨면서도 앞을
내다보고 정(鄭)나라 재상 자양(子陽)에게 재물을 받지 않고 빌붙지
않아 자양과 함께 죽지 않을 수 있었던 것이다.

趨炎附勢[1]之禍는 甚慘亦甚速하며 棲恬守逸[2]之味는 最淡亦最
長이니라

1) 趨炎附勢(추염부세) : 권세있는 자에게 빌붙는 것.
2) 棲恬守逸(서념수일) : 담담함에 자리하고 편안함을 지키다.

23. 구름은 누더기옷에서도 피어난다

소나무 우거진 시냇가를 지팡이 짚고 홀로 거닐다 서 있으
면 구름은 누더기옷에서도 피어나고, 대나무 창문 아래에서
책을 높이 베고 누워자다가 깨면 달빛은 낡은 이불도 비추어
주느니라.

▨ 구름이나 달빛은 깨끗한 것이나 더러운 것이나 귀하거나 천하거
나의 차별도 없다. 번잡하고 명리로 얼룩진 세속에도 이와 같은 자연
의 정경은 있는 것이다. 명리와 권세에 대한 욕심을 벗어버린 자만이
이러한 경지에 도달할 수 있다.

松澗邊[1]에 携杖獨行하면 立處에 雲生破衲[2]하고 竹窓下에 枕書
高臥하면 覺時에 月侵寒氈[3]하나니라

1) 松澗邊(송간변) : 소나무가 우거진 시냇가.

2) 破衲(파납) : 떨어진 누더기옷. 다 해진 옷.

3) 寒氈(한전) : 낡아 떨어진 이불.

24. 항상 죽음을 근심하고 병을 염려하면

색욕(色欲)이 불같이 타오르더라도 한 생각이 병들었을 때에 이르면 문득 불같이 일어나는 것도 식은 재와 같아지며, 명예나 이로움이 엿과 같이 달더라도 한 생각이 죽음의 땅에 이르면 문득 맛이 초를 씹는 것과 같아지는 것이다.

그러므로 사람이 항상 죽음을 근심하그 병을 염려한다면 또한 속세의 죄과를 짓지 않고 도심(道心)을 오래도록 기를 수 있는 것이다.

▨ 당장의 기분보다 그것이 가져올 결과의 어려움을 미리 생각하여 삼가한다면 어려움에 빠지지 않게 되고 도심(道心)을 기를 수 있다는 것이다.

色欲이 火熾하대 而一念及病時하면 便興似寒灰하며 名利飴甘하대 而一想到死地하면 便味如嚼蠟[1]하나니 故로 人常憂死慮病하면 亦可消幻業[2]而長道心하나니라

1) 嚼蠟(작랍) : 초를 씹는 것.

2) 幻業(환업) : 이 세상의 죄과.

25. 담백한 맛은 오래가는 것이다

앞다투어 명리를 좇는 길은 좁은데 물러나서 한 걸음을 뒤로 하면 스스로 한 걸음 만큼 넓고 평평해지는 것이다.

진하고 아름다운 맛을 즐길 스 있는 것은 짧은데 맑고 담백한 것이 1할이라도 있으면 1할 만큼이라도 오래도록 계속될

것이다.

▨ 무수한 사람에 비해 권세와 이익, 명예같은 것은 한정되고 적다. 이것을 갖기 위해 서로 다투는 길은 험하고도 매우 비좁다. 이런 다툼에서 한 걸음 물러나면 남과 덜 다투고 마음도 편안해지는 것이다.

爭先的徑路[1]는 窄[2]하나니 退後一步하면 自寬平[3]一步하며 濃艶的滋味는 短하나니 淸淡一分하면 自悠長[4]一分하나니라

1) 徑路(경로) : 좁은 길.

2) 窄(착) : 좁은 것.

3) 寬平(관평) : 넓고 평평한 것.

4) 悠長(유장) : 오래도록 계속되다.

26. 죽음에 임박하여 담담하려면

바쁜 때에 본성(本性)을 어지럽지 않게 하려면 모름지기 한가한 때에 정신을 길러 맑게 하여야 한다.

죽음에 임박하여 마음이 흔들리지 않게 하려면 모름지기 생기있게 활동할 때 사물(事物)의 이치를 파악하여야 한다.

▨ 한가할 때 정신을 맑게 수양하고 바쁠 때라도 본성을 간직하며, 평상시에 사물의 이치를 잘 간파하여 자신을 수양한다면 죽음을 편안히 받아들일 수 있다. 태어나는 순간부터 죽음을 향해 달려가는 삶속에서 죽음을 편안하게 받아들일 수 있는 마음의 수양을 닦는 것은 수도자가 아니고서는 하기 어려운 것이다.

忙處에 不亂性인댄 須閒處에 心神[1]을 養得淸하며 死時에 不動心인댄 須生時에 事物을 看得破[2]하라

1) 心神(심신) : 정신.

2) 看得破(간득파) : 간파하다. 파악하다.

27. 영화로움이나 욕됨이 없는 사람

산림 속에 숨어사는 사람에게는 영화로움이나 욕됨이 없고, 도(道)와 의(義)를 숭상하는 사람에게는 달아오르고 냉담한 인정(人情)의 변화가 없는 것이다.

▨ 세상사 다 소용없다고 산림 속에 들어가 숨어사는 사람은 부귀영화나 욕된 일에 관련될 일이 없고 생각할 필요가 없다. 또 인의(仁義)와 도덕(道德)을 숭상하고 지키는 사람은 권세가 있을 때는 문전성시를 이루다가 권세가 없어지면 모르는 체하는 일 없이 변함없다. 오직 인과 의에 의해서만 행동하기 때문이다.

隱逸林中[1]엔 無榮辱이요 道義路上[2]엔 無炎涼[3]이라

1) 隱逸林中(은일임중) : 영욕(榮辱)의 세상사를 벗어나 산림 속에 숨어사는 사람.
2) 道義路上(도의로상) : 도덕과 인의를 숭상하는 사람. 도덕과 인의에 몸을 맡기고 사는 사람.
3) 炎涼(염량) : 덥고 찬 것이니 세상 인심이 권세있는 자에게 아첨하고 권세 떨어지면 못본 체하는 것.

28. 괴로워하는 마음에서 벗어나면

열(熱)은 반드시 없애지 못하는 것이다. 이 열에 괴로워하는 마음만 없애면 몸은 항상 맑고 시원한 상태를 유지하는 것이다.

궁핍한 것은 가히 내던질 수 없는 것이다. 이 궁핍한 것을 괴로워하는 시름에서만 벗어나면 마음은 항상 안락한 집에 있는 것 같이 여겨질 것이다.

▨ 인생이란 내가 원하지 않는 상태에 처해 있다고 멋대로 벗어던지고 없애버릴 수 없는 것이다. 운명적으로 어쩔 수 없는 것들이 많기 때문이다. 마음의 평정을 찾고 자기를 수양하는 것만이 평정을 되찾고 괴로움에서 벗어나는 길이다.

熱不必除라 而除此熱惱[1]면 身常在淸涼臺上[2]이며 窮不可遣이라 而遣此窮愁[3]면 心常居安樂窩[4]中하리라

1) 熱惱(열뇌) : 불같이 뜨거운 괴로움. 뜨겁게 느껴지는 괴로워하는 마음.

2) 臺上(대상) : 집. 마루나 대청을 뜻한다.

3) 窮愁(궁수) : 고난을 괴로워하는 마음.

4) 安樂窩(안락와) : 안락한 집. 와는 토굴로 집의 뜻.

29. 호랑이 등에 타는 위험함을 벗어나는 길

한 걸음 나아갈 때 문득 뒤로 물러나는 것을 생각하면 거의 뿔이 울타리에 부딪치는 화를 면할 것이다. 손을 내밀 때 먼저 손을 거두는 일을 도모하면 겨우 호랑이 등에 올라타는 위기는 벗어날 것이다.

▨ 모든 일은 반드시 성공과 실패의 양면을 가지고 있다. 만약 실패했을 때를 생각하지 않고 성공만 생각하고 무모하게 나아간다면 실패하는 낭패를 당하게 된다는 것이다.

進步處에 便思退步하면 庶免觸藩之禍[1]하며 著手[2]時에 先圖放手[3]하면 纔脫騎虎之危[4]하리라

1) 觸藩之禍(촉번지화) : 뿔이 울타리에 박히는 재앙. 『역경(易經)』의 뇌천대장(雷天大壯)괘에 '羝羊觸藩'이란 말이 있다. 즉 염소가 앞뒤를 가리지 않고 전진만 하다가 울타리에 뿔이 박혀 움직이지 못하는 것과 같은 것을 말한다.

2) 著手(저수) : 손을 내밀다. 곧 일을 시작하는 것.

3) 放手(방수) : 손을 거두다. 일에서 손을 떼다.

4) 騎虎之危(기호지위) : 호랑이를 탄 위급함이라는 말로 내리고는 싫고
   내리면 호랑이에게 잡혀 먹힐 것이니 내리지도 못하는 진퇴양난의 경우
   를 말한 것.

30. 거지이기를 달가워하는 자는

얻는 것만을 탐하는 자는 금을 나누어 주어도 옥을 얻지 못
한 것을 한스럽게 여기고 공(公)에 봉하여져도 후(侯)의 작위를
받지 못한 것을 원망하여 권력있는 토호(土豪)이면서도 스스
로 거지되는 것을 달가워한다.

스스로 만족할 줄 아는 자는 명아주 나물국도 고량진미보다
맛있어 하고 베옷도 여우와 담비 가죽옷보다 따뜻하게 여겨
일반 서민일지라도 왕공(王公)의 자리와 바꾸려 하지 않는 것
이다.

▨ 욕심이란 한정이 없어서 탐하게 되면 자신이 죽지 않으면 그만두
지 않는다. 욕심은 자꾸 더 많은 것을 가지려고 탐하게 만든다. 왕후장
상이라도 별수가 없다. 그러므로 욕심을 자제할 줄 모르면 항상 자신
의 것은 적게 보이고 남의 것만 크게 보인다. 그러나 스스로 만족할
줄 알아 절제를 잘하는 사람은 분수에 따르기 때문에 나물 먹고 물
마시는 생활 속에서도 왕후장상을 부러워하지 않는 것이다.

貪得者는 分金에 恨不得玉하고 封公[1]에 怨不受侯[2]하여 權豪[3] 自
甘乞丐[4]하나니라 知足者는 藜羹[5]도 旨於膏粱하고 布袍[6]도 煖於狐
貉[7]하며 編民[8]도 不讓王公하나니라

1) 封公(봉공) : 공(公)에 봉해지다. 공은 오등(五等)의 작(爵). 곧 공후
   백자남(公侯伯子男) 오작(五爵) 중의 첫째.

2) 侯(후) : 제후(諸侯)로서 영지가 있는 지방의 왕.

3) 權豪(권호) : 권세있고 부유한 사람. 토호(土豪).

4) 乞丐(걸개) : 거지.

5) 藜羹(여갱) : 명아주의 국. 나물국. 거친 음식.

6) 布袍(포포) : 베옷. 거친 옷, 나쁜 옷의 뜻.

7) 狐貉(호학) : 여우와 담비의 가죽으로 만든 옷. 좋은 옷의 뜻.

8) 編民(편민) : 일반 서민.

31. 능숙한 것은 일을 덜어 한가한 것만 못하다

이름을 자랑하는 것은 이름을 숨기려는 정취만 같지 못한 것이다. 일에 능숙한 것이 어찌 일을 덜어서 한가한 것만 같겠는가.

▨ 이름을 드러내고자 하는 것은 명리(名利)를 탐하여 서로 다투는 일에 함께 하는 것이니 이름을 숨기려 하여 명리에서 벗어나는 것만 하겠는가.

또 일에 능숙하여 재주를 부리다보면 자연히 이름이 드러나게 마련이며 많은 일을 하게 되어 지치게 되고 시기와 질투를 받게 되는 것이다. 이러한 번거로움에서 벗어나 한가롭게 지내는 것이 덕을 기르는 길이라는 말이다.

矜名[1]은 不若逃名[2]趣라 練事[3]가 何如省事[4]閒이리오

1) 矜名(긍명) : 이름을 자랑하는 것.

2) 逃名(도명) : 이름을 드러내는 일에서 도망치다. 곧 자기의 이름이 세상에 알려지지 않게 하는 것.

3) 練事(연사) : 일에 능숙한 것.

4) 省事(생사) : 일을 덜어내다.

32. 가는 곳마다 적합한 하늘 아닌 것이 없다

적막한 것을 즐기는 자는 흰구름과 고요한 산속의 경치를 관람하고 미묘한 이치를 통달하는 것이다.

영화스러움을 쫓는 자는 청아한 노래와 묘(妙)한 춤을 관람하고 권태로움을 잊는 것이다.

오직 스스로 깨달은 선비라야 시끄럽고 적막한 일을 좋아함이 없으며, 영화롭고 쇠망함이 없고 가는 곳마다 스스로에게 알맞은 하늘 아닌 것이 없는 것이다.

▨ 아주 조용한 것을 좋아하거나 영화로움을 쫓는 자는 극단을 달리는 편벽된 자들이다. 자득(自得)한 선비는 편벽되지 않고 어떤 일에도 마음이 동요되지 않으며 언제나 무슨 일에서나 유유자적할 수 있다. 그러므로 가는 곳이 곧 자신의 생활 근거지가 되는 것이다.

嗜寂者는 觀白雲幽石[1]而通玄[2]이로되 趨榮者는 見淸歌妙舞而忘倦하나니 唯自得[3]之士라야 無喧寂하며 無榮枯[4]하고 無往非自適之天이니라

1) 幽石(유석) : 고요한 산속의 경치.
2) 通玄(통현) : 미묘한 이치를 통달하는 것.
3) 自得(자득) : 도리를 스스로 깨닫는 것.
4) 榮枯(영고) : 영화로움과 쇠잔함. 번영과 쇠퇴.

33. 떠나고 머무름에 조금도 얽매임이 없다

조각구름이 산골짜기에서 피어올라서는 떠나고 머무름에 조금도 얽매임이 없으며, 밝은 달이 하늘에 떠 있어도 고요하고 시끄러운 것 둘다 간섭하지 않는다.

▨ 산의 골짜기에서 피어난 조각구름은 오고가는 자유를 만끽하고 떠있는 달은 소란스러운 속세를 아랑곳하지 않는다. 사람도 이 구름과 달 같이 속세의 티끌에서 벗어나 유유자적 한다면 희로애락의 번뇌에서 벗어나 마음이 편안할 것이다.

孤雲이 出岫[1]에 去留一無所係하며 朗鏡[2]이 懸空[3]에 靜躁兩不相干[4]하나니라

1) 出岫(출수) : 산과 바위의 구멍에서 나오다.

2) 朗鏡(낭경) : 달. 명월(明月).

3) 懸空(현공) : 하늘에 걸리다. 하늘에 떠있다.

4) 靜躁兩不相干(정조양불상간) : 좋고 나쁜 것 없이 공평하게 비치는 것.

34. 콩씹고 물마시는 데에서 얻어지는 것이다

유장(悠長)한 정취는 진하고 맛좋은 술을 마실 수 있는 것에서 얻어지는 것이 아니요, 콩씹고 물마시는 데서 얻어지는 것이다.

그리워하는 회포는 마르고 적막한 데서 생기는 것이 아니요, 피리 불고 거문고를 뜯는 데서 생기는 것이다.

진실로 진한 곳의 맛은 항상 짧은 것이요, 담박한 가운데의 정취만이 홀로 참다운 것을 아는 것이다.

▨ 부귀영화 같은 짙은 맛은 오래가지 못하는 것이다. 나물 먹고 물마시는 담박한 맛이야말로 자손대대로 이어질 수 있다는 것이다.

悠長[1]之趣는 不得於醲釀[2]이요 而得於啜菽飲水하며 惆悵[3]之懷는 不生於枯寂[4]이요 而生於品竹調絲[5]하나니라 固知濃處[6]味常短이요 淡中에 趣獨眞也니라

1) 悠長(유장) : 길고 오래다.

2) 醲釅(농엄) : 전국의 진한 술로 이것을 마실 수 있는 부귀를 말한다.

3) 惆悵(추창) : 슬퍼하며 한탄하는 것. 여기서는 그리워하는 것.

4) 枯寂(고적) : 바짝 말라 적막한 것.

5) 品竹調絲(품죽조사) : 죽(竹)은 피리, 사(絲)는 거문고 곧 음악을 즐긴다는 뜻.

6) 濃處(농처) : 진하다. 질다.

35. 눈앞의 경치를 입끝으로 말하라

선종(禪宗 : 불교교파의 일종)에서 말하기를

"배고프면 밥을 먹고 피곤해지면 잠잔다."

라고 하였고

시지(詩旨)에 말하기를

"눈앞의 경치를 입끝으로 말하라."

라고 하였다.

대개 아주 높은 것은 아주 평범한 것에 깃들어 있고 지극히 어려운 것은 지극히 쉬운 것에서 나오며 뜻을 둔 자는 도리어 도에서 멀어지고 마음을 두지 않는 자는 스스로 도에 가까워진다고 하였다.

▨ 시지(詩旨)의 말은 시의 이치를 말한 것으로 시라고 하여 별다른 것이 아니다. 눈앞에 보이는 경치를 입으로 말하는 것이 바로 시가 되는 것이라는 것으로 지극히 높은 도리란 지극히 평범한 곳에 있다는 것을 말한 것이다.

禪宗[1]에 曰 饑來에 喫飯하고 卷來眠이라하며 詩旨[2]에 曰 眼前景致口頭語라하니 蓋極高는 寓[3]於極平[4]하며 至難은 出於至易하며 有意者는 反遠[5]하며 無心者는 自近也니라

1) 禪宗(선종) : 선(禪)을 으뜸으로 삼는 일파(一派). 선의 종지(宗旨).

2) 詩旨(시지) : 시의 뜻.

3) 寓(우) : 남에게 의지하다. 깃들어 있다의 뜻.

4) 極平(극평) : 극히 평범한 것. 지극히 평이(平易)한 것.

5) 遠(원) : 진리에서 멀다는 뜻.

36. 산이 높되 구름에게는 장애가 되지 않는다

물이 흐르고 있어도 소리가 없는 경우는 시끄러운 곳에서
정적(靜寂)의 정취를 얻었기 때문인 것이다.

산이 높되 구름에게는 장애가 되지 않는 것은 있는데서 나
와 없는 곳으로 들어가는 기틀을 깨달았기 때문일 것이다.

▨ 인간 세상에서 해탈한 경지를 논한 것이다. 이와 같이 인간의 마
음 속도 속세의 풍진을 초월하여 고요하고 밝아 자유자재 무위의 사상
이어야 한다는 것이다.

水流而境無聲은 得處喧見寂之趣요 山高而雲不碍는 悟出有入
無[1]之機니라

1) 出有入無(출유입무) : 집착하는 마음에서 벗어나 집착과 망념이 없는
경지로 들어가다.

37. 욕계(欲界)도 선경(仙境)이 된다

산림(山林)은 경치가 좋은 곳이지만 한번 경영하여 변화시
키면 문득 시장과 조정이 되는 것이며, 서화(書畵)는 고상한
풍류이지만 한번 탐하여 빠지면 문득 장사꾼이 되는 것이다.

대개 마음을 물들이지 아니하면 욕계(欲界 : 속세)도 신선이
사는 도시요, 마음에 얽매이는 것이 있으면 즐거운 경지도 고
해(苦海)가 되는 것이다.

█ 산림은 속세를 떠난 경치 좋은 곳으로 있는 그대로 즐기고 그 안에서 지내야지 인공이 가해지면 안된다. 또한 그림이나 글씨를 감상하는 것은 풍류이지만 빠져 집착하다보면 장사치에 불과해 진다. 이와 같이 모든 것은 자연 그대로인 것이 좋고 마음에 얽매이는 것이 있으면 좋은 것도 나빠질 수 있는 것이다.

山林은 是勝地[1]나 一營戀[2]하면 便成市朝[3]요 書畵는 是雅事나 一貪癡[4]면 便成商賈[5]하나니 蓋心無染著[6]하면 欲界도 是仙都요 心有係戀[7]하면 樂境도 成苦海矣니라

1) 勝地(승지) : 경치가 좋고 아름다운 곳.
2) 營戀(영연) : 너무 사랑하여 손을 대는 것.
3) 市朝(시조) : 시장과 조정이니 속세라는 뜻.
4) 貪癡(탐치) : 탐욕으로 바보가 되는 것.
5) 商賈(상고) : 장사꾼.
6) 染著(염착) : 더러움에 물들다.
7) 係戀(계연) : 집착하는 것. 얽매여 있는 것.

38. 어둡고 밝은 것이 달라지는 것

순간이 시끄럽고 복잡한 상황을 당하게 되면 곧 평소 기억하고 있던 것도 다 막연하게 잊어버리게 되는 것이다.

처지가 맑고 고요한 곳에 있을 때에는 곧 벌써 옛날에 잊어버렸던 것도 또 뚜렷하게 눈앞에 나타나게 된다.

가히 조용하고 번잡한 것이 조금의 차이가 있어도 어둡고 밝은 것이 매우 달라지는 것을 볼 수 있는 것이다.

█ 사람이 당황하거나 정신이 복잡한 때에는 자신의 이름조차 잊기도 하고 차분한 마음으로 정신을 맑게 했을 때는 온갖 지나간 일들이 떠오르는 것을 누구나 경험할 수 있다. 항상 마음을 고요하고 맑게 하

면 여유가 있고 밝은 것이다.

時當喧雜_{하면} 則平日所記憶者_도 皆漫然[1]忘去_{하며} 境在清寧_하면 則夙昔所遺忘者_도 又恍爾[2]現前_{하나니} 可見靜躁稍分[3]_{하면} 昏明頓異[4]也_{니라}

1) 漫然(만연) : 막연히. 망연히. 이렇다 할 특별한 이유 없이.

2) 恍爾(황이) : 뚜렷한 것.

3) 稍分(초분) : 조금의 차이. 약간의 차이.

4) 頓異(돈이) : 뚜렷하게 달라지다. 매우 다르다.

39. 눈 위에 누워 구름 속에 잠들면

갈대꽃 이불을 덮고 눈 위에 누워 구름 속에 잠들면 한 집의 맑은 밤기운을 온전하게 누릴 수 있는 것이다.

죽엽(竹葉)술잔 속에서 시를 읊조리고 달을 희롱하면 온갖 세속의 번거로움을 멀리할 수 있을 것이다.

▨ 자연 속에 동화되어 담박한 맛을 즐기면 세속의 번거로움은 멀어지고 본성을 온전하게 할 수 있는 것이다.

蘆花被[1]下_에 臥雪眠雲_{하면} 保全得一窩夜氣[2]_{하며} 竹葉杯[3]中_에 吟風弄月_{하면} 躲離[4]了萬丈[5]紅塵_{이니라}

1) 蘆花被(노화피) : 갈대꽃을 넣어 만든 이불. 가난하여 솜이 없어 갈대꽃을 대신 넣어 만든 이불.

2) 夜氣(야기) : 『맹자』 고자편(告子篇)에 나오는 말로 고요한 밤에 일어나는 맑은 마음을 말한다.

3) 竹葉杯(죽엽배) : 술잔. 죽엽은 술.

4) 躲離(타리) : 피하여 떨어지는 것. 멀리하는 것.

5) 萬丈(만장) : 많은 것의 형용.

40. 고관의 일행중에 산사람이 섞이면

높은 자리에 있는 높은 벼슬아치가 행차할 때 일행 중에 한 명의 명아주지팡이를 짚은 산사람이 섞이면 문득 전체의 높은 풍취가 한 단계 증가하게 되는 것이다.

어부와 나무꾼들이 다니는 길에 한 명의 예복을 입고 조회에 참석하는 벼슬아치가 끼어있으면 드리어 속된 풍경이 더욱 첨가되는 것이다.

진실로 진한 것은 담박한 것을 이기지 못하고 속된 것은 우아한 것만 같지 못한 것을 알 수 있을 것이다.

▨ 운치나 격조는 항상 어디에서나 멋과 품위를 더해 주듯이 인간의 처세에서도 운치와 격조가 합류하면 합류되는 곳에 따라서 그 나름의 격조를 높이기도 하고 나름의 운치를 더하기도 한다. 진한 것은 담박한 것을 이기지 못하고 속된 것은 우아한 것을 이기지 못한다는 것이 이 모두를 대변해 준다.

袞冕[1]行中에 著一藜杖[2]的山人[3]하면 便增一段高風이요 漁樵路上에 著一袞衣的朝士[4]면 轉添許多俗氣하나니 固知濃不勝淡이요 俗[5]不如雅也로다

1) 袞冕(곤면) : 곤은 고관의 예복이며 면은 고관의 예관(禮冠)으로 고위고관을 뜻한다.

2) 藜杖(여장) : 명아주란 잡초의 줄거리로 만든 지팡이. 이 지팡이를 짚고 다니는 사람은 명리(名利)를 저버린 자라는 뜻.

3) 山人(산인) : 속세를 떠나 산림 속에 숨어사는 은사(隱士).

4) 朝士(조사) : 조정에 나아가는 벼슬아치.

5) 俗(속) : 속된 것.

41. 세속(世俗)을 떠나는 도(道)란

세속(世俗)을 떠나는 도(道)라는 것은 곧 세상사에 부딪쳐 살아가는 것에 있으니 반드시 사람과 인연을 끊고 세상을 피해야 하는 것은 아니다.

마음을 깨닫는 공부라는 것은 곧 자기 마음을 다하는 것이니 반드시 정욕(情欲)을 끊고 마음을 식은 재와 같이 해야 하는 것은 아닌 것이다.

▨ 반드시 속세를 떠나야만 도를 깨우치는 것이 아니고 혼탁한 속세에 살면서도 얼마든지 도를 깨우칠 수 있는 것이며 그것이 오히려 더 큰 깨달음을 얻는 길일 것이다. 마음을 깨닫는 공부도 정욕(情欲)이 내재한 마음 속에서 도를 깨우치는 것이지 특별한 별천지에서 깨우치는 것은 아니다.

出世[1]之道는 卽在涉世中[2]이니 不必絕人以逃世하며 了心[3]之功은 卽在盡心[4]內니 不必絕欲以灰心[5]이니라

1) 出世(출세) : 속세에서 벗어나는 것을 말하는 것이니 지금 통용하는 출세와는 다른 뜻의 말이다.

2) 涉世中(섭세중) : 세상을 건너는 가운데. 세상을 살아가는 가운데.

3) 了心(요심) : 자기의 심성(心性)을 깨닫는 것.

4) 盡心(진심) : 마음을 다하다. 정성을 다하다.

5) 灰心(회심) : 식은 재와 같은 마음. 냉정한 것.

42. 누가 나를 어둠에 빠지게 하겠는가

이 몸을 항상 놓아두어 한가한 곳에 있게 하면 영화나 치욕이나 얻는 것이나 잃는 것에 있어서 누가 능히 나를 잘못되고

어긋나게 하겠는가.

이 마음을 항상 편안하게 하여 고요한 속에 있게 하면 옳고 그르고 이롭고 해로운 것에 있어서 누가 능히 나를 속여 어둠에 빠지게 하겠는가.

▨ 자신의 몸이 영화나 탐욕에 빠지는 것도 자신에 의한 것이고 마음이 시비와 이해에 휩싸이는 것도 자신 때문이다. 아무리 좋은 환경에 있어도 수양하지 못하는 사람이 있는가 하면 악조건의 환경에서도 특출한 인간이 배양되기도 한다. 인간을 이끄는 주체는 자신의 마음이요, 마음을 이끄는 것은 또 자신뿐이다. 그러므로 모든 것은 자신이 만들어내는 것이다.

此身을 常放在閒處하면 榮辱得失에 誰能差遣[1]我이며 此心을 常安在靜中하면 是非利害에 誰能瞞昧[2]我리오

1) 差遣(차견) : 잘못되고 어긋나게 하는 것.
2) 瞞昧(만매) : 속여 어둡게 하는 것.

43. 구름 속의 세계같은 것

대나무 울타리 밑에서 문득 개 짖는 소리와 닭 울음소리를 들으면 황홀하여 구름 속의 세계같이 느껴진다.

서재 안에서 평소 매미소리와 까마귀 울음소리를 들으면 바야흐로 고요한 가운데 하늘과 땅이 있는 것을 알게 된다.

▨ 같은 정취라도 상황과 장소에 따라서 느껴지는 것은 다르다는 것을 말했다. 인간의 감정이란 항상 순간의 정취에 따라 심한 교차가 있는 것으로 개짖는 소리나 닭울음이, 자신이 처해 있는 환경의 경치에 따라서 받아들여지는 것도 달라지는 것을 적나라하게 표현한 것이다.

竹籬下에 忽聞犬吠鷄鳴하면 恍似雲中世界요 芸窓[1]中에 雅聽

蟬吟鴉噪 하면 方知靜裡²⁾乾坤³⁾이니라

1) 芸窓(운창) : 서재.
2) 靜裡(정리) : 고요한 가운데.
3) 乾坤(건곤) : 천지(天地). 하늘과 땅. 별천지를 말한다.

44. 미끼로 나를 꾀일 것을 근심하리오

내가 영화롭기를 바라지 않는다면 어찌 이익과 녹봉의 미끼
가 나를 꾀일까 근심하겠는가.

내가 벼슬에 나아가는 것을 다투지 않는다면 어찌 벼슬아치
가 되어 겪을 위태로움을 두려워하겠는가.

▨ 모든 걱정과 근심은 자기 자신의 욕심에서 생겨나는 것이다. 내가
하고자 하지 않는 일로 인해 생길 우환은 근심할 필요가 없는 것이다.
그 마음이 없으면 그 근심도 없는 것이며 그 마음이 있어야 그 근심도
있기 때문이다.

我不希榮이면 何憂乎利祿之香餌¹⁾하며 我不競進이면 何畏乎仕
官²⁾之危機리오

1) 香餌(향이) : 향기로운 미끼.
2) 仕官(사관) : 벼슬길에 나가는 것.

45. 먼지 낀 마음이 점점 사라진다

산속이나 숲속, 샘물이나 바위 사이를 돌아다니며 자연의 아
름다움을 찾다보면 세속에 물든 먼지 낀 마음이 점점 사라질
것이다.

『시경(詩經)』이나 『서경(書經)』이나 『주역(周易)』이나
그림에서 마음이 유유히 노닐면 속된 기운이 차차 없어지게

될 것이다.

그러므로 군자는 비록 사물을 감상하고 뜻을 잃지는 않으나 또한 항상 아름다운 경지를 빌려 마음을 고르게 하는 것이다.

▨ 자연의 아름다운 절경이나 사물의 특이한 것을 감상하며 속세에 찌든 마음의 때를 씻어내고 새로운 마음으로 가다듬으며 또 양질의 서적으로 악한 기운이 스며든 마음을 다시 조절한다는 것이다.

徜徉[1]於山林泉石之間하면 而塵心이 漸息하며 夷猶[2]於詩書圖畫之內하면 而俗氣潛消[3]하나니 故로 君子雖不玩物喪志나 亦常借境調心하나니라

1) 徜徉(상양) : 여기저기 돌아다니는 것.

2) 夷猶(이유) : 유유히 노는 것. 유연(悠然)한 모양.

3) 潛消(잠소) : 차차 없어지는 것.

46. 봄날은 가을날보다 못한 것이다

봄날은 기상(氣象)이 번성하고 화려하여 사람으로 하여금 마음이 나른하게 만들어, 가을날 구름은 희고 바람은 맑고 난초 아름답고 계수나무 향기롭고 물과 하늘이 한 가지 색으로 푸르고 천지가 매우 밝아 사람으로 하여금 몸과 마음을 밝게 갖도록 해주는 것만 못한 것이다.

▨ 봄날의 화려하지만 나른한감을 주는 경치는 사람의 마음을 유혹하는 환영(幻影)으로 사람에게 번뇌하게 한다. 가을날은 사람의 정신을 맑게 가라앉게 하며 천지의 참모습을 인간에게 보여주어 상쾌함을 불러 일으킨다.

春日은 氣象이 繁華[1]하여 令人心神駘蕩[2]이나 不若秋日의 雲白風淸하고 蘭芳桂馥하며 水天一色[3]하고 上下空明[4]하여 使人神骨[5]

俱淸也_{리라}

1) 繁華(번화) : 초목이 무성하고 꽃이 화려하게 피다. 화려하다.

2) 駘蕩(태탕) : 본래는 화창하다의 뜻이나 여기서는 아득하다의 뜻에서
   취하여 나른하다의 뜻으로 쓴다.

3) 水天一色(수천일색) : 물과 하늘이 한빛으로 푸르다는 뜻. 왕발(王勃)
   의 등왕각서(滕王閣序)에 가을 물은 하늘과 함께 한 가지 색이다〔秋水
   共長天一色〕라는 데서 나온 말.

4) 上下空明(상하공명) : 상(上)은 하늘, 하(下)는 땅이니 천지가 유난히
   밝다는 말. 소동파(蘇東坡)의 적벽부(赤壁賦) 주(注)에 가을 물의 맑
   음은 바닥이 보이고, 달은 물 속에 있으니 이를 일러 공명(空明)이라
   한다〔秋水淸見底 月在水中 謂之空明〕라고 한 데서 나온 말.

5) 神骨(신골) : 정신과 육체. 심신.

47. 글자 한 자를 알지 못하더라도 …

글자를 한 자도 알지 못하더라도 시적(詩的) 감정이 있는 사
람은 시가(詩家)의 참다운 취미를 얻을 수 있을 것이다.

한 마디 게(偈)를 외우고 참선을 하지 않았어도 선(禪)의
묘미가 있는 사람은 선교(禪敎)의 현묘한 진리를 깨달을 수
있는 것이다.

▨ 많이 알고 있다고 문자(文字)만 가지고 희롱하는 것은 참다운
시(詩)를 안다고 할 수 없으며 마음으로 느껴야 하는 것이다. 선(禪)
의 게(偈)를 많이 외운다고 하여 진실한 선인(禪人)이라고 할 수 없
으며 마음깊이 깨달아야 하는 것이다. 곧 모든 것은 외형에 있는 것이
아니고 내실에 있다는 것을 지적한 말이다.

  一字不識而有詩意者는 得詩家眞趣며 一偈¹⁾不參而有禪味者
는 悟禪敎玄機²⁾니라

1) 偈(게) : 선교(禪敎), 곧 불교에서 부처의 공덕(功德)을 찬양하거나 교
   지(敎旨)를 설명하는 글귀.
2) 玄機(현기) : 현묘한 작용.

48. 풀숲의 돌이 호랑이로 보인다

마음의 기틀이 흔들리게 되면 활의 그림자도 뱀이나 전갈로
의심되고 놓여 있는 돌도 엎드려 있는 호랑이로 보이나니 이
속에는 모두 살기(殺氣)이다.

마음이 안정되면 사나운 석호(石虎)도 가히 바다 갈매기로
만들 수 있으며 시끄러운 개구리소리도 가히 듣기좋은 음악소
리와 같게 되나니 접촉하는 모든 곳에서 참다운 기틀을 보게
되는 것이다.

▨ 인간의 기(氣)가 허하면 헛것이 보인다고 했다. 모든 것은 자기
마음에서 비롯되는 것이다. 마음이 흔들리덛 모든 것이 불안해 보이고
마음이 안정되면 모든 것이 마음에 순응하게 되는 것이다.

機動的은 弓影도 疑爲蛇蝎[1]이며 寢石도 視爲伏虎[2]하나니 此中은
渾是殺氣니라 念息[3]的은 石虎도 可作海鷗[4]며 蛙聲도 可當鼓吹[5]
하나니 觸處에 俱見眞機니라

1) 弓影疑爲蛇蝎(궁영의위사갈) : 『진서(晉書)』 낙광전(樂廣傳)에 있
   다. 낙광(樂廣)이라는 사람이 하남(河南)에서 벼슬하고 있을 때 친한
   벗이 다녀갔는데 그후로는 오랫동안 오지 않았다. 낙광이 그 까닭을 물
   으니 전에 주는 술을 마시려 할 제 술잔 속에 뱀이 있는 것을 보고 놀
   라 병이 났다는 것이었다. 그때 벽에 걸린 활이 있었는데 그 활에 뱀그
   림이 있었던 것이었다. 낙광이 생각하기를 그 뱀그림 때문이리라 생각
   하고 다시 그 친구에게 술을 내더 '술잔 속에 또 무엇이 보이시는가.'
   물었더니 또 뱀이 보인다고 하였다. 낙광이 그것은 뱀이 아니고 활에

그려져 있는 뱀이 비친 것이라 했더니 그 친구는 그 소리를 듣고 바로
병이 나았다는 이야기이다.

2) 寢石視爲伏虎(침석시위복호) : 『사기(史記)』의 이장군열전(李將軍列
傳)에 있는 이야기이다. 이광(李廣)이 사냥을 하는데 풀 속의 돌을 범
으로 잘못 보고 활을 쏘았더니 화살촉이 돌을 뚫고 들어갔으나 다시 활을
쏘으니 들어가지 않았다는 이야기이다.

3) 念息(염식) : 생각을 쉬다. 마음이 안정된 상태를 말한다.

4) 石虎可作海鷗(석호가작해구) : 『진서(晋書)』에 있는 이야기이다. 석호
(石虎)라는 자는 굉장히 포악하였기 때문에 사람들이 범과 같이 두려
워하였으나 불도등(佛圖燈)이란 중으로 말미암아 양순해졌다. 그러므
로 세상에서는 사나운 석호를 순한 갈매기로 만들었다는 말이 생기게
되었다.

5) 蛙聲可當鼓吹(와성가당고취) : 『남사(南史)』의 공규전(孔珪傳)에 있
다. 공규는 시끄러운 개구리소리를 음악과 같이 아름답게 듣고 있었다
는 이야기이다.

49. 흐르면 흐르는 대로 머물면 머무는 대로

몸은 매여 있지 않은 배와 같은 것이다. 세상의 물결이 흐르
는 대로 또는 멈추어서는 대로 그저 맡겨두는 것이다.

마음은 이미 재가 되어버린 나무토막과 비슷한 것이다. 칼로
자르던 향수를 바르던 어찌 방해가 되겠는가.

▨ 본래 자유스러운 신체인데 무슨 구속이 필요한가. 세상 풍파에
맡겨 흐르면 흐르는 대로 멈추면 멈추는 대로 맡겨둔다. 마음이란 형
체가 없는 것이다. 그러므로 마음은 다 타버린 나무토막 같은데 그곳
에 향수를 뿌리고 또는 칼로 찌르고 한들 무슨 상관이 있겠는가.

세상이 순조로우면 나아가 능력을 발휘하고 세상이 기울면 미련을
버리고 물러나 천명을 보전하는 것이 좋다는 말이다.

身如不繫之舟라 一任流行坎止[1]하며 心似旣灰之木이라 何妨[2]
刀割香塗리오

1) 坎止(감지) : 멈추는 것. 감은 물이 흐르지 않고 머무는 웅덩이.
2) 何妨(하방) : 어찌 방해가 되리오 아무 거리낌이 없다. 이래도 좋고 저
   래도 좋은 기쁘고 슬픈 것이 없는 것.

50. 스스로 그 삶을 펼치지 않는 것은 없다

인정(人情)은 아름다운 꾀꼬리소리를 들으면 기뻐하고 시끄
러운 개구리소리를 들으면 싫어하며 화사한 꽃을 보면 심어
가꾸고자 생각하고 멋대로 자란 잡초를 만나면 뽑아 없애고자
하는 것이다.

다만 이것은 형체와 기질로써 사람이 임의로 일에 사용하는
것이다.

만약 본연의 성(性)으로써 본다면 어떤 것이든 스스로 그
하늘의 기틀을 울리는 것이 아니며 스스로 그 삶의 뜻을 번창
시키는 것이 아니겠는가.

▨ 자연의 생물체는 다 그 나름의 사명이 있다. 하늘이 이 생명을
낼 때에는 그 나름의 안배가 있다. 그러나 인간은 가끔씩 그러한 것을
망각한다. 길가의 작은 돌멩이 하나도 나름대로의 뜻이 담겨져 있다.
인간이 정한 자의적인 관점에서 외형만 보고 판단하지 말고 편협된 생
각을 버리라는 경구이다.

人情은 聽鶯啼則喜하고 聞蛙鳴則厭하며 見花則思培之하고 遇草
則欲去之하나니 但是以形氣[1]用事라 若以性天[2]視之하면 何者非
自鳴其天機[3]며 非自暢其生意[4]也리오

1) 形氣(형기) : 형체와 기질.
2) 性天(성천) : 본연의 성.

3) 天機(천기) : 하늘의 기틀. 하늘의 작용.
4) 生意(생의) : 삶에 뜻을 지니다. 생생발육(生生發育)하는 것.

51. 외부의 형태는 변하여 시들어가는 것

머리카락이 빠지고 이가 성글어지는 것은 외부의 형태가 변하여 시들어지는 것이요, 새가 울고 꽃이 피는 것은 스스로 갖고 있는 본성(本性)이 진실하다는 것을 아는 것이다.

▨ 인간을 포함한 모든 생물은 그 본성을 기본으로 가지고 있고 그것을 기본으로 하여 겉으로 드러나는 외형적인 것을 가지고 있다.

외형적인 것은 형태가 변하지만 속에 내재되어 있는 것은 변하지 않는 것이다. 새가 울고 꽃이 피는 것은 그들이 '참되다'는 것을 인간에게 일깨워주는 것으로 이러한 것을 들어서 감정이 없는 동식물도 진실이 있으며 본성이 있음을 보여준다는 것을 말하였다.

髮落齒疎는 任幻形[1]之彫謝[2]하고 鳥吟花笑는 識自性之眞如[3]니라
1) 幻形(환형) : 외부의 형태.
2) 彫謝(조사) : 변하여 시들어지는 것.
3) 眞如(진여) : 진은 진실, 여는 움직이지 않는다는 뜻. 만물의 본체.

52. 산림 속에서 정적을 느끼지 못하는 사람은

그 마음 속에 욕심이 있는 사람은 고요하고 깊은 연못에서 물결이 일렁이는 것 같고 산림 속에서도 그 정적을 느끼지 못하게 되는 것이다.

그 마음 속이 비어있는 사람은 시원한 바람이 찌는 듯한 무더위에 불어오는 것 같고 조정이나 시장에서도 그 시끄러움을 알지 못하게 되는 것이다.

■ 생활에서의 재앙은 모든 욕심에서 비롯된다. 그 욕심이 없으면 아무런 재앙도 없다. 마음의 병도 욕심에서 비롯된다. 마음에 집착이나 욕심을 없애면 심신이 안정되고 심신이 안정되면 듣고 보는 것도 선택하여 볼 수 있게 된다. 그러므로 안정되어 있는 사람은 환경에 구애받지 않는 것이다.

欲其中¹⁾者는 波沸寒潭²⁾하고 山林도 不見其寂하며 虛其中者는 涼生酷暑하고 朝市³⁾도 不知其喧하나니라

1) 其中(기중) : 그 가운데. 마음이라는 뜻.
2) 寒潭(한담) : 차가운 연못. 깊은 연못.
3) 朝市(조시) : 조정과 시장으로 권력과 이익을 다투느라 시끄러운 곳.

53. 많이 가지고 있으면 잃는 것도 많다

많이 감추어 둔 자는 잃어버릴 때도 많이 잃어버린다. 그러므로 부유한 것은 가난하여 잃어버릴 근심 없는 것만 같지 못하다는 것을 알아야 할 것이다.

높은 자리에서 걷는 자는 빠르게 쓰러진다. 그러므로 귀한 사람은 비천하여 항상 마음이 편안한 사람만 같지 못하다는 것을 알아야 할 것이다.

■ 많이 가지고 있는 사람은 언제나 잃을 것을 두려워하여 마음 편할 날이 없고 높은 벼슬자리에 있는 사람은 언제 그 자리에서 물러나게 될지 몰라 그 자리를 보전하기 위해 전전긍긍하고 불의라도 저지르게 되는 것이다. 너무 욕심부리지 말고 근심없이 편안하게 살아가는 방법을 제시한 것이다.

多藏¹⁾者는 厚亡하나니 故로 知富不如貧之無慮²⁾요 高步³⁾者는 疾顚하나니 故로 知貴不如賤之常安⁴⁾이니라

1) 多藏(다장) : 많이 감추다. 많이 가지고 있는 것을 말한다. 부유한 것.
2) 無慮(무려) : 생각이 없다. 가난한 사람은 잃을 것이 없기에 잃을 것을
   근심하지 않는다는 것.
3) 高步(고보) : 높이 걷다. 높은 벼슬자리에 있는 것. 신분이 귀한 것.
4) 常安(상안) : 항상 편안하다. 벼슬자리에서 쫓겨날 걱정 같은 것이 없
   기에 마음이 언제나 편안한 것을 말한다.

54. 솔숲의 이슬로 붉은 먹을 갈고

고요한 새벽에 창 앞에서 주역을 읽고 붉은 먹[丹砂]을 솔
숲에 떨어지는 이슬로 갈아서 쓰고, 대낮에는 책상 위에 불경
을 펴놓고 담론(談論)하고, 경쇠소리를 대나무 숲에서 불어오
는 바람 속에서 듣는다.

▨ 옛날의 선인(仙人)이나 도인(道人)들의 삶을 이야기한 것이다.

讀易曉窓하고 丹砂[1]를 研松間之露하며 談經[2]午案하고 寶磬[3]을
宣[4]竹下之風하라

1) 丹砂(단사) : 붉은 먹. 주묵(朱墨). 검은 먹과 번갈아 사용하여 갈고 다
   름을 구별할 때나 첨삭(添削)을 가할 때 사용한다.
2) 經(경) : 경서(經書). 여기서는 불경(佛經)을 말한다.
3) 寶磬(보경) : 경쇠. 절에 있는 악기의 한 가지.
4) 宣(선) : 치다. 울리다. 악기를 연주하는 것.

55. 화분 속의 꽃과 새장 속의 새는

꽃이 화분 속에 있으면 마침내 생기가 없어지는 것이요, 새
가 새장 속에 들어 있으면 문득 자연의 멋이 줄어들게 되는
것이다.

　이는 산 속에서 꽃과 새가 서로 어울려 아름다운 무늬를 이루고 자유롭게 날아 마음대로 느닐며 스스로 유연(悠然)하게 즐거워하는 것만 같지 못한 것이다.

　▨ 모든 것을 틀 속에 가두어 인위적으로 꾸미는 것보다는 자연 상태에서 감상하는 것이 더욱 좋다는 것이다. 화분의 꽃보다는 자연산의 꽃이 활기차고 새장의 새보다는 마음대로 활개치는 하늘의 새가 자유로워 보이고 생기있어 보이듯 인공의 가미보다는 자연 그대로의 정취가 한결 더하다는 의미이다.

　花居盆內하며 終乏生機요 鳥入籠中하면 便減天趣[1]하나니 不若山間花鳥錯集[2]成文하며 翶翔[3]自若하여 自是悠然會心[4]이니라

1) 天趣(천취) : 타고난 제멋. 자기가 가지고 있는 멋. 자연의 멋.

2) 錯集(착집) : 서로 어울려 모이다. 뒤섞여 모이다.

3) 翶翔(고상) : 날며 노니는 것.

4) 會心(회심) : 마음에 들어 기뻐하는 것. 마음에 즐거워하는 것.

56. 번뇌가 어찌 다시 침범하겠는가

　세상 사람은 다만 '나'라는 글자를 지나치게 참된 것으로 알고 있다. 그러므로 가지가지의 기호(嗜好)와 가지가지의 번뇌가 많은 것이다.

　옛 사람이 말하기를

　"또한 나 있음을 알지 못한다면 어찌 물(物)의 귀함을 알겠는가."

　라고 하였고, 또 이르되

　"이 몸이 나 아닌 줄 알면 번뇌가 어찌 다시 침범하겠는가."

　하니 참으로 이치에 합당한 말인 것이다.

　▨ 모든 번뇌는 자신에게 너무 집착하는 데에서 말미암는다. '나'라

는 개체에 집착하지 않으면 인간의 번뇌는 파생되지 않는다. 그래서 불교에서는 아집(我執)을 버리라고 하였다. 아집을 버리고 모든 집착으로부터 해방되면 번뇌는 사라지고 수미산에 이를 수 있는 것이다.

世人이 只緣認得我字太眞[1]이라 故로 多種種嗜好種種煩惱[2]하나니 前人이 云 不復知有我면 安知物爲貴리오 又云 知身不是我면 煩惱更何侵이리오하니 眞破的[3]之言也로다

1) 太眞(태진) : 너무나 진실한 것. 지나치게 진실한 것.
2) 煩惱(번뇌) : 불교 용어로 인간이 욕망으로 괴로워하는 것.
3) 破的(파적) : 과녁에 맞다. 곧 진리에 맞는다는 뜻.

57. 늙어서의 마음으로 젊은 시절을 바라보면

늙어서의 마음으로 젊은 시절을 보게 되면 분주히 달리고 경쟁하는 마음이 사라지게 될 것이다.

병들었을 때의 마음으로 영화로울 때를 보면 가히 화사하고 아름다운 것을 좋아하는 생각이 끊어지게 될 것이다.

▨ 늙고 병들게 되면 마음이 우울하게 된다. 더군다나 공명과 이익을 위해 악착같이 경쟁하여 누리며 호화롭게 살던 사람은 성공하여 일구었던 것들이 스러져가는 데 대한 허무와 괴로움이 더하게 된다. 지나친 욕심과 집착을 버려야 한다.

自老視少하면 可以消奔馳角逐[1]之心이요 自瘁視榮하면 可以絕紛華靡麗[2]之念하리라

1) 奔馳角逐(분치각축) : 부귀공명을 얻기 위해 바쁘게 돌아다니고 경쟁하는 것.
2) 紛華靡麗(분화미려) : 분화는 화사한 것이고, 미려는 사치스럽고 아름다운 것이다.

58. 내 것이 내일 누구의 것이 될지 모른다

인정(人情)이나 세태(世態)는 갑자기 만가지로 변하는 것이니 마땅히 지나치게 진실한 것이라고 생각하지 말라.

요부(堯夫 : 소강절)가 말하기를

"옛날에는 내 것이라고 하던 것이 오늘은 도리어 저 사람의 것이 되었으니 알지 못하겠다. 오늘 내 것이 또 뒷날에 누구의 것이 될지."

라고 하였다.

사람이 항상 이렇게 생각한다면 문득 마음 속에 얽혀있는 것을 풀 수 있을 것이다.

▨ 한 치 앞을 내다볼 수 없는 것이 인간이다. 술수에 밝은 소옹(邵雍)도 이와 같이 말했으니 그밖의 사람에 있어서랴.

인간이 내 것이라는 것에 대한 집착에서 벗어날 수만 있다면 마음 속에 답답한 것은 풀어지게 되고 그리하여 마음이 관대해져서 이에 도(道)를 통할 수 있는 것이다.

人情世態가 倏忽萬端¹⁾이니 不宜認得太眞²⁾이니라 堯夫³⁾云 昔日所云我가 而今却是伊라 不知今ㅋ我가 又屬後來誰오하니 人이 常作是觀하면 便可解却胸中罥⁴⁾矣리라

1) 萬端(만단) : 여러 가지 헝클어진 일의 실마리. 여러 가지로 변화하는 것을 말한다.

2) 太眞(태진) : 지나치게 진실한 것.

3) 堯夫(요부) : 송대(宋代)의 대유학자 소옹(邵雍)으로 소강절(邵康節)을 말한다.

4) 罥(견) : 얽히다.

59. 바쁠 때 냉정한 눈을 가지게 되면

일이 많고 바쁠 때라도 하나의 냉정한 눈을 가지게 되면 문득 허다한 괴로운 생각을 덜게 된다.

일이 안되어 마음이 우울해질 때 하나의 열정적인 마음이 있으면 문득 허다한 진실한 취미를 얻게 된다.

▨ 일이 바쁠 때일수록 냉정한 눈으로 관찰하여 판단하게 되면 실수가 없어서 괴로움이 없고 일의 진척이 없어 우울할 때일수록 정열적인 마음을 가지면 많은 취미를 가질 수 있다는 것이다.

熱鬧[1]中에 著一冷眼하면 便省許多苦心思며 冷落[2]處에 存一熱心[3]하면 便得許多眞趣味하리라

1) 熱鬧(열뇨) : 다사다망(多事多忙)한 것. 번잡하고 시끄러운 것.
2) 冷落(냉락) : 하는 일이 뜻대로 되지 않고 마음이 쓸쓸한 것. 역경(逆境)에 처한 것.
3) 熱心(열심) : 뜨거운 마음. 열정.

60. 모든 것은 상대적이다

하나의 즐거운 경지가 있으면 반대로 하나의 즐겁지 않은 상대적인 것이 있어 기다리게 된다.

하나의 좋은 광경이 있으면 나아가서 하나의 좋지 않은 광경이 있어서 서로 탕감하게 된다.

다만 평범한 음식과 벼슬하지 않고 사는 맛이라야 겨우 하나의 안락한 집안인 것이다.

▨ 이 세상 모든 것은 상대적인 것이다. 좋은 것이 있으면 좋지 않은 것이 있고, 안락이 있으면 희생이 있고……

그러므로 세상에서는 평범한 음식과 평범한 가정을 꾸미고 사는 것이 가장 안락하게 사는 것이다. 부귀영화를 누린다고 안락한 것이 아니다. 부귀영화는 언제나 잃지 않기 위해 마음 졸여야 하기에 근심걱정이 따르기 마련이다.

有一樂境界하면 就有一不樂的相對待[1]거 有一好光景이면 就有一不好的相乘除[2] 하나니 只是尋常[3]家飯고 素位風光[4]이라야 纔是個安樂的窩巢[5]니라

1) 相對待(상대대) : 서로 대하고 기다리다. 서로 대립하는 것.
2) 相乘除(상승제) : 서로 곱하고 나누다. 서로 비기는 것.
3) 尋常(심상) : 평범한 것. 보통인 것
4) 素位風光(소위풍광) : 소위는 벼슬이 없는 것. 풍광은 풍경의 뜻.
5) 窩巢(와소) : 와는 굴, 소는 새둥지. 곧 거쳐하는 집의 뜻.

61. 나도 물(物)도 잊는 경지

발을 높이 걷어올리고 창문을 활짝 열고는 푸른 산과 맑은 물에 구름과 안개가 피어올랐다 걷혔다 하는 풍경을 보면 하늘과 땅의 자유자재한 조화를 알게 된다.

대나무 우거진 숲속에 봄에는 제비가 새끼를 키우고 가을이면 비둘기가 와 우는 것과 같이 계절을 보내고 맞이하는 데에 맡기면 물(物)과 나를 둘다 잊게 되는 것을 알게 될 것이다.

▨ 소박한 것에서 자연의 섭리를 아는 것이고 자연의 섭리 속에서 자신과 사물의 관계를 인식하는 것이다. 그러므로 도는 가까운 곳에 있는 것이다.

簾櫳[1]高敞에 看靑山綠水呑吐雲煙하면 識乾坤之自在요 竹樹扶疎[2]에 任乳燕[3]鳴鳩送迎時序[4]면 知物我之兩忘[5]이니라

1) 簾櫳(염롱) : 발과 창문.

2) 扶疎(부소) : 우거진 모양.

3) 乳燕(유연) : 제비가 새끼를 키우는 것.

4) 時序(시서) : 시절의 차례. 계절의 차례. 계절.

5) 物我之兩忘(물아지양망) : 물(物)과 나를 둘다 잊다. 나와 저와의 구별
   이 없어져 혼연일체가 되는 것을 말한다.

62. 이룸과 실패, 삶과 죽음

성공한 것은 반드시 무너진다는 것을 알면 성공을 구하려는
마음이 반드시 크게 견고하지 않을 것이다.

삶이란 반드시 죽게 된다는 것을 알면 삶을 보전하는 도
(道)에 반드시 지나치게 힘쓰지 않을 것이다.

▨ 만물은 언제나 성한 것은 이지러지고 성취한 것은 무너지고 살아
있는 것은 반드시 죽기 마련이다.

불로초(不老草)를 구하여 영원한 삶을 영위하려 한 진시황(秦始皇)
의 행동은 헛수고만 하고 후세까지도 웃음거리가 되지 않았는가. 또한
영원할 것만 같던 진(秦)나라 왕실도 2세황제까지 겨우 몇십년 밖에
누리지 못하지 않았는가.

진나라 뿐 아니라 세계 곳곳에서 지나간 찬란한 역사의 문화를 보면
얼마나 많은 왕조들이 꽃을 피웠다 사라졌는가. 지나간 것은 곧 자신
의 거울이다.

知成之必敗면 則求成之心[1]이 不必太堅이며 知生之必死하면
則保生之道[2] 不必過勞니라

1) 求成之心(구성지심) : 성공을 구하는 마음.

2) 保生之道(보생지도) : 생명을 보전하는 길.

63. 달빛이 연못을 뚫어도 흔적이 없다

옛 고승(高僧)이 말하기를

"대나무 그림자가 섬돌 위를 쓸어도 티끌이 일지 않고 달빛이 연못을 꿰뚫어도 물에는 아무런 흔적이 없다."

라고 하였으며 또 우리 유학자(儒學者)가 말하기를

"물의 흐름이 매우 급하다 하여도 주위 환경은 항상 고요하고 꽃 떨어지는 것이 비록 아무리 빈번하다 하여도 뜻은 스스로 한가하다."

라고 하였으니 사람이 항상 이 뜻을 지니고 일에 응하고 사물을 접하면 몸과 마음이 얼마나 자유자재 하겠는가.

▨ 선시(仙詩)와 도학시(道學詩)를 예로 들어서 자연의 변화를 인간에게 접목시킨 것이다.

변화가 없는 것 같은 데에서도 변희는 있기 마련이고 요동치는 곳에서도 항상 정적은 있기 마련이다.

자연의 도(道)를 적절하게 묘사하여 깨우치게 한 것이다.

古德[1]이 云 竹影이 掃階에 塵不動하고 月輪이 穿沼[2]에 水無痕이라하며 吾儒[3]云 水流任急境常靜이요 花落雖頻意自閒이라하니 人이 常持此意하여 以應事接物하면 身心이 何等[4] 自在리오

1) 古德(고덕) : 옛날의 덕이 높은 명승(名僧).
2) 月輪穿沼(월륜천소) : 달빛이 늪을 뚫다. 달 그림자가 연못 깊이 잠겨 있는 것.
3) 吾儒(오유) : 우리 유학자(儒學者).
4) 何等(하등) : 얼마나 기하(幾何)와 같다.

64. 하늘과 땅이 펼치는 최상의 문장

숲 사이에 부는 솔바람 소리와 바위틈 사이에 흐르는 샘물 소리를 고요한 가운데 들으면 천지자연의 음악이라는 것을 알 것이다.

풀숲에 피어나는 뽀얀 안개와 물 속에 떠있는 구름의 그림 자를 한가한 가운데 보면 하늘과 땅이 펼치는 최상의 문장을 바라보는 것이다.

▨ 음악이나 문장은 자연이 이루어놓은 것을 따라갈 수는 없다. 반 드시 거문고를 타고 피리를 불어야 음악이며 붓으로 종이에 글을 써야 만 문장이겠는가. 자연이 펼치는 음악을 들을 줄 알고 그 대문장을 볼 줄 알아야 진실로 그 참된 맛과 멋을 알게 되고 즐길 수 있으며 그것 을 거문고로 표현하고 붓으로 써낼 수 있는 것이다. 자연의 참맛을 알 고 지어낸 음악과 문장은 더할 나위없는 명작이 되는 것이다.

林間松韻과 石上泉聲을 靜裡聽來하면 識天地自然鳴佩[1]요 草 際煙光[2]과 水心雲影을 閑中觀去하면 見乾坤最上文章이니라

1) 鳴佩(명패) : 패옥의 울림. 음악이라는 뜻.
2) 煙光(연광) : 연기의 빛. 안개빛. 안개가 자욱한 것.

65. 죽어 여우밥이 되지만 오히려 황금을 아낀다

눈으로 서진(西晉)의 가시밭을 보면서도 오히려 서슬퍼런 칼날을 자랑하며, 몸은 죽어 북망산의 여우와 토끼에게 맡겨 지면서도 그래도 황금을 아까워한다.

옛말에 이르기를

"맹수는 굴복시키기 쉽지만 사람의 마음은 항복시키기 어

려우며, 깊은 계곡은 채우기 쉽지만 사람의 마음은 만족시키기 어렵다."

라고 하였으니, 참으로 옳은 말이로다.

▨ 속담에 "말 타면 종자 부리고 싶다"는 말이 있다. 사람 마음의 채워지지 않는 끝없는 욕망을 나타낸 말이다.

화려하고 번영하는 것도 결국은 쇠잔하고 멸망한다는 이치를 깨닫고 자기의 권세를 자랑하지 말며 언젠가는 죽어 띠끌이 될 몸이니 한없이 욕심부려 억만금을 모은들 무엇하랴. 죽으면 공(空)인 것을……

眼看西晉之荊榛[1]하대 猶矜白刃[2]하며 身屬北邙之狐兎[3]하대 尚惜黃金이라 語[4]에 云 猛獸는 易伏하대 人心은 難降하며 谿壑은 易滿하대 人心은 難滿이라하니 信哉라

1) 西晉之荊榛(서진지형진) : 서진(西晉)의 가시밭. 서진이 멸망하여 그 번영하던 자리에 가시밭만 무성한 것을 말한다. 『진서(晉書)』에 있는 고사. 소정(索靖)이란 사람이 서진(西晉)에 장차 난이 있을 것을 알고 수도인 낙양(洛陽) 궁문(宮門)의 동타(銅駝)를 가리키며 탄식하여 말하기를 "이제 네가 반드시 가시밭 속에 있음을 보게 되리라."하였으니 과연 서진은 오랑캐에게 망하고 수도를 강남(江南)으로 옮겨 그후부터 동진(東晉)이라고 하였다.

2) 白刃(백인) : 하얀 칼날. 서슬퍼런 칼날. 남을 해칠 수 있는 권력을 가지고 있는 것을 말한다.

3) 屬北邙之狐兎(속북망지호토) : 북망은 북망산으로 묘지를 말하며 죽음을 뜻한다. 죽어 여우와 토끼의 먹이가 되는 것을 말한다.

4) 語(어) : 옛말.

66. 가는 곳이 푸른 산, 푸른 나무다

마음 속에 바람과 파도가 없으면 있는 곳마다 모두 푸른 산

과 푸른 나무요, 천성 속에 만물을 자라고 변화하게 하는 것을
지니고 있으면 접촉하는 모든 곳에서 물고기가 뛰놀고 솔개가
날으는 자연현상을 볼 수 있을 것이다.

▨ 마음을 고요하게 가질 수 있다면 어떠한 경우를 만나더라도 모든
것이 화평하여 속세에 더럽혀지지 않는다. 타고난 성품이 천지의 만물
을 포용하여 성장시키고 변화시키는 하늘같은 마음을 가졌다면 그것이
곧 자연인 것이다.

心地上에 無風濤하면 隨在[1]에 皆青山綠樹요 性天[2]中에 有化
育[3]이라 觸處[4]에 見魚躍鳶飛니라

1) 隨在(수재) : 도처(到處). 가는 곳마다. 이르는 곳마다.

2) 性天(성천) : 천성. 본성.

3) 化育(화육) : 만물을 생겨나게 하고 자라게 하다. 천지가 만물을 기르
   는 것과 같은 자애심.

4) 觸處(촉처) : 접촉하는 곳. 이르는 곳마다.

67. 꼬리에 불붙은 소같이 날뛰는가

높은 관과 큰 띠를 두른 고관대작도 어느날 아침에 가벼운
도롱이와 작은 삿갓을 쓰고 표연(飄然)히 편안한 사람을 보면
반드시 그는 탄식하지 않을 수 없을 것이다.

길고 넓은 자리를 둔 고대광실을 가진 큰 부자라도 어느날
아침에 성긴 발을 치고 깨끗한 책상에 기대어 유유히 고요하
게 지내는 사람을 만나면 반드시 그는 부러워하는 마음이 더
해지지 않을 수 없을 것이다.

사람이 어찌 불을 꼬리에 단 소와 같이 달리고 발정한 말과
같이 유인되어서 살고 그 본성에 자적(自適)함을 생각하지 않
는가.

▨ 권력의 중앙에 있는 고관대작도 편안히 유유자적한 사람을 부러워하고 아주 많이 가진 큰 부자도 고요하게 맑은 마음으로 책을 읽는 선비의 여유를 부러워한다. 꼬리에 불을 달고 달리며 발정하여 짝을 찾는 말과 같이 정신없이 사바세계에서 발버둥치지 말고 자신의 본성을 찾고 이성으로 돌아가 유유자적하며 삶의 참된 맛과 멋을 찾으라는 말이다.

峨冠大帶[1]之士 一旦睹輕簑小笠으로 飄飄然[2]逸也면 未必不動其咨嗟[3]요 長筵廣席之豪 一旦遇疎簾淨几의 悠悠焉靜也면 未必不增其綣戀[4]이라 人이 奈何驅以火牛[5]하고 誘以風馬[6]하여 而不思自適其性哉리오

1) 峨冠大帶(아관대대) : 높은 관과 큰 띠. 고관대작을 뜻한다.
2) 飄飄然(표표연) : 표연하다. 아무런 욕심이 없이 마음이 가벼운 상태를 말한다. 경쾌하고 가벼운 것.
3) 咨嗟(자차) : 탄식하다. 자신의 얽매임을 탄식하는 것.
4) 綣戀(권련) : 부러워하는 것.
5) 火牛(화우) : 꼬리에 불이 붙은 소 『사기(史記)』에 있는 이야기. 제(齊)나라에 연(燕)나라가 쳐들어 왔을 대 즉묵(卽墨) 땅의 전단(田單)이란 장수가 쇠뿔에 창검을 매달고 스의 꼬리에 기름먹인 갈대를 잡아매어 갈대에 불을 붙여 밤중에 적진으로 몰아넣으니 꼬리에 불이 붙은 소들이 적진에 뛰어들어 마구 날뛰어 격파했다는 이야기.
6) 風馬(풍마) : 바람난 말. 발정한 말. 『좌전(左傳)』에 나오는 이야기.

68. 자연의 작용을 즐길 수 있는 것은

물고기는 물을 얻어 헤엄치지만 믈속에 있다는 것을 잊고 지내며 새는 바람을 타고 날아 다니지만 바람이 있다는 것을 알지 못한다.

이러한 이치를 알면 가히 외물로 인한 번거로움을 초월할
것이며, 가히 자연의 작용을 즐길 것이다.

▨ 물 속의 물고기는 물을 잊고 나는 새는 바람을 알지 못하듯 인간
은 공기 속에 살면서도 공기가 귀중함을 알지 못하고 공기가 있다는
것을 느끼지 못한다.

인간이 이와 같은 이치를 확연히 깨달을 수만 있다면 속세에 살면서
도 속세를 초월하여 초연한 가운데 천지자연의 작용을 즐길 수 있을
것이다.

魚得水逝[1]하대 而相忘乎水며 鳥乘風飛하대 而不知有風하나니
識此면 可以超物累[2]하며 可以樂天機[3]니라

1) 水逝(수서) : 물을 가다. 물속을 헤엄치다.

2) 物累(물루) : 외물로 말미암은 번거로움. 사물에 얽매이다.

3) 天機(천기) : 천지자연의 오묘한 작용.

69. 융성하고 쇠잔한 것이 어찌 항상하리오

여우가 허물어진 섬돌에서 잠자고 토끼는 거칠어진 누대에
서 뛰노니, 이곳들은 모두 당시에는 노래하고 춤추며 즐기던
곳이었다.

이슬은 노란 국화에 맺혀 차갑게 하고 안개는 시든 풀에 서
려있으니 이는 다 옛날에는 싸움이 있던 전쟁터였다.

융성하고 쇠잔하는 것이 어찌 항상 같을 것이며 강하고 약
한 것이 어디에 존재하리오

이러한 것을 생각하면 사람 마음은 식은 재일 뿐이다.

▨ 지금은 허물어지고 거칠어져 인적조차 드물어지고 여우나 토끼
의 놀이터가 된 누각이라도 그 옛날 그 당시에는 춤추고 노래부르며
놀던 곳이며, 지금은 국화에 이슬이 맺히고 풀숲에 안개가 자욱한 고

요한 모습이라도 그 옛날 서로 치열한 전투를 벌리던 전쟁터였을지도 모른다.

이와 같은 것을 보면 융성한 것, 쇠잔한 것, 강한 것, 약한 것의 모든 것은 변하는 것이요, 항상 고정되어 있지 않다는 것을 알게 된다.

사람의 삶 또한 이와 같으니 참으로 마음에 무상함을 느끼게 하여 식은 재와 같은 마음가짐을 갖게 하는 것이다. 부귀영화 공명현달이 모두 일장춘몽일 뿐이다.

狐眠敗砌[1]하고 兎走荒臺[2]하니 盡是當年歌舞之地요 露冷黃花[3] 하고 煙迷衰草하니 悉屬舊時爭戰之場이라 盛衰何常[4]이며 强弱이 安在오 念此오 令人心灰로다

1) 敗砌(패체) : 허물어진 섬돌. 무너진 돌계단.
2) 荒臺(황대) : 황폐한 누대. 거칠어진 누각.
3) 黃花(황화) : 황국(黃菊). 노란 국화. 평지의 꽃. 들국화.
4) 何常(하상) : 어찌 항상하겠는가. 어찌 계속되겠는가.

70. 올빼미는 하필 왜 썩은 쥐만 즐겨 먹는가

영예와 치욕에 놀라지 아니하고 한가하게 뜰앞의 꽃이 피고 지는 것을 바라보며, 떠나가고 머무는 것에 뜻이 없이 아득히 하늘 밖의 구름이 뭉쳤다 흩어졌다 하는 것만을 따르리라.

맑은 하늘 밝은 달에 어느 하늘을 날지 못하리오마는 하필 불나방은 홀로 밤을 밝힌 등불에 뛰어드는가. 깨끗한 샘물과 푸르른 풀에 어느 먹이를 먹고 마시지 못하리오마는 하필 올빼미는 굳이 썩은 쥐만을 즐겨 먹는가.

아! 슬프다. 이 세상에 불나방이나 올빼미 같지 않은 자 몇 사람이나 되겠는가.

▨ 불나방이나 올빼미가 아둔한 것을 비유하여 인간도 이와 같이 되

지 말라는 것을 깨우치고 있다. 세상에 하고 많은 일과 하고 많은 것 중에 왜 자신을 던져 죽는 불나방이나 썩은 쥐만 먹는 올빼미와 같이 명리를 쫓아 영예와 치욕에 울고 웃으며 비루하게 살 필요가 있는가하는 말이다.

寵辱[1]에 不驚하고 閒看庭前花開花落하며 去留無意하여 漫隨天外雲卷雲舒하라 晴空朗月에 何天을 不可翱翔[2]이리오마는 而飛蛾[3]는 獨投夜燭하며 淸泉綠卉에 何物을 不可飮啄[4]이리오마는 而鴟鴉는 偏嗜腐鼠하나니 噫라 世之不爲飛蛾鴟鴉者幾何人哉아

1) 寵辱(총욕) : 영예와 치욕.
2) 翱翔(고상) : 날으는 것.
3) 飛蛾(비아) : 여름에 등불에 날아와 모이는 날아 다니는 벌레. 불나방
   (부나비) 따위.
4) 飮啄(음탁) : 마시고 쪼아 먹다. 먹고 마시는 것.

71. 나귀를 타고 나귀를 찾는 것은

겨우 뗏목에 탔다가 문득 뗏목 버릴 것을 생각하면 바야흐로 이것은 일이 없는 도인(道人)인 것이다.

만약 나귀를 타고 또다시 나귀를 찾으면 마침내 깨닫지 못한 선사(禪師)인 것이다.

▨ 뗏목은 물을 건너기 위한 수단이다. 언제까지나 수단만 가지고 이렇다 저렇다 문제삼다 보면 목적에 닿는 일은 요원해 지는 것이다. 목적과 수단을 혼동하지 말아야 하는 것이다.

불교의 경전(經典) 또한 깨달음에 이르는 방편에 불과한 것으로 그 경전 자체에 매달려서는 안된다는 것이다.

또 모든 중생은 다 부처가 될 수 있다고 했는데 이 말은 모든 사람의 마음에는 다 불성(佛性)이 있다는 것으로 자기 마음이 부처인 것

이다. 자기 마음 밖에서 부처를 찾고 진리를 구하는 것은 나귀를 타고
나귀를 찾는 것과 같은 것이다.

纔就筏¹⁾하여 便思舍筏이 方是無事²⁾道人³⁾이니 若騎驢하고 又復
覓驢⁴⁾하면 終爲不了禪師⁵⁾니라

1) 就筏(취벌) : 뗏목을 취하다. 뗏목에 타다.

2) 無事(무사) : 일이 없다. 번뇌에서 벗어난 것.

3) 道人(도인) : 도를 닦은 사람.

4) 覓驢(멱려) : 나귀를 찾다.

5) 禪師(선사) : 선(禪)을 익힌 승려.

72. 피를 빨기 위해 모여드는 것들이다

권세있는 사람들이 용이 틀어오르듯 싸우고 영웅들이 호랑
이가 으르렁대듯 싸우는 것을 냉정한 눈으로 바라보면 개미가
노린내에 모여들고 파리가 피를 빨기 위해 다투는 것과 같은
것이다.

옳고 그른 것을 따지는 시비가 벌떼같이 일어나고 얻고 잃
는 것이 고슴도치 바늘이 서는 것 같은 것을 냉정한 마음으로
대하면 풀무에 쇠가 녹는 것과 같고 끓는 물에 눈이 녹는 것
과 같은 것이다.

▨ 사람들이 대단한 것으로 생각하고 온 힘을 다해 다투는 일을 냉
철한 눈으로 바라보면 개미와 파리가 먹이에 몰리듯이 하찮은 것에 지
나지 않는다.

또 번잡한 세상사 아무리 복잡하다 해도 냉정한 마음으로 바라보면
용광로에서 쇠가 녹고 불속에서 눈이 녹듯이 풀리지 않는 것이 없고
어려운 것이 없는 것이다.

모든 일에서 한 발자국 물러나 냉정한 눈으로 바라볼 수 있어야 한

다는 것이다.

權貴龍驤[1]과 英雄虎戰을 以冷眼視之하면 如蟻聚羶[2]하며 如蠅
競血이요 是非蜂起와 得失蝟興[3]을 以冷情當之하면 如冶化金[4]하며
如湯消雪이니라

1) 龍驤(용양) : 용이 하늘로 날아 오르는 것.

2) 羶(전) : 노린 냄새.

3) 蝟興(위흥) : 고슴도치의 바늘같이 일어나는 것.

4) 冶化金(야화금) : 풀무질로 쇠를 녹이다. 화(化)는 풀무질로 달궈진 도
   가니에서 쇠가 녹는 것.

73. 삶이 애달프다는 것을 안다

물욕(物欲)에 얽매여 있으면 우리 삶이 애달프다는 것을 깨
닫게 되며 본성에 따라 마음이 편안하면 우리 삶이 즐거움이
라는 것을 깨닫게 되는 것이다.

그 애달픔을 알게 되면 속세의 정이 깨어지며 그 즐거움을
알게 되면 성인의 경지에 스스로 이르게 되는 것이다.

▨ 물욕에 얽매이면 세상살이가 고되고 애달퍼지지만 물욕을 초월
하여 자기 본성으로 돌아가게 되면 삶이 유유자적하게 되고 편안하게
되어 이 세상살이가 다 즐거워진다는 것이다.

羈鎖[1]於物欲이면 覺吾生之可哀며 夷猶[2]於性眞[3]하면 覺吾
生之可樂이니 知其可哀하면 則塵情立破[4]며 知其可樂이면 則聖
境自臻[5]하나니라

1) 羈鎖(기쇄) : 얽매이는 것.

2) 夷猶(이유) : 마음이 편안한 것. 유유자적하는 것.

3) 性眞(성진) : 본연의 인성(人性).

4) 塵情立破(진정입파) : 진정은 세속의 정, 세속적인 욕망. 입파는 그 자
   리에서 깨지다, 사라지다.

5) 聖境自臻(성경자진) : 성경은 성언의 경지. 자진은 스스로 이르는 것.

74. 물욕이 없으면 근심도 없어진다

마음 속에 이미 반점의 물욕도 없으면 눈이 화로불에 녹고
얼음이 햇빛에 녹는 것과 같아질 것이다.

눈앞에 스스로 한 줄기 밝은 빛이 있으면 어느때 달이 하늘에
있고 달그림자가 물결에 있는 것을 보는 것과 같아질 것이다.

▨ 마음 속은 밝은 명경과 같아서 한 점의 물욕도 존재해서는 안되
고 도심(道心)으로 채워져서 물욕이 침입하면 녹여내야 한다.

胸中에 旣無半點[1]物欲이면 已如雪消爐焰[2]氷消日이며 眼前에
自有一段空明[3]하면 時見月在靑天影在波하나니라

1) 半點(반점) : 조그마한 것. 아주 작은 것.

2) 爐焰(노염) : 화로의 불꽃.

3) 空明(공명) : 달그림자가 물에 티쳐 있는 모양이니 마음이 활짝 열린
   것을 말한다.

75. 파릉교 위에 시상이 떠있다-

시상을 떠올리는 것은 파릉교(灞陵橋 : 아주 평범하고 하잘것
없는 것) 위에 있는 것이다.

시를 은밀히 읊다보면 숲과 골짜기가 문득 이미 호연(浩然)
해지고, 속세를 떠난 흥겨움은 경호(鏡湖) 호수가에 있는 것
이니 홀로 거닐 때면 산천이 스스로 서로 비추어 주는 것이다.

▨ 시상이란 화려하고 높은 누각에서 떠오르는 것이 아니고 오히려

속세를 떠난 고요하고 인적드문 시골길을 홀로 거닐다 보면 보이는 모든 것이 시상을 떠올리게 하는 재료인 것이다.

詩思는 在灞陵橋[1]上이라 微吟[2]就에 林岫[3]가 便已浩然[4]이며 野興[5]은 在鏡湖曲邊[6]이라 獨往時에 山川이 自相映發[7]하나니라

1) 灞陵橋(파릉교) : 다리 이름. 『전당시화(全唐詩話)』에 있는 말로 "상국(相國) 정계(鄭綮)가 시를 잘했는데 어떤 사람이 요즈음 지은 시(詩)가 있느냐고 물었더니 정계가 대답하기를 '시사(詩思)는 파교(灞橋)의 풍설(風雪) 속과 나귀등에 있으니 무엇으로써 이것을 얻겠는가.' 라고 했다."는 고사. 시상(詩想)을 떠올리기 좋은 곳을 말한다.

2) 微吟(미음) : 은밀히 읊다. 나직이 읊다.

3) 林岫(임수) : 수풀과 골짜기. 숲과 산골짜기.

4) 浩然(호연) : 마음이 넓고 뜻이 큰 것. 마음이 탁트여 막힘이 없는 것.

5) 野興(야흥) : 속세를 떠나서의 흥겨움. 맑은 흥취.

6) 鏡湖曲邊(경호곡변) : 경호는 호수 이름. 『당서(唐書)』에 "시인(詩人) 하지장(賀知章)이 향리(鄕里)로 돌아가기를 청하니 황제가 경호(鏡湖) 섬천(剡川)의 2곡(二曲)을 하사(下賜)하였다."는 고사가 있다.

7) 映發(영발) : 광채가 밝게 빛나다.

76. 일찍 핀 꽃은 일찍 진다

오래도록 엎드려 있던 새는 날아 오름도 반드시 높을 것이요, 먼저 핀 꽃은 지는 것도 홀로 일찍한다.

이러한 이치를 알면 가히 발을 헛디딜 근심을 면할 수 있고 가히 조급한 마음을 녹일 수 있을 것이다.

▨ 옛날 중국의 초(楚)나라 장왕(莊王)이 왕위에 올라 3년 동안 아무런 명령도 내리지 않고 정치를 게을리하니 오거(伍擧)라는 신하가 말하기를 "한 마리 새가 언덕 위에 앉아 3년 동안 날지도 않고 울지도

않았습니다. 그 새는 무엇이겠습니까." 하니 장왕이 대답하기를 "3년
동안 날지 않았으니 일단 날면 하늘을 꿰뚫을 것이요, 3년 동안 울지
않았으니 일단 울면 세상 사람들이 깜짝 놀랄 것이다." 하였다는 말이
있다. 멀리 뛰려는 개구리는 더 많이 움츠린다는 말도 있다.

이러한 이치를 알고 행동한다면 발을 잘못 디뎌 실패하게 되거나 조
급히 서둘다가 실패하는 일이 없을 것이다.

伏久者는 飛必高요 開先者는 謝獨早하니 知此면 可以免蹭蹬[1]
之憂하고 可以消躁急之念하리라

1) 蹭蹬(층등) : 발을 헛디디는 것.

77. 죽은 후에는 자손과 재물이 무익하다

나무는 잎이 떨어지고 뿌리만 앙상한 뒤에야 화려한 꽃이
피고 잎이 무성하던 것이 부질없는 영화였음을 알게 되는 것
이다.

인간사는 죽어서 관 뚜껑이 덮힌 후에라야 자손과 재물이
무익하다는 것을 알게 되는 것이다.

▨ 죽으면 자손이 무슨 소용있고 재물이 긁은들 무슨 소용이겠는가.
저승으로 가지고 가는 것도 아닌 것을. 빈손으로 왔다가 빈손으로 가
는 것이 인생이다.

樹木은 至歸根[1]而後에 知華萼[2]枝葉之徒榮[3]이며 人事는 至蓋
棺[4]而後에 知子女玉帛[5]之無益이니라

1) 歸根(귀근) : 뿌리로 돌아가다. 뿌리만 남다.
2) 華萼(화악) : 아름답게 핀 꽃.
3) 徒榮(도영) : 헛된 영화. 일시적인 영화.
4) 蓋棺(개관) : 관(棺) 뚜껑을 덮는 것이니 죽는다는 뜻이다.

5) 子女玉帛(자녀옥백) : 자녀는 자손, 옥백은 재물(財物).

78. 욕망은 따라도 버려도 고달프다

진공(眞空)은 공(空)이 아니요, 상(相 : 현상)에 집착하는 것은 참다운 것이 아니요, 상을 깨뜨렸다는 것 또한 참다운 것이 아니다.

묻노니 세존(世尊)은 무엇이라 말씀하셨는가.

"세상에 살면서 세상에서 벗어나라. 욕망을 따르는 것도 고달픔이요, 욕망을 끊는 것도 또한 고달픔이다."

라고 하였다.

따라서 우리들은 몸가짐을 잘해야 할 것이다.

▨ 색즉시공 공즉시색(色卽是空空卽是色)이란 말이 있다. 모든 만물은 형태로 보여지지만 실체는 공(空)이며 공인 것 같지만 실상이 그곳에 있다는 것이다.

우리가 숨쉬고 사는 이 공간이 곧 우주이고 이 우주는 볼 수 있으면서도 볼 수 없는 하나의 상(相)인 것이다. 세상의 이치를 잘 깨달아 수양해 나가야 할 것이다.

眞空[1]은 不空이요 執相은 非眞이요 破相도 亦非眞이라 問世尊[2]은 如何發付[3]오하니 在世出世[4]라 徇欲이 是苦요 絶欲도 亦是苦라하니 聽吾儕[5]善自修持하라

1) 眞空(진공) : 없는 것 같으면서 실상 그 속에 있는 것.
2) 世尊(세존) : 석가세존(釋迦世尊). 석가.
3) 發付(발부) : 의견을 말하는 것.
4) 出世(출세) : 속세를 벗어나는 것.
5) 吾儕(오제) : 우리들. 우리 무리.

79. 애타는 마음은 다르지 않다

열사(烈士)는 천승(千乘)을 준다해도 사양하고 이익을 탐하는 지아비는 일문(一文 : 한푼, 작은 이익)을 다투는 것이다. 인품(人品)은 하늘의 별과 땅의 연못 같은 차이이지만 명예를 좋아하는 것은 이로움을 좋아하는 것과 다르지 않은 것이다.

천자(天子)는 나라를 경영하지만 걸인은 밥달라고 부르짖는다. 지위와 신분은 하늘과 땅 차이이지만 마음의 애태움이야 어찌 걸인이 애타게 부르짖어 구걸하는 것과 다르겠는가.

▨ 열사는 한 나라를 준다해도 자신의 명예를 팔지 않고 돈 한 푼을 탐내는 범부는 그 한 푼 때문에 다투고 싸운다. 인품으로 보아 열사의 인품이 높다고 말할 수 있지만 본심에 있어서는 명예를 탐하나 한푼의 돈을 탐하나 탐하는 것에 있어서는 서로가 같은 것이다. 임금이 나라를 다스리기 위해 노심초사하는 것과 걸인이 구걸을 위해 애태우는 마음과 애태우는 본심에서 보면 무엇이 다르겠는가. 아무리 훌륭한 목표라 하더라도 수단과 방법에 따라서 효용이 다르게 되는 것이다.

烈士[1]는 讓千乘[2]하고 貪夫는 爭一文[3]하나니 人品은 星淵[4]也나 而好名은 不殊好利요 天子는 營家國하고 乞人은 號饔飱[5]하나니 位分은 霄壤[6]也나 而焦思는 何異焦聲이리오

1) 烈士(열사) : 절의(節義)를 존중하여 굳게 지키는 선비.
2) 千乘(천승) : 전시에 천대의 마차를 낼 스 있는 나라. 제후국을 말한다. 천자의 나라는 만승(萬乘)의 나라라고 한다.
3) 一文(일문) : 한 푼의 돈.
4) 星淵(성연) : 하늘의 별과 땅의 못이니 천지차이가 난다는 뜻.
5) 饔飱(옹손) : 밥. 옹은 아침밥, 손은 저녁밥.
6) 霄壤(소양) : 천지(天地).

80. 소나 말이나 상관하지 않는다

세상 맛을 모두 알게 되면 손바닥을 엎으면 비가 되고 손바
닥을 뒤집으면 구름이 일듯 변하는 세상 인심에 대하여 눈 뜨
고 보는 것조차 귀찮게 여겨진다.

인정을 다 알게 되면 따라 소라 부르고 말이라 부르더라도
다만 고개만 끄덕이게 된다.

▨ 세상사를 샅샅이 알고나면 손바닥을 엎고 뒤집듯 쉽게 변하는 세
상 인심에 통달하게 되어 세상사에 모두 귀찮아져 세상 사람들이 나를
무어라 부르거나 상관하지 않고 세상사에 초월하게 된다.

飽諳[1]世味하면 一任覆雨翻雲[2]하여 總慵[3]開眼하며 會盡人情하면
隨敎呼牛喚馬하여 只是點頭[4]하나니라

1) 飽諳(포암) : 배부르도록 안다. 모든 것을 안다는 뜻. 속속들이 알다.
2) 覆雨翻雲(복우번운) : 엎으면 비요 뒤집으면 구름. 두보(杜甫)의 시에
   '손바닥을 뒤집으면 구름이 일고 손바닥을 엎으면 비가 된다〔翻手爲雲
   覆手雨〕'라고 한 구절이 있으니 손바닥을 엎치고 뒤치는 것 같이 쉽게
   변한다는 뜻.
3) 總慵(총용) : 모든 것이 다 귀찮다. 용은 성가시다, 귀찮다의 뜻.
4) 點頭(점두) : 머리를 끄덕이다. 옳다는 뜻으로 끄덕이는 모양. 상관하지
   않겠다는 뜻.

81. 무념무상(無念無想)으로 가는 방법

지금 사람들은 오로지 무념무상(無念無想)하기를 구하지만
마침내 얻지는 못한다.

다만 이 앞의 생각에 머물지 말고 뒤의 생각을 맞이하지 않

으며 단지 장차 현재의 인연에 따라서 일을 처리하면 자연히
점점 무념(無念)의 경지로 들어가게 되는 것이다.

▨ 무념무상(無念無想)하기 위해 애쓰면 애쓸수록 여러 가지 생각
이 더 일어나게 되는 것이다. 무념하겠다는 생각조차도 생각이기 때문
이다. 하나의 생각이 일어나면 그대로 흘려버리고 이어서 다른 생각이
일어나면 얽매이지 않고 현재상태만 따르려 한다면 차차 생각이 없어
지게 된다는 것이다.

今人은 專求無念이나 而終不可無니 只是前念不滯[1]하며 後念不
迎하여 但將現在的隨緣[2]하여 打發得去[3]하면 自然漸漸入無[4]하리라

1) 不滯(불체) : 머무르지 않게 한다는 것.
2) 隨緣(수연) : 인연에 따르다.
3) 打發得去(타발득거) : 일을 처리하다. 일의 처치. 타발은 처리하다, 처
   치하다의 뜻. 득거는 얻고 버리는 것으로 일을 말한다.
4) 無(무) : 무념(無念)을 말한다. 무념무상(無念無想)의 경지.

82. 자연 그대로에 묘미가 있다

마음이 우연히 맞게 되면 문득 아름다운 경치를 이룬다. 사
물은 천연(天然)에서 나온 것이라야 겨우 참다운 묘미를 보이
는 것이요, 만약 1할이라도 순서와 위치를 바꾸는 일이 가해지
면 정취와 묘미는 문득 줄어드는 것이다.

백락천(白樂天)이 이르기를
"마음은 일 없을 곳을 따라가고 바람은 자연히 맑은 것을
쫓는다."
라고 하였으니 의미가 있다, 그 말이여.

▨ 사람의 인위적 작위가 조금이라도 첨가되면 자연적인 참맛에 손
상이 가는 것이요, 자연 그대로의 모습이 진실로 참다운 묘미를 가진

다는 것이다.

意所偶會便成佳境^{이라} 物出天然^{이라야} 纔見眞機¹⁾_요 若加一
分調停布置²⁾_{하면} 趣味便減矣_{리라} 白氏³⁾_云 意隨無事適_{이요} 風逐
自然淸_{이라하니} 有味⁴⁾哉_라 其言之也_여

1) 眞機(진기) : 참다운 기틀. 진실한 묘미(妙味).

2) 調停布置(조정포치) : 순서와 위치를 잘 골라놓는 것.

3) 白氏(백씨) : 당(唐)나라의 시인 백락천(白樂天)을 말한다. 이름은 거
   이(居易), 호는 향산거사(香山居士)이며 낙천은 자(字). 772~846.

4) 味(미) : 맛. 의미. 의의.

83. 본래 천성이 맑으면 …

천성(天性)이 맑고 밝으면 곧 배고플 때 먹고 목마를 때 마
시더라도 몸과 마음을 건강하고 편안하게 하지 않는 것이 없다.
   마음이 어둡고 침침하면 비록 선(禪)을 말하고 게(偈)를 풀
이해 설명한다 하더라도 모두 이 정신을 희롱하는 것일 뿐이다.
   ▨ 기본적으로 마음이 맑으면 겨우 먹고 마시는 것도 심신을 건강하
게 하는 요소이지만 마음이 어둡고 침침하면 아무리 좋은 경문을 설명
한다 하더라도 오히려 그의 마음을 흐리게 만드는 것이다.

性天澄徹¹⁾_{하면} 卽饑喰渴飮²⁾_{이라도} 無非康濟身心_{이며} 心地沈
迷³⁾_{하면} 縱談禪演偈⁴⁾_{라도} 總是播弄精魂⁵⁾_{이니라}

1) 澄徹(징철) : 맑다의 뜻.

2) 饑喰渴飮(기손갈음) : 배고플 때 먹고 목마를 때 마시다. 겨우 기갈(饑
   渴)을 면할 정도의 가난한 생활을 뜻한다.

3) 沈迷(침미) : 어둡고 침침한 것. 마음이 물욕(物欲)에 빠져 흐린 것.

4) 演偈(연게) : 게를 풀어 설명하다. 게(偈)는 부처의 공덕을 찬미하는

노래와 글귀.

5) 精魂(정혼) : 정신.

84. 사람의 마음 속에 있는 묘경(妙境)

사람의 마음 속에는 하나의 진실한 경지가 있어 거문고나 피리와 같은 악기가 없어도 스스로 고요하고 편안할 수 있으며 향을 사르고 차를 끓이지 않아도 스스로 맑고 향기로울 수 있는 것이다.

모름지기 생각을 깨끗이 하고 보고 듣는 것에 사로잡히지 말고 잡념을 잊고 형체에서 벗어나야 비로소 그 속에서 노닐 수 있는 것이다.

▨ 사람은 수양을 하면 악기가 없어도 음률을 즐길 수 있고 향이나 차의 도움 없이도 맑고 향기로울 수 있다. 인간의 마음은 절제할 수 있는 기능도 있고 유유자적할 수 있는 기능도 있어서 자유자재로 활용할 수가 있다. 단지 인간이 수양을 하지 않으므로 인하여 자유자재로 활용할 수 있는 것을 터득하지 못할 뿐이다. 희노애락애오욕도 마음에서 일어나는 것으로 이것을 억제하고 무아의 경지에 도달하면 무엇이든 가능한 것이다.

人心이 有個眞境[1]하여 非絲非竹[2]而自恬愉[3]요 不煙不茗[4]而自淸芬[5]하나니 須念淨境空[6]하여 慮忘形釋[7]이라야 纔得以游衍[8]其中하리라

1) 眞境(진경) : 참다운 경지. 묘경(妙境).

2) 絲 · 竹(사 · 죽) : 사는 현악기를, 죽은 대나무로 관악기를 말한다. 죽사는 음악을 뜻한다.

3) 恬愉(염유) : 마음이 고요하고 편안한 것.

4) 煙 · 茗(연 · 명) : 연은 연기로 향을 사를 때 피어오르는 연기. 명은 차

를 끓이는 것을 말한다.

5) 淸芬(청분) : 맑고 향기롭다.

6) 念淨境空(염정경공) : 염정은 생각이 맑은 것, 경공은 보고 듣는 것을
끊는 것.

7) 形釋(형석) : 형해(形骸)를 풀다. 형체에 얽매이지 않고 벗어나는 것.

8) 游衍(유연) : 노닐며 거니는 것. 소요(逍遙)하는 것.

85. 옥(玉)은 돌덩어리에서 나온다

황금은 광석에서 나오며 옥(玉)은 돌에서 생기는 것이다.
환상이 아니면 진실은 구할 수가 없는 것이다.

도를 술 마시는 가운데에서 얻으며 신선을 꽃 속에서 만나는
것은 비록 고상한 것이라고 하더라도 능히 속된 것을 떠나지 못
한 것이다.

▨ 번쩍이는 황금은 광석(鑛石)에서 나오고 영롱한 옥도 돌덩어리
에서 얻어지는 것이다. 이와 같이 꿈같고 환상같은 이 세상 가운데에
진실함이 있는 것이다.

속세를 떠나 술을 마시며 도를 얻었다는 이야기나 무릉도원에 들어
가 신선을 만났다는 등의 이야기 또한 이 세상의 속된 것에서 완전히
벗어난 이야기가 아니고 환상의 속세에서 얻어진 것이다.

金自鑛出하며 玉從石生하나니 非幻이면 無以求眞이요 道得酒中[1]
하며 仙遇花裡[2]는 雖雅[3]나 不能離俗이니라

1) 道得酒中(도득주중) : 술 마시는 가운데 도를 깨닫다. 죽림칠현이 속세
를 떠나 술을 마시며 도를 얻었다는 이야기.

2) 仙遇花裡(선우화리) : 무릉도원에 들어가 신선을 만났다는 도연명의
『도화원기(桃花源記)』에 나오는 고사.

3) 雅(아) : 풍아(風雅). 고상하다. 속된 것의 반대.

86. 도인(道人)의 눈으로 바라브면 한 가지다

하늘과 땅 가운데 만물(萬物)과 인륜(人倫) 가운데 모든 인정(人情)과 세상 속의 온갖 일들을 속인(俗人)의 눈으로 바라보면 어지럽게 가지각색으로 다르지만 도인(道人)의 눈으로 바라보면 가지가지가 다 한결같아 보인다.

어찌 번거롭게 분별할 것이며 어찌 취하고 버리는 일을 쓸 수 있을 것인가.

▨ 보통 사람들이 사회를 바라보면 각양각색인 것 같지만 도인의 눈으로 모든 만물과 모든 인정과 모든 일을 바라보면 한 가지도 같지 않은 것이 없다. 그래서 공자께서는 증자에게 "우리의 도는 하나로 꿰뚫는다.'고 했던 것이다.

天地中萬物과 人倫中萬情과 世界中萬事를 以俗眼[1]觀하면 紛紛[2]各異하나 以道眼[3]觀하면 種種[4]是常[5]이니 何煩分別이며 何用取捨리요

1) 俗眼(속안) : 속인(俗人)의 눈.

2) 紛紛(분분) : 어지러운 모양. 번잡한 모양.

3) 道眼(도안) : 도인(道人)의 눈.

4) 種種(종종) : 가지가지.

5) 常(상) : 일정하다. 한결같다. 평등하다. 항상되다.

87. 천지간의 정기를 깨닫는다

정신활동이 활발하면 베헝겊 이불을 덮고 작은 방에서 사는 가난한 생활 가운데에서도 하늘과 땅의 조화로운 정기를 깨달을 수 있는 것이다.

느끼는 맛에 만족하면 명아주국으로 밥을 먹은 후에도 인생의 담박한 참다움을 알 수 있는 것이다.

▨ 뛰어난 정신력을 가지면 주위의 환경에도 아랑곳하지 않으며 담박한 맛에 만족한다면 인생의 담박한 참맛도 느낄 수 있는 것이다. 이것은 공자의 제자인 안회(顏回)가 한 그릇의 밥과 한 그릇의 나물국에 만족한 것과 같다.

神酣[1]하면 布被窩中[2]에 得天地沖和之氣하고 味足[3]하면 藜羹[4]飯後에 識人生澹泊之眞[5]이니라

1) 神酣(신감) : 정신활동이 활발한 것. 정신이 왕성한 것.
2) 布被窩中(포피와중) : 베로 만든 이불과 작은 집안. 가난한 생활을 말한다.
3) 味足(미족) : 맛에 만족하다. 만족하다고 느끼는 것.
4) 藜羹(여갱) : 명아주로 끓인 국. 형편없는 음식을 말한다.
5) 識人生澹泊之眞(식인생담박지진) : 인생의 담박한 참맛을 알다. 진실한 인생의 경지를 얻는 것.

88. 모든 것은 다만 스스로의 마음에 있다

얽매이고 벗어나는 것은 다만 스스로의 마음에 있는 것이다. 마음에 깨달음이 있으면 푸줏간이나 술집도 편안한 정토(淨土)요, 그렇지 않으면 비록 거문고와 학을 벗하고 꽃과 화초를 즐겨 기호(嗜好)를 맑게 할지라도 거리낌과 장애가 마침내 있게 되는 것이다.

옛말에 이르기를

"능히 마음을 쉬게 되면 속세도 선경(仙境)이 되고, 마음에 깨닫지 못하면 절간도 민가가 된다."

라고 하였는데 이것은 믿을 만하구나.

▨ 현실에 만족하면 모든 것이 정토이고, 현실에 불만이 있으면 자신의 사는 곳이 곧 지옥이다. 깨달음이란 멀리 있는 것이 아니요, 자신의 마음 속에 있다. 그 마음이 있으면 그 현실이 있고 그 마음이 없으면 현실도 없다. 불교의 정토도 그 마음에서 비롯되는 것이다.

纏脫[1]이 只在自心하나니 心了則屠肆糟店[2]도 居然[3]淨土[4]요 不然이면 縱一琴一鶴과 一花一卉[5]로 嗜好雖淸이나 魔障[6]終在하나니 語에 云 能休塵境爲眞境이요 未了僧家是俗家라하니 信夫라

1) 纏脫(전탈) : 얽매임과 벗어남. 전은 묶이는 것, 탈은 벗어나는 것. 세속의 괴로움에 얽매이고 벗어나는 것을 말한다.

2) 屠肆糟店(도사조점) : 도사는 고기간, 푸줏간. 조점은 술집.

3) 居然(거연) : 편안한 모양. 사물에 동(動)하지 않는 모양.

4) 淨土(정토) : 극락세계. 서방정토.

5) 一琴一鶴一花一卉(일금일학일화일훼) : 거문고와 학을 벗삼고 꽃과 화초를 기르는 것.

6) 魔障(마장) : 거리낌과 장애.

89. 넓고 호화로운 집 부럽지 않다

됫박 만한 좁은 방에 살더라도 모든 시름을 다 버리면 그림 그린 기둥에 구름이 날고 주렴을 걷고 비를 바라보는 좋은 집을 말할 것이 있겠는가.

석 잔 술 얼큰하여 하나의 진심을 자득(自得)하면 오직 거문고를 달빛받아 연주하고 짧은 피리를 맑은 바람따라 읊조릴 줄을 알 것이다.

▨ 열 개를 가진 사람이 한 개 가진 사람의 것을 탐낸다고 하는 말이 있다. 사람의 욕심이란 이토록 무한한 것이다. 그러나 반대로 한 개에 만족하면 열개 아닌 백개를 가진 사람이라도 부러워할 것이 없다.

고대광실이라고 해서 다 좋은 것은 아니다. 고대광실의 공허함보다는 단칸방의 오붓함이 더 좋을 때가 있다. 어느 것이나 자신의 취향에 따라서 즐거움이 이루어지는 것으로 그것을 개발하여 아는 자만이 생을 편안히 살 수 있는 것이다.

斗室[1]中萬慮都捐[2]하면 說甚畵棟飛雲珠簾捲雨[3]요 三杯後一眞自得하면 唯知素琴[4]橫[5]月短笛吟風하나니라

1) 斗室(두실) : 됫박 만한 좁은 방. 매우 좁은 방.
2) 都捐(도연) : 다 버리는 것.
3) 畵棟…捲雨(화동…권우) : 찬란한 그림을 그린 기둥에 구름이 날고 주렴을 걷어올리고 비를 바라보다. 화려하고 웅장한 누각을 말하는 것으로 좋은 집을 말한다. 당(唐)나라 왕발(王勃)의 「등왕각서(滕王閣序)」에 보이는 문장을 인용한 것.
4) 素琴(소금) : 아무런 장식도 하지 않은 소박한 거문고.
5) 橫(횡) : 비끼다. 눕히다. 거문고를 타다의 뜻.

90. 끝없는 생기(生機)를 느끼게 되는 것

뭇 소리가 들리지 않는 고요한 가운데 홀연히 한 마리 새가 지저귀는 소리를 들으면 문득 허다히 그윽한 정취가 일어나게 된다.

여러 화초들이 꺾이고 시든 후에 홀연히 한 가지의 빼어난 꽃을 보면 문득 끝없는 생기(生機)를 느끼게 되는 것이다.

가히 천성은 언제나 메말라 있지 않고 정신은 사물에 접촉하여 감회를 일으키는 것이 가장 적당함을 보게 될 것이다.

▨ 속세를 벗어나면 새소리도 또다른 감회를 가져오고 뭇 화초들이 쇠락한 뒤에는 한 가지의 꽃도 새로운 생기를 북돋아 준다. 이러한 것은 인간의 천성으로 항상 메말라 있지 않고 사물의 감응을 일으키는

곳에서는 더욱 발동하게 되는 것이다.

萬籟[1]寂寥中에 忽聞一鳥弄聲하면 便喚起許多幽趣며 萬卉[2]摧剝[3]後에 忽見一枝擢秀[4]면 便觸動無限生機하나니 可見性天이 未常枯槁하여 機神[5]이 最宜觸發[6]이로다

1) 萬籟(만뢰) : 소란한 여러 가지 소리.
2) 萬卉(만훼) : 여러 가지 풀과 꽃.
3) 摧剝(최박) : 꺾이고 시드는 것.
4) 擢秀(탁수) : 뛰어나게 아름다운 것.
5) 機神(기신) : 활발한 정신.
6) 觸發(촉발) : 사물에 접촉하여 감회를 일으키는 것.

91. 심신을 놓아두는 것과 속박하는 것은
백락천(白樂天)이 말하기를

"몸과 마음을 놓아두어 명연(冥然)히 하늘의 조화에 맡기는 것만 같지 못하다."

라고 하였고, 조보지(晁補之)가 말하기를

"몸과 마음을 거두어들여 엄숙하게 절대의 고요 속으로 돌아가는 것만 같지 못하다."

라고 하였다.

몸과 마음을 방치해두면 흘러서 미치광이가 되는 것이며 너무 속박하면 생기가 없는 곳으로 들어가게 되는 것이다.

오직 몸과 마음을 잘 가누면 손잡이를 손에 쥐고 있는 것과 같아 거두어들이고 놓아두는 것을 스스로 조절할 수 있는 것이다.

▨ 몸과 마음을 무조건 놓아두라는 백락천의 말이나 몸과 마음을 오로지 속박해야 한다는 조보지의 말은 둘다 너무 한쪽으로만 치우친 말

이다. 몸과 마음을 적당히 놓아두기도 하고 속박하기도 해야 하는 것
으로 부동(不動)의 마음이 있으면 자유자재로 조절할 수 있다.

白氏云 不如放身心하여 冥然¹⁾任天造라하고 晁氏²⁾云 不如收身
心하여 凝然³⁾歸寂定⁴⁾이라하니 放者는 流爲猖狂⁵⁾이며 收者는 入於枯
寂⁶⁾이라 唯善操身心的이라야 欛柄⁷⁾在手하여 收放自如니라

1) 冥然(명연) : 어두운 모양. 눈을 감다.
2) 晁氏(조씨) : 송(宋)나라 때 시인 조보지(晁補之). 1053~1110. 자는
   무구(無咎), 호는 귀래자(歸來子). 소동파(蘇東坡)의 제자.
3) 凝然(응연) : 엄숙한 것. 움직이지 않는 것.
4) 寂定(적정) : 망념망려(妄念妄慮)가 없는 것.
5) 猖狂(창광) : 미치광이.
6) 枯寂(고적) : 생기가 없는 것.
7) 欛柄(파병) : 기구의 손잡이.

92. 자연과 인간의 혼연일치

눈 쌓인 밤에 달밝은 밤하늘을 보게 되면 마음 속은 문득
맑아지게 되며 봄바람의 온화한 기운을 만나면 마음의 세계는
또한 스스로 부드러워지는 것으로 자연의 조화와 인간의 마음
이 서로 혼연히 합해져서 조금도 간단(間斷)되지 않는구나.

▨ 자연의 맑고 밝음을 보면 마음도 따라서 맑고 밝아지며, 따뜻하
고 부드러운 것을 느끼면 마음도 따라서 따뜻하고 부드러워져 자연과
인간이 혼연일치가 된다는 것이다.

當雪夜月天하면 心境¹⁾이 便爾澄徹하며 遇春風和氣하면 意界²⁾가
亦自沖融³⁾하나니 造化⁴⁾人心이 混合無間⁵⁾하니라

1) 心境(심경) : 마음의 상태. 마음.

2) 意界(의계) : 마음. 심경(心境)과 같은 뜻.

3) 沖融(충융) : 부드러워지는 것.

4) 造化(조화) : 자연.

5) 無間(무간) : 틈이 없다. 자연과 인간이 혼연일체가 된 것을 말한다.

93. 졸(拙)자 한 글자의 무한한 의미

문장은 졸렬함으로써 나아가며 도는 졸렬함으로써 이루어지나니 하나의 '졸(拙)자'에 무한한 의미가 있는 것이다.

복사꽃 핀 마을에 개가 짖고 뽕나무밭 사이에서 닭이 우는 정경은 얼마나 순박한 것인가.

차가운 연못에 달이 비치고 고목에서 까마귀가 우는 정경에 이르러서는 공교한 가운데 문득 쓸쓸한 기상을 깨닫게 되는 것이다.

▨ 문장의 진보와 도의 수련은 너무 기교를 부리거나 교묘함을 보이려 하기보다는 조금은 촌스러운 것 같으면서 성실하게 이루어나가야 한다는 것이다.

文以拙[1]進하며 道以拙成하나니 一拙字有無限意味라 如桃源犬吠와 桑間鷄鳴이 何等淳龐[2]고 至於寒潭之月과 古木之鴉하여는 工巧中에 便覺有衰颯[3]氣象矣로다

1) 拙(졸) : 졸렬하다. 꾸밈없다.

2) 淳龐(순롱) : 순박한 것. 순박하고 충실한 것.

3) 衰颯(쇠삽) : 쓸쓸한 것. 처량한 것.

94. 대지(大地)가 모두 노니는 곳이다

자신이 만물의 주인이 되어 부리는 사람은 얻어도 본래 기

뼈하지 않으며 잃어도 또한 근심하지 않으니, 대지(大地)가
모두 노니는 곳이기 때문이다.

사물로써 나를 부리는 사람은 거스르게 되면 미워하는 것이
요, 따르게 되면 또한 사랑하는 것으로 털끝 만한 은혜에 문득
얽매이게 되는 것이다.

▨ 천하가 다 자신의 것이라면 잃어버려도 다시 자신의 것이요, 얻
어도 본래 자신의 것인데 무슨 근심이 있겠는가. 반면 물질로 남을 부
리는 사람은 자신을 거역하면 미워하고 자신을 따르면 좋아하는 것으
로 터럭 만큼의 은혜에 속박당하는 것이다.

以我轉¹⁾物者는 得固不喜며 失亦不憂하나니 大地盡屬逍遙²⁾며
以物役我者는 逆固生憎이요 順亦生愛하나니 一毛便生纏縛하나니라

1) 轉(전) : 마음대로 부리다.
2) 逍遙(소요) : 자유로이 거니는 것.

95. 비린내를 모아놓고 벌레를 쫓다

도리가 적적하게 되면 곧 사물도 적적하게 되니 사물을 버
리고 도리를 잡는 자는 그림자를 버리고 형체를 머물게 하는
것과 비슷한 것이다.

마음이 공허하게 되면 곧 경우(境遇)도 공허하게 된다. 경
우를 버리고 마음을 두는 것은 비린내나는 것을 모아놓고 벌
레를 쫓는 것과 같은 것이다.

▨ 일의 실상은 외면하고 도리에만 치우치는 사람은 사물과 그림자
를 따로 떼어놓고 생각하는 것과 같은 것이다. 또 마음을 공허하게 하
는 것은 경우도 공허하게 하는 것으로 경우를 버리고 마음만 보존하는
것은 파리떼를 쫓는다면서 비린내를 계속 피우는 것과 같다.

理¹⁾寂則事²⁾寂하나니 遺事執理³⁾者는 似去影留形이요 心空則境⁴⁾空하나니 去境存心者는 如聚羶却蚋⁵⁾니라

1) 理(이) : 도리. 본체.

2) 事(사) : 사물(事物). 사실(事實). 현상.

3) 執理(집리) : 도리에 집착하는 것.

4) 境(경) : 경우(境遇). 환경. 외경(外境).

5) 聚羶却蚋(취전각예) : 비린내나는 것을 모아놓고 모기를 쫓는 것. 예(蚋)는 모기나 파리 등의 벌레.

96. 숨어사는 사람의 맑은 흥취

숨어사는 은사(隱士)의 맑은 흥취는 모두 자적(自適)하는 데 있는 것이다. 그러므로 술은 권하지 않는 것으로써 기쁨을 삼고 바둑은 다투지 않음으로써 이기는 것을 삼으며 피리는 구멍이 없는 것으로 적당한 것을 삼고 거문고는 현이 없는 것으로써 높다고 하며 만남은 기약하지 않음으로써 진솔하다고 하고 나그네는 마중하고 배웅하지 않는 것으로써 편하게 여기는 것이다. 만약 한 번 번잡한 문장에 끌리고 형식에 집착하게 된다면 문득 진세(塵世)의 고해(苦海)에 떨어질 것이다.

▨ 모든 것은 다 나름대로의 흥취가 있게 마련이다. 형식에 집착하고 겉치레에 이끌리면 속세의 번거로움에 빠지기 쉽다. 자연에 맡겨 이끌리는 대로 살아가는 것이 숨어사는 사람의 맑은 흥취인 것이다.

幽人¹⁾淸事²⁾는 總在自適이라 故로 酒以不勸으로 爲歡하고 棋以不爭으로 爲勝하며 笛以無腔³⁾으로 爲適하고 琴以無絃으로 爲高하며 會以不期約으로 爲眞率⁴⁾하고 客以不迎送으로 爲坦夷⁵⁾하나니 若一牽文泥迹⁶⁾하면 便落塵世苦海矣리라

1) 幽人(유인) : 속세에서 벗어나 숨어사는 은사(隱士).

2) 淸事(청사) : 맑은 흥취(興趣). 청흥(淸興).

3) 無腔(무강) : 구멍이 없는 것. 음률이 없어 기교와 졸렬한 것을 따질 수 없다.

4) 眞率(진솔) : 진실하고 솔직한 것.

5) 坦夷(탄이) : 마음이 편한 것.

6) 牽文泥迹(견문니적) : 번잡한 문장에 끌리고 형식에 집착하는 것.

97. 태어나기 전과 죽은 후에는 어떨까

시험삼아 이 몸이 태어나기 전에 어떠한 모습을 하였을까를 생각하고 또 이미 죽은 뒤에는 무슨 형상일까를 생각한다면 곧 만가지 생각이 불꺼진 재처럼 식어 본성만이 고요히 남아 스스로 만물 밖에 초월하고 상선(象先)에 놀 것이다.

▨ 불교에서 말하는 내세(來世)와 전생(前生)을 생각하게 되면 인생의 무상함을 깨닫게 되어 탐욕과 욕망은 사라지고 본성만이 남아 인간 세상을 초월한 경지에서 노니게 된다는 것이다.

試思未生之前에 有何象貌하며 又思旣死之後에 作何景色[1]하면 則萬念灰冷하며 一性寂然하여 自可超物外遊象先[2]하리라

1) 景色(경색) : 모습. 형상.

2) 象先(상선) : 장자(莊子)에 있는 말로 천지만물이 생기기 이전이란 말.

98. 행복을 바라는 것이 재앙을 부른다

병에 걸린 후에 건강한 것이 보배라는 것을 생각하게 되고 어지러움에 처한 후에 태평한 것이 복이 된다는 것을 생각하는 것은 남보다 먼저 아는 것이 아니다.

행복을 바라는 것이 먼저 재앙을 부르는 근본이라는 것을

알고 삶을 탐하는 것이 먼저 죽음을 부르는 근원이라는 것을
안다면 뛰어난 식견을 가진 것인저!

▨ 소잃고 외양간 고친다고, 일이 닥치기 전에 대비를 하지 못하고
지나간 후에 후회를 하는 것은 보통 사람들의 사고이다. 심하게 복을
바라는 것은 재앙의 근본이 되는 것이요, 매우 삶에 집착하는 것은 결
론적으로 죽음의 근원이 되는 것인테 이러한 것들을 깨닫고 천명(天
命)에 맡기는 것이 현명한 사람인 것이다.

　遇病而後에 思强之爲寶며 處亂而後에 思平[1]之爲福은 非蚤
智[2]也라 倖福而先知其爲禍之本하며 貪生而先知其爲死之因은
其卓見[3]乎인저

1) 平(평) : 태평. 평화.
2) 蚤智(조지) : 남보다 일찍 아는 것. 선견지명(先見之明)의 뜻.
3) 卓見(탁견) : 훌륭한 의견. 뛰어난 식견.

99. 무대가 파하고 대국(對局)이 끝나면

　배우가 분칠을 하고 연지찍어 단장하여 아름다움과 미움을
붓끝으로 이루지만 조금있다가 노래가 끝나고 무대가 파하면
그 아름답고 추한 것이 어찌 있겠는가.

　바둑을 두는 사람은 앞뒤를 다투며 바둑돌로 자웅(雌雄)을
겨루지만 갑자기 대국(對局)이 다하고 바둑돌을 거두어 들이
면 자웅(雌雄)이 어찌 있을 것인가.

▨ 인생은 진실되게 살아야 한다. 배우의 분칠이나 바둑의 대국과
같이 인생에 있어 부귀영화와 명리(名利)같은 것을 쫓는 것은 뜬구름
같은 것으로 일시적인 허영에 지나지 않는 것이다.

　優人[1]이 傅粉調硃[2]하여 效姸醜[3]於毫端이나 俄[4]而오 歌殘場

罷5)하면 姸醜何存이며 奕者爭先競後하여 較雌雄於著子6)나 俄而오 局盡7)子收하면 雌雄이 安在오

1) 優人(우인) : 배우(俳優).
2) 傳粉調硃(부분조주) : 부분은 분을 바르는 것, 분칠하는 것. 조주는 주사를 바르는 것, 연지를 찍는 것.
3) 姸醜(연추) : 미추(美醜). 아름다움과 추함.
4) 俄(아) : 잠시, 갑자기, 조금 있다.
5) 場罷(장파) : 무대가 파하다. 막을 내린 것.
6) 著子(착자) : 바둑돌. 바둑알.
7) 局盡(국진) : 대국(對局)이 끝난 것. 판이 끝난 것.

100. 권도(權道)를 잡을 수 있는 것

바람과 꽃의 맑고 시원한 것과 흰눈과 달의 밝고 깨끗한 것은 오직 고요한 사람만이 주인이 되는 것이다.

물과 나무의 무성하고 시듦과 대나무와 돌의 없어지고 성장하는 것은 홀로 한가한 사람만이 그 권도(權道)를 잡을 수 있을 것이다.

▨ 정적을 벗삼는 사람이어야 바람과 꽃과 흰눈과 밝은 달을 벗삼을 수가 있는 것이요, 또 세상사를 등지고 한가한 사람만이 물과 나무, 대나무와 돌같은 것들을 즐길 수 있는 것이다.

요즘같은 바쁜 세상에서도 이러한 마음의 여유를 가져본다면 현대인들의 적인 스트레스를 이길 수 있지 않을까. 도심에서도 얼마든지 이러한 것을 느낄 수 있는 것이다. 마음에 여유만 가진다면.

風花之瀟洒1)와 雪月之空淸2)은 唯靜者爲之主며 水木之榮枯3)와 竹石之消長은 獨閑者操其權4)하나니라

1) 瀟洒(소쇄) : 맑고 시원한 것.

2) 空淸(공청) : 낭랑(朗朗)히 맑고 깨끗한 것.

3) 榮枯(영고) : 무성하고 시드는 것.

4) 權(권) : 권도(權道). 저울추. 저울의 중심을 잡는 중요한 것.

IOI. 시골사람에게 막걸리를 이야기하면

농사짓는 시골사람들은 누런 닭고기나 막걸리 이야기를 하면 기뻐하지만 고급요리를 물으면 알지 못하는 것이요, 누더기 옷에 짧은 잠방이를 이야기하면 유연(油然)히 즐거워하지만 예복을 물으면 알지 못하는 것이다.

그 천성이 순박한 그대로이기 때문에 그 욕망은 담박할 뿐이다.

이는 인생의 제일가는 즐거운 경지이기도 하다.

▨ 때묻지 않은 순박한 시골사람은 천성 그 자체가 순박한 것으로 담박한 시골사람의 맛이 배어있는 것이다. 또 그 담박한 맛이 배어있는 시골사람이야말로 인생의 순진무구한 제일의 경지인지도 모르는 것이다. 세파에 물들어 교활한 것보다는 담박한 그 정이란 거부감이 없는 것이다.

田父野叟[1]는 語以黃鷄白酒[2]하면 則欣然[3]喜하되 問以鼎食[4]則不知요 語以縕袍短褐[5]하면 則油然[6]樂하대 問以袞服[7]則不識하나니 其天이 全故로 其欲이 淡이라 此是人生第一個境界니라

1) 田父野叟(전부야수) : 농사짓는 시골사람.

2) 黃鷄白酒(황계백주) : 황계는 누런 닭. 백주는 탁주, 막걸리.

3) 欣然(흔연) : 기뻐하는 모습.

4) 鼎食(정식) : 큰 냄비에 끓인 고급요리.

5) 縕袍短褐(온포단갈) : 누더기 옷이나 짧은 잠방이.

6) 油然(유연) : 태연한 모습. 흐뭇해하는 모습.

7) 袞服(곤복) : 고관(高官)들이 입는 아름다운 예복.

I02. 만물은 본래 한 가지이다

마음에 그 망심(妄心)이 없으면 무슨 살필 것이 있으리오 석씨(釋氏)가 마음을 본다고 말한 것은 거듭 그 장애를 더한 것이다.

사물은 본래 하나의 사물이다. 어찌 가지런하기를 기다리리오 장자가 만물을 가지런히 한다고 말한 것은 스스로 그 같은 것을 쪼개놓은 것이다.

▨ 마음에는 망령된 마음이 있어야 살필 것이 있는 것이다. 그러므로 석가가 마음을 본다고 한 것은 필요없는 장애물을 더한 것에 불과할 뿐이다. 또 사물은 본래 하나였을 뿐인데 무엇을 가지런히 한다는 말인가. 장자가 '모든 사물을 가지런히 한다'고 한 것은 장자 혼자서 분류해 놓은 것에 불과하다는 역설적인 경구이다.

心無其心[1]하면 何有於觀[2]이리요 釋氏曰觀心者는 重增其障이요 物本一物이라 何待於齊리요 莊生[3]曰齊物[4]者는 自剖[5]其同이니라

1) 其心(기심) : 망상(妄想), 망념(妄念)의 뜻.

2) 觀(관) : 살펴보다. 관심(觀心)의 뜻. 자신의 심성을 관찰하는 것.

3) 莊生(장생) : 장자(莊子). 이름은 주(周), 자는 자휴(子休).

4) 齊物(제물) : 만물을 가지런히 하다. 『장자』 내편(內篇)에 제물론(齊物論)이 보인다.

5) 剖(부) : 나누다. 쪼개다.

I03. 잔치를 뿌리치고 일어나는 사람은

피리불고 노래하며 흥이 한창 무르익는 곳에서 문득 스스로

옷자락을 떨치고 그냥 가는 것은 달인(達人)이 손을 놓고 벼랑에서 거니는 것과 같아 부러운 일이다.

　시간이 이미 다했는데 유연(猶然)히 밤길을 거닐며 쉬지 않는 것은 속된 사람이 자신의 몸을 고해(苦海) 속에 빠뜨리는 것과 같아 웃음거리일 뿐이다.

　▨ 재미있는 구경거리를 뿌리치고 가는 사람은 욕망을 억제하고 결단을 내릴 줄 아는 사람으로 유혹에 강한 사람이다. 구경거리를 뿌리친다는 것은 쉬운 일이 아닌 것이다. 한편으로 도를 닦는다고 쓸데없이 밤길을 왔다갔다 하는 것은 미치광이에 불과한 것이다.

　笙歌[1]正濃處에 便自拂衣長往[2]하나니 羨達人撒手[3]懸崖[4]며 更漏[5]已殘時에 猶然[6]夜行不休하나니 咲俗士沈身苦海로다

1) 笙歌(생가) : 생황(笙簧)을 불고 노래하며 노는 것.
2) 拂衣長往(불의장왕) : 옷자락을 떨치고 자리를 떠나는 것.
3) 撒手(살수) : 손을 흐뜨리다. 손을 놓다.
4) 懸崖(현애) : 험한 절벽. 낭떠러지. 벼랑.
5) 更漏(경루) : 시각(時刻). 경은 밤의 뜻. 루는 물시계.
6) 猶然(유연) : 원래는 웃는 것을 말하나 여기서는 어슬렁거리는 모양을 나타낸다.

104. 마음을 잡지 못했을 때는

　마음을 잡지 못하였거든 마땅히 발길을 속세의 시끄러움에서 끊어 이 마음으로 하여금 하고싶은 것을 보지 않게 하고 어지럽지 않게 함으로써 나의 고요한 마음의 본체를 맑게 할 것이며, 지조가 이미 굳었거든 또 마땅히 속세에 뛰어들어 이 마음으로 하여금 하고싶은 것을 보더라도 또한 어지럽지 않게 함으로써 나의 원만한 기틀을 기르게 하라.

▨ 수양이 되지 않았을 때에는 속세를 떠나서 수양을 하고 수양이 끝나면 속세로 돌아와서 그 수양의 척도를 시험해 보라는 것이다.

把握未定[1]커든 宜絶跡塵囂[2]하고 使此心으로 不見可欲而不亂하여 以澄吾靜體[3]하고 操持[4]旣堅커든 又當混跡風塵[5]하고 使此心으로 見可欲而亦不亂하여 以養吾圓機[6]하라

1) 把握未定(파악미정) : 마음이 안정되지 않은 것. 마음을 잡지 못한 것. 파악은 움켜잡다의 뜻.
2) 塵囂(진효) : 시끄러운 세속이라는 뜻.
3) 靜體(정체) : 고요한 마음의 본체(本體).
4) 操持(조지) : 절개를 지키다. 마음을 굳게 잡다. 파악(把握)과 같은 뜻.
5) 風塵(풍진) : 속세의 뜻.
6) 圓機(원기) : 원만한 기틀. 원활한 활동.

105. 시끄러운 것을 싫어하는 사람은

고요한 것을 좋아하고 시끄러운 것을 싫어하는 자는 때때로 사람을 피하여 고요한 것을 구하게 된다.

뜻이 사람 없는데 있으면 문득 자아(自我)에 사로잡혀 있는 것이며 마음이 고요한 것에 집착하면 문득 동요의 근본이라는 것을 알지 못하는 것이다.

어찌 타인과 나를 하나로 보고 움직이거나 고요한 것을 둘 다 잊는 경지에 도달할 수 있겠는가.

▨ 고요한 것을 찾아 사람을 피하는 것은 수도의 길이다. 수도의 길은 자아에 집착하게 되면 무아(無我)의 경지에는 들지 못하는 것이다. 무아의 경지에 들지 못하면 마음을 고요하게 하려다 오히려 정신을 동요시키는 결과를 초래하게 될 것이다. 수도하는 길은 자아에 집착하지 않도록 하는 것이다.

喜寂厭喧者는 往往避人以求靜하나니 不知意在無人이면 便成我相[1]이며 心著於靜하면 便是動根[2]이라 如何到得人我一視[3]하여 動靜兩忘的境界리오

1) 成我相(성아상) : 자아(自我)에 사로잡히다. 아상은 불교의 사상(四相 : 我相, 人相, 衆生相, 壽命相) 가운데 하나. 망상에 의해 나타난 나에 집착하다.

2) 動根(동근) : 동란(動亂)의 근본. 동요의 근본.

3) 人我一視(인아일시) : 남과 나를 하나로 보는 것.

106. 산 속에 살게 되면

산 속에 살면 가슴 속이 맑고 깨끗해져 사물을 접촉하면 모든 것에서 아름다운 생각이 있게 된다.

외로운 구름과 들녘의 학을 보면 세속을 초월한 것 같은 생각이 일어나고 돌틈으로 흐르는 샘물을 만나게 되면 깨끗하게 씻은 것 같은 생각이 들고 늙은 전나구와 찬 매화를 어루만지면 굳은 절조가 우뚝 솟아나고 모래 위의 갈매기나 크고작은 사슴을 벗삼으면 교활한 마음을 잊게 될 것이다.

만약 한번 속세에 들어가기만 하면 사물과 서로 관여하지 않는다고 하더라도 곧 이 몸도 또한 무용지물에 속하게 될 것이다.

▨ 입산하여 수도를 하면 속세의 번거로움을 잊게 된다. 속세의 번거로움을 잊으면 자연과 벗이 되어서 모든 것이 아름답게 된다. 그러나 파계하고 다시 세속으로 돌아와서 세파에 물들면 자신이 세속의 사물과 상관하지 않는다고 말을 했더라도 속물이 되어서 결국은 무용지물이 된다는 것이다.

山居하면 胸次[1]淸洒하여 觸物에 皆有佳思[2]하나니 見孤雲野鶴에

而起超絶³⁾之想이며 遇石澗流泉에 而動澡雪之思⁴⁾며 撫老檜寒梅
에 而勁節挺立하며 侶沙鷗麋鹿에 而機心⁵⁾頓忘하리니 若一走入塵
寰⁶⁾이면 無論物不相關이라도 卽此身도 亦屬贅旒⁷⁾矣리라

1) 胸次(흉차) : 가슴 속. 차는 중(中)의 뜻으로 흉중(胸中).

2) 佳思(가사) : 아름다운 생각. 좋은 생각. 재미를 느끼는 것.

3) 超絶(초절) : 인식, 경험의 범위 밖에 존재하다. 속세의 번거로움을 끊
고 초월하는 것.

4) 澡雪之思(조설지사) : 깨끗이 씻어버린 것.

5) 機心(기심) : 교묘하게 속이는 마음.

6) 塵寰(진환) : 속계(俗界).

7) 贅旒(췌류) : 무용지물.

107. 들새가 벗이 된다

흥취가 때에 따라 일어나 향기로운 풀밭 속을 신발 벗고 한
가로이 거닐면 들새도 무서움을 잊고 때때로 벗이 되는 것이다.

경치가 마음에 들어서 지는 꽃 아래에 옷깃 헤치고 우뚝 앉
아 있으면 흰구름도 말없이 서로 옆에 와 머물게 된다.

▨ 인간의 마음에 적의(敵意)가 없을 때는 새와 짐승도 벗이 된다.
아름다운 절경속 꽃 아래에 있으면 흰구름도 말없이 와서 머물게 된다
는 것은 시의 극치를 담은 것이다.

興逐時來¹⁾하여 芳草中에 撤履²⁾閒行하면 野鳥忘機³⁾時作伴⁴⁾이요
景與心會⁵⁾하여 落花下에 披襟兀坐⁶⁾하면 白雲無語漫相留로다

1) 興逐時來(흥축시래) : 흥취가 때에 따라 일어나다. 흥취가 일어나는 때
를 말한다. 래(來)는 일어나다의 뜻.

2) 撤履(철리) : 신발을 벗다. 맨발로의 뜻.

3) 忘機(망기) : 무서움을 잊다. 경계심을 풀다의 뜻.

4) 作伴(작반) : 벗이 되다. 반은 우(友)의 뜻.

5) 與心會(여심회) : 마음에 더불어 합치하다. 마음에 들다.

6) 兀坐(올좌) : 우뚝 앉는 것.

108. 행복과 불행은 마음으로부터

인생의 행복과 불행은 다 마음으로부터 만들어진다.

그러므로 석씨(釋氏)는 이르기를 "이욕(利欲)의 생각이 불같이 타오르면 그것이 곧 불구덩이요, 탐욕에 빠지면 문득 고해(苦海)가 된다. 한 생각이 깨끗하면 타오르던 불꽃도 연못이 되고 한 생각이 깨닫게 되면 배가 피안(彼岸 : 저 언덕)에 오른다."라고 하였다.

생각이 조금만 다르면 경계가 갑자기 달라지는 것이니 가히 삼가지 않을 수 있겠는가.

▨ 인간의 복이나 재앙 뿐이겠는가. 모든 것이 다 그러한 것이다. 모든 것을 결정짓는 것은 순간에 지나지 않는다. 어찌 조심하지 않을 수 있겠는가.

人生福境禍區[1]는 皆念相造成이라 故로 釋氏[2]云 利欲熾然하면 卽是火坑이요 貪愛[3]沈溺하면 便爲苦海니라 一念淸淨하면 烈焰成池[4]하며 一念警覺[5]하면 船登彼岸[6]이라하니 念頭稍異하면 境界頓殊[7]라 可不愼哉아

1) 福境禍區(복경화구) : 행복한 경지와 재앙의 구역. 행복과 불행.

2) 釋氏(석씨) : 석가(釋迦). 불교

3) 貪愛(탐애) : 탐내고 아끼다. 탐욕(貪慾).

4) 烈焰成池(열염성지) : 타오르던 욕망의 불꽃이 꺼져 잔잔하고 차가운 연못처럼 되는 것.

5) 警覺(경각) : 깨닫는 것.

6) 彼岸(피안) : 깨닫지 못한 것이 차안(此岸)이고 깨달은 경지라는 뜻.

7) 頓殊(돈수) : 갑자기 달라지는 것. 확연히 달라지는 것.

109. 낙수물도 바위를 뚫는다

노끈으로 톱을 삼아도 오래 쓰면 나무를 자르고 낙수물도 계속 떨어지면 바위를 뚫는다. 도(道)를 배우는 자는 모름지기 힘써 찾는 일을 더하여야 한다.

물이 모이면 도랑을 이루고 오이는 익으면 꼭지가 떨어진다. 도를 얻고자 하는 이는 하늘에 맡겨야 하는 것이다.

▨ 지성이면 하늘도 감동한다고 했다. 무엇이든 정성을 다하면 결국은 이루어진다는 것이다. 다만 도(道)를 얻는 것은 인력으로 되는 것이 아니요, 하늘의 작용만이 가능하다는 것을 말했다. 여기서의 도는 하늘의 명을 얻는 것을 의미한 것 같다.

繩鋸[1]木斷하며 水滴石穿하나니 學道者는 須加力索[2]하라 水到渠成하며 瓜熟蒂落하나니 得道者는 一任天機니라

1) 繩鋸(승거) : 노끈으로 톱을 삼다. 실톱.

2) 力索(역색) : 노력하여 찾는 것.

110. 어찌 반드시 산을 그리워하겠는가

마음의 활동이 쉴 때에 문득 달이 비치고 바람이 불어오니 반드시 이 세상이 고해는 아닌 것이다.

마음이 먼곳에 있으면 스스로 수레먼지와 말발굽소리와 같은 소란스러움이 없을 것인데 어찌 반드시 산을 그리워하겠는가.

▨ 인간이 속세의 욕망과 잡념에서 벗어나게 되면 마음은 맑고 깨끗해질 것이며, 주위는 달빛이 비치고 시원한 바람이 부는 것 같은 느낌

을 받을 것이다. 이렇게 되면 세상이 굳이 고해(苦海)라는 생각을 하지 않게 될 것이다. 또한 마음이 손세를 떠나 있으면 속세에 있어도 에덴동산을 느낄 수 있는 것이요, 굳이 산 속에 있어야만 고요한 것은 아니다.

機息[1]時에 便有月到風來하나니 不必苦海人世요 心遠處에 自無車塵馬迹[2]이니 何須痼疾丘山[3]이리요

1) 機息(기식) : 마음의 활동을 쉬다.
2) 車塵馬迹(차진마적) : 수레소리나 말굽소리 같이 소란스러운 것.
3) 痼疾丘山(고질구산) : 고요한 산 속을 그리는 것이 고칠 수 없는 병이 되다. 고질은 고질병, 고치기 힘든 병. 구산은 고요한 산 속.

III. 하늘과 땅의 마음을 본다

초목의 잎이 겨우 말라 떨어지는가 싶으면 문득 싹이 뿌리에서 돋아오르고 계절이 비록 얼음 어는 추운 겨울일지라도 마침내 따뜻한 기운을 비회(飛灰)에서 돌게 하는 것이다.

모든 것을 시들게 하는 가을기운이 한창인 가운데에서도 생생(生生)한 뜻이 항상 주인이 되는 것이다.

이로써 하늘과 땅의 마음을 보는 것이다.

▨ 세월의 무상함과 천지의 무한함을 말한 것이다. 모든 초목이 시드는 가을, 모든 것을 얼게 하는 추운 겨울에는 초목은 모두 죽어있는 것 같이 보이지만 돌아올 봄에 싹을 틔울 준비를 한창하고 있는 것을 볼 수 있다. 그 속에서 자연섭리를, 천지자연의 오묘한 작용을 볼 수 있는 것이다.

草木이 纔零落[1]하면 便露萌穎[2]於根底하고 時序雖凝寒이나 終回陽氣於飛灰[3]하리라 肅殺[4]之中에 生生之意常爲之主하나니 卽是可

以見天地之心이니라

1) 零落(영락) : 말라 떨어지는 것.

2) 萌穎(맹영) : 싹.

3) 回陽氣於飛灰(회양기어비회) : 옛날 중국에서 죽통(竹筒)에 재를 담아
   두었다가 일양(一陽)이 다시 돌아올 때면 자연히 그 재가 날리도록 하
   였다는데 그것으로 음양(陰陽)을 짐작하였다고 한다.

4) 肅殺(숙살) : 시들어 죽는 것. 가을기운이 초목을 말라 죽게 하는 것.

112. 한밤중에 종소리를 들으면

비가 갠 뒤에 산빛을 바라보면 경치가 문득 산뜻하고 아름
답다는 것을 깨닫는다.

밤중 고요한 때에 종소리를 들으면 음향이 더욱 맑고 은은
하다는 것을 느끼게 된다.

▨ 비가 갠 뒤에는 산 풍경이 더욱 산뜻하고 아름다워 보이듯이 사
람의 마음도 맑게 개어있는 때에는 더욱 밝아지는 것이다. 한밤중 고
요한 때는 사람의 마음이 맑고 안정되어 있는 때로 이러한 때에는 느
끼는 것도 더욱 맑고 밝아져서 모든 정취가 특별하게 다가오는 것이라
는 것을 말했다.

雨餘에 觀山色하면 景象[1]이 便覺新姸[2]이요 夜靜[3]에 聽鐘聲하면
音響이 尤爲淸越[4]이니라

1) 景象(경상) : 경치(景致). 풍경.

2) 新姸(신연) : 산뜻하게 아름다운 것.

3) 夜靜(야정) : 한밤중의 고요한 때. 이때는 사람 마음이 맑게 개어 있는
   때이다.

4) 淸越(청월) : 소리가 맑고 가락이 높은 것.

113. 높은 곳에 오르면 사람마음이 넓어진다

높은 곳에 오르게 되면 사람으로 하여금 마음을 넓게 하며 유유히 흐르는 물을 바라보면 사람으로 하여금 뜻을 멀리하게 한다.

비올 때나 눈내리는 밤에 책을 읽으면 사람으로 하여금 정신을 맑게 하며 언덕 꼭대기에 올라 휘파람을 불면 사람으로 하여금 감흥이 한층 높아지게 하는 것이다.

▨ 자연이란 인간의 생활에서 없어서는 안될 보배이다. 인간은 자연과 함께 하고 죽으면 다시 자연으로 돌아간다. 자연이란 무엇 하나 인간의 마음과 가까이 하여 해를 끼치는 것은 없다. 자연현상의 정경이 바뀔 때에는 그 정경에 따라서 마음의 흥취도 새로워지는 것이다.

登高하면 使人心曠하며 臨流하면 使人意遠[1]하며 讀書於雨雪之夜하면 使人神淸하며 舒嘯[2]於丘阜之巓[3]하면 使人興邁[4]하나니라

1) 意遠(의원) : 마음이 속세에서 멀어지는 것.
2) 舒嘯(서소) : 휘파람을 부는 것.
3) 丘阜之巓(구부지전) : 언덕 꼭대기.
4) 興邁(흥매) : 감흥이 한층 높아진다. 다른 세상에 있는 것 같은 생각을 갖게 하는 것.

114. 마음이 좁으면 머리카락도 수레바퀴 같다

마음이 넓으면 만종(萬鍾)의 많은 녹봉도 보잘것없는 와부(瓦缶)와 같고 마음이 좁으면 한 가닥 머리카락도 수레바퀴처럼 크게 보인다.

▨ 마음이 좁으면 아주 작은 것도 크게 보여 그것을 갖기 위해 남과

다투게 된다. 그러나 마음이 탁트여 넓은 사람에게는 아무리 많은 재물도 하찮은 것으로 보여 부귀도 공명도 가볍게 여기게 되는 것이다.

心曠則萬鍾¹⁾도 如瓦缶²⁾요 心隘³⁾則一髮도 似車輪이니라

1) 萬鍾(만종) : 매우 많은 녹(祿)이라는 뜻.

2) 瓦缶(와부) : 흙으로 만든 보잘것없는 악기(樂器).

3) 隘(애) : 좁은 것. 편협한 것.

115. 정욕(情欲)과 기호(嗜好)가 없으면

세상에 바람과 달, 꽃과 버들같은 것들이 없으면 조화를 이루지 못할 것이며, 사람에게 정욕(情欲) 기호(嗜好)가 없으면 몸과 마음을 이루지 못할 것이다.

다만 자신이 사물을 마음대로 하고 사물이 나를 부리지 않으면 곧 좋아하고 욕심내는 것이 천기(天機) 아님이 없고 속세의 인정도 곧 진정한 경지인 것이다.

▨ 이 세상에 계절에 따라 변화하는 꽃과 바람, 달과 버드나무 같은 것들이 없다면 조화의 맛을 즐길 수 없다. 사람에게 욕망과 좋아하는 것들이 없다면 목석(木石)과 같은 삶이 될 것이다. 다만 사람이 외물에 이끌려 자기 주관없이 흔들리지 않고 자기를 확고하게 잡고 있다면 욕망이나 기호(嗜好)가 문제가 될 것이 없으며 그것들이 도리어 참다운 하늘의 도리에 합치되게 될 것이다.

無風月花柳면 不成造化며 無情欲嗜好면 不成心體라 只以我轉物¹⁾이요 不以物役我²⁾하면 則嗜慾이 莫非天機요 塵情³⁾도 卽是理境⁴⁾矣니라

1) 轉物(전물) : 자기 마음대로 사물을 처리하는 것.

2) 役我(역아) : 외물이 나를 마음대로 부리는 것.

3) 塵情(진정) : 세속의 인정을 말한다.

4) 理境(이경) : 진정한 경지. 이치.

116. 일신에 대해 깨달은 사람은

일신(一身)으로 나아가서 일신에 대해 깨달은 사람은 바야흐로 만물로써 만물에 붙일 수 있다.

천하를 천하의 뜻대로 하는 것은 바야흐로 이 세상을 이 세상에 내놓을 수 있는 것이다.

▨ 도(道)를 얻은 사람은 천하의 만물은 천하의 소유요, 천하도 천하 사람들의 소유라는 것을 알아 천하 사람들에게 돌려줄 수 있다는 말이다. 사욕을 버린 자만이 가능한 것이다.

就一身了一身者는 方能以萬物로 付萬物[1]하며 還[2]天下於天下者는 方能出世間[3]於世間이니라

1) 付萬物(부만물) : 만물에 붙이다. 만물로 본다는 것. 만물을 있는 그대로 받아들이는 것.

2) 還(환) : 뜻대로 하는 것.

3) 世間(세간) : 이 세상. 사람들이 서로 의지하고 살아가는 세상.

117. 바람과 달의 정취를 즐겨야

인생이 지나치게 한가하면 별별 생각이 몰래 생겨나며 지나치게 바쁘면 참다운 본성이 나타나지 않는다.

그러므로 군자는 가히 몸과 마음의 근심을 품지 않을 수 없으며 또한 가히 바람과 달의 정취를 즐기지 않을 수 없는 것이다.

▨ 사람은 누구나 너무 한가하게 되면 쓸데없는 망상을 하기에 이르

르고 어떤 사람은 나아가 나쁜 마음을 먹을 수도 있다. 항상 망상에 빠지지 않도록 조심하지 않으면 안된다. 또한 너무 바쁘다보면 자신을 돌아볼 겨를이 없게 된다. 이 때문에 본성이 가리워지게 되므로 항상 풍경을 즐길 정도로 마음의 여유가 필요한 것이다.

人生이 太閒¹⁾則別念²⁾竊生³⁾하며 太忙則眞性⁴⁾이 不現하나니 故로 士君子는 不可不抱身心之憂하며 亦不可不耽風月之趣니라

1) 太閒(태한) : 지나치게 한가한 것.
2) 別念(별념) : 별별 생각. 여러 가지 다른 생각. 잡념(雜念).
3) 竊生(절생) : 가만히 생긴다. 모르는 사이에 일어나는 것.
4) 眞性(진성) : 본성(本性).

１１8. 맑은 마음으로 고요히 앉아 있으면

사람의 마음은 많이 흔들리는 것에 따라서 진실을 잃게 되는 것이다. 만약 한 가지 생각도 하지 않고 맑게 조용히 앉아 있으면 구름이 피어나 유연(悠然)히 함께 가며 빗방울 떨어지면 냉연(冷然)히 함께 맑고 새가 울면 흔연히 이해하는 것이 있으며 꽃이 떨어지면 소연(瀟然)히 스스로 깨닫는 것이 있을 것이다.

어느 곳인들 참다운 경지가 아니며 어느 것인들 참다운 이치의 기틀이 아닐 것인가.

▨ 불교에서 논한 진리이다. 마음이 있는 곳에 곧 부처가 있다는 말을 풀이해 말한 것이다. 모든 것은 곧 마음에서부터 시작되는 것이다. 마음이 흔들리면 진실도 필요가 없다. 그러므로 마음이 있는 곳에는 곧 부처가 있다고 했다.

人心이 多從動處失眞하나니 若一念不生코 澄然靜坐하면 雲興而

悠然共逝[1]하며 雨滴而冷然俱淸[2]하며 鳥啼而欣然有會[3]하며 花
落而瀟然[4]自得하리니 何地非眞境이며 何物非眞機리요

1) 共逝(공서) : 같이 가는 것.

2) 俱淸(구청) : 다같이 맑은 것.

3) 有會(유회) : 이해하는 것이 있다. 뜻을 알 듯한 것.

4) 瀟然(소연) : 깨끗한 모양.

119. 돈이 쌓이면 도둑이 엿본다

자식이 태어날 때는 어머니가 위험하며 돈꾸러미가 쌓여지
면 도둑이 엿보니 어떤 기쁨인들 근심 아니겠는가.

가난하기에 절약하여 쓰게 되거 병이 들게 되면 몸을 잘 보
전할 수 있으니 어떤 근심인들 기쁨 아니겠는가.

그러므로 달인(達人)은 마땅히 따르고 거슬리는 것을 한가
지로 보며 기쁨과 슬픔을 둘다 망각하는 것이다.

▨ 자식을 낳는 것은 기쁜 일이지만 산모는 삶과 죽음의 길을 넘나
들어야 한다. 돈을 모아 부자가 되는 것은 좋은 일이지만 도둑은 언제
나 훔쳐가려고 엿보게 된다.

또 가난한 것은 고달픈 일이지만 덕분에 절약하는 습관을 배우게 되
고 병에 걸리는 것은 괴로운 일이지만 덕분에 몸 조리를 잘하고 조심
하여 몸을 온전히 보전하게 되기도 하는 것이다.

이와 같이 세상사는 좋은 일과 좋지 않은 일이 함께 공존하는 것으
로 세상사에 달통한 사람은 어느 것도 다르게 보지 않고 모두 잊어 자
신의 수양을 쌓는다는 것이다.

子生而母危하며 鏹[1]積而盜窺하나니 何喜非憂也며 貧可以節
用이며 病可以保身이니 何憂非喜也리요 故로 達人은 當順逆一視
而欣戚[2]兩忘이니라

1) 鏹(강) : 돈꾸러미.
2) 欣戚(흔척) : 기쁨과 슬픔.

120. 사람의 귀와 마음은

귀의 근원은 바람부는 골짜기에 메아리를 던지는 것과 같아서 지나가게만 하고 머물지 않도록 하면 옳고 그른 것을 다 사절할 수 있다.

마음은 달이 연못에 빛을 비추는 것과 같아서 텅비게 하고 집착하지 않으면 외물과 나를 다 망각하게 되는 것이다.

▨ 귀는 좋고 나쁜 것을 선택하지 말고 흘러가는 물처럼 모든 것을 보내면 시비가 들끓을 일이 없다. 마음은 텅 비워두고 채우지 아니하면 항상 밝아서 물욕의 침범이나 자아의 집착도 없어진다는 것이다.

耳根은 似颮谷投響[1]하여 過而不留則是非俱謝[2]며 心境은 如月池浸色[3]하여 空而不著[4]이면 則物我兩忘하나니라

1) 颮谷投響(표곡투향) : 골짜기에 광풍이 불어 소란한 곳에 메아리를 울리는 것. 표는 광풍(狂風).
2) 謝(사) : 사절하다. 남지 않는 것.
3) 浸色(침색) : 빛이 비치는 것.
4) 不著(불착) : 집착하지 않다.

121. 진세(塵世)다 고해(苦海)다 하는 것은

세상 사람들이 영화(榮華)와 명리(名利)에 얽매여 걸핏하면 말하기를 "티끌같은 세상〔塵世〕이요, 괴로운 바다〔苦海〕"라 한다.

알지 못하겠다.

구름은 희고 산은 푸르며 냇물은 흘러가고 돌은 서 있으며 꽃은 맞이하고 새는 지저귀며 골짜기는 화답하고 나무꾼은 노래하나니 세상도 또한 진세(塵世)가 아니며 바다도 또한 고해 (苦海)가 아닌데 제 스스로가 그 마음을 티끌같다 하고 괴롭다 할 뿐이다.

▨ 인간이 영화(榮華)와 명리(名利)에 너무 집착하다보면 모든 것이 허무하고 괴로울 뿐이다. 그러나 한편으로 마음을 비우면 세상의 모든 것이 아름답고 선경(仙境)이라는 것이다.

世人이 爲榮利纏縛[1]하여 動[2]曰塵世苦海라하고 不知雲白山靑에 川行石立하며 花迎鳥笑에 谷答樵謳[3]하나니 世亦不塵하고 海亦不苦하대 彼自塵苦其心爾니라

1) 纏縛(전박) : 속박하는 것. 얽매이는 것.
2) 動(동) : 걸핏하면. 끄덕하면.
3) 樵謳(초구) : 나무꾼의 노래.

122. 꽃은 반만 피었을 때 아름답다

꽃은 반만 피었을 때를 보는 것이요, 술은 얼큰하게 취하게 마시는 것이다. 그속에 큰 아름다움과 아취(雅趣)가 있는 것이다.

만약 꽃이 흐드러지게 피어있고 술이 몹시 취한 상태에 이르면 문득 보기싫은 정경을 이루나니 가득 찬 것을 밟는 자는 마땅히 이것을 생각해야 하는 것이다.

▨ 귀신(鬼神)은 가득 찬 것을 미워한다고 했다. 『주역』에도 아무리 나쁜 점괘가 나와도 조심하면 재앙을 비껴나갈 수 있고, 아무리 좋은 점괘가 나와도 교만하게 되면 재앙을 얻게 된다고 하였다. 겸손은 만고의 미덕인 것이다. 항상 가득 차면 그 후는 덜어지는 일만이 남아

있을 뿐인 것이다.

花看半開하고 酒飮微醺[1]이라 此中에 大有佳趣[2]어니와 若至爛
漫[3]酕醄[4]하면 便成惡境하나니 履盈滿者는 宜思之어다
1) 微醺(미훈) : 얼큰하게 취한 것. 약간 취한 상태.
2) 佳趣(가취) : 좋은 흥취.
3) 爛漫(난만) : 꽃이 만발한 모양.
4) 酕醄(모도) : 몹시 취하는 것. 매우 취한 상태.

123. 산나물이나 들새는 더 향기롭고 맛좋다

산에서 자라는 나물은 사람의 물대주는 것을 받지 않으며
들녘에 날아 다니는 새들은 사람이 기르는 것을 받지 않지만
그 맛이 다 향기롭고도 깔끔하다.

우리들도 능히 세상 법(法)에 물들이지 않으면 그 냄새와
맛이 형연(迴然)히 다르지 않겠는가.

▨ 산나물은 사람들이 물을 주고 거름을 주어 기르지 않는데도 사람
이 가꾼 채소보다 향기롭고 맛이 좋으며 들에서 날아 다니는 새들은
사람이 모이를 주어 키우지 않는데도 육질이 좋다. 우리 인간도 세속
의 욕망에 물들지 않고 인공적인 작위에서 벗어나 자연의 참다운 진리
를 본받는다면 남다른 향기와 맛이 있을 것이라는 말이다.

山肴는 不受世間灌漑[1]하며 野禽은 不受世間豢養[2]하대 其味皆
香而且冽하나니 吾人이 能不爲世法所點染하면 其臭味不迴然[3]
別乎아
1) 灌漑(관개) : 물을 대는 것. 물을 뿌려주는 것.
2) 豢養(환양) : 기르는 것.
3) 迴然(형연) : 먼 모양.

124. 아름다운 경치만 탐닉해서는 안된다

꽃을 가꾸고 대나무를 심고 학을 기르고 물고기를 살펴보면
서도 거기서 또한 한 단계 더 높여 스스로 얻는 곳이 있는 것
을 필요로 한다.

만약 헛되이 아름다운 경치에 탐닉하고 외물의 화려함만 즐
긴다면 또한 우리 유학(儒學)에서 말하는 입과 귀에 불과한
것이요, 불교에서 말하는 완공(頑空)일 뿐이니 무슨 아름다운
정취가 있으리오

▨ 자연 속에서 자연을 즐기며 지내는 것도 좋지만 무조건 그것을
즐기기만 할 것이 아니라 스스로 깨달음을 얻을 수 있는 그런 경지가
필요한 것이다. 경치의 아름다움만 즐긴다면 헛된 것이라는 말이다.

栽花種竹_{하며} 玩鶴觀魚_{하대} 又要有段自得處_니 若徒留連¹⁾光景
_{하여} 玩弄物華_{하면} 亦吾儒之口耳²⁾_요 釋氏之頑空³⁾而已_{이니} 有何
佳趣_{리오}

1) 留連(유연) : 탐닉하는 것.
2) 口耳(구이) : 양자방(揚子方)이 말하기를 "소인(小人)의 배움은 귀로
   들어와 입으로 나간다. 입과 귀의 사이는 네 치 밖에 안되니 어찌 일곱
   자의 몸을 아름답게 할 수 있으리오"라고 하였다.
3) 頑空(완공) : 고루하여 감각이 둔하다. 소승(小乘)의 학자들이 진공묘
   유(眞空妙有)의 진리를 깨닫지 못하고 일체가 공(空)이라고만 생각하
   는 것.

125. 저자거리의 거간꾼이 되는 것은

산림 속에 숨어사는 선비는 가난하고 고달퍼도 편안한 정취

는 스스로 여유롭다.

농사짓는 농부는 비루하고 간략하지만 천진난만한 것을 다 갖추고 있다.

만약 한번 몸을 잃어 저자거리의 거간꾼이 되어 버리면 시 궁창과 구렁텅이에 빠져 죽으면서도 그 정신과 육체가 오히려 맑은 것만 같지 못한 것이다.

▨ 인간의 정신세계는 중요하다는 것을 강조한 것이다. 비록 가난하 게 살더라도 자연과 함께 하는 선비는 아귀다툼 같은 세상과 등져 있 으므로 항상 한가롭고 여유가 있으며 농부는 타고난 천성을 그대로 간 직하여 순박하다고 했다. 그런데 일단 세속에 발을 들여놓아 세속의 이익과 욕망에 물들어 누리게 된다면 정신의 세계는 더럽혀지게 된다 는 것이다.

山林之士는 淸苦[1]而逸趣自饒하며 農野之夫는 鄙略[2]而天眞 渾具[3]하나니 若一失身市井[4]駔儈[5]하면 不若轉死溝壑[6]하여 神骨 猶淸이니라

1) 淸苦(청고) : 청렴하여 곤궁을 견뎌내다.

2) 鄙略(비략) : 비루하고 간략하다. 무식하고 꾸밈이 없어 순박한 것.

3) 渾具(혼구) : 모두 갖추어진 것.

4) 市井(시정) : 저자거리. 시궁창과 같아서 몸과 마음을 더럽히는 함정의
   뜻으로 쓰였다.

5) 駔儈(장쾌) : 거간꾼.

6) 溝壑(구학) : 시궁창과 구렁텅이.

126. 아무 까닭없이 얻는 것이 있으면

분수가 아닌 복(福)과 까닭없이 획득한 것은 천지만물을 만 든 조화의 미끼가 아니라면 곧 인간세상의 함정일 것이다.

이러한 것을 눈여겨 보는 것이 높지 않으면 저 술수 가운데
에 떨어지지 않음이 적을 것이다.

▨ 자기 분수에 넘치는 복이나 아무 까닭없이 얻어지는 것은 재앙의
근원이 될 수 있으니 만일 그런 일이 생기면 무턱대고 기뻐하지 말고
잘 살펴 재앙을 미리 막아야 할 것이다. 그저 주어지는 것만 탐하여
좋아하기만 하면 재앙이 닥쳐 후회하게 되는 것이다.

非分[1]之福과 無故之獲은 非造物[2]之釣餌[3]면 卽人世之機阱[4]이
니 此處에 著眼[5]不高하면 鮮不墮彼術中矣리라

1) 非分(비분) : 분수가 아닌 것. 분수에 넘치는 것.

2) 造物(조물) : 천지만물을 만든 조화(造化).

3) 釣餌(조이) : 낚시의 미끼.

4) 機阱(기정) : 함정.

5) 著眼(착안) : 어떤 일을 눈여겨 보거나 그 일에 대한 기틀을 깨달아 잡다.

127. 인생은 하나의 꼭두각시놀음이다

인생은 원래 하나의 꼭두각시놀음이다.

다만 꼭두각시를 놀리는 실끝을 손에 꼭 잡을 것을 필요로
한다.

한 줄 실도 헝클어지지 않아야 굽혔다 폈다 하는 것이 자유
로우며, 가고 그치는 것이 내게 있어서 한 개 털도 다른 사람의
간섭을 받지 않아야 문득 놀음판에서 벗어날 수 있을 것이다.

▨ 인생은 한바탕 꼭두각시놀음과 같은 것으로 꼭두각시를 놀리는
실마리를 내가 꼭잡고 마음대로 놀리고 다른 사람의 도움을 받지 않게
되어야 그 놀음판에서 비로소 벗어날 수 있다는 말은 내 삶의 근본을
잃지 않아야 한다는 것이다.

人生은 原是一傀儡¹⁾라 只要根蔕²⁾在手니 一絲不亂이라야 卷舒³⁾ 自由며 行止在我하여 一毫不受他人提掇⁴⁾이라야 便超出此場中⁵⁾ 矣리라

1) 傀儡(괴뢰) : 꼭두각시. 인형.
2) 根蔕(근체) : 뿌리. 근본.
3) 卷舒(권서) : 말았다 폈다 하는 것. 나아감과 물러남.
4) 提掇(제철) : 간섭(干涉).
5) 場中(장중) : 꼭두각시놀음이 벌어지는 놀음판.

128. 한 장수에는 수많은 해골이 필요하다

한 가지 일이 일어나면 한 가지 해로움이 생기나니 그러므로 천하는 항상 일 없음으로 복을 삼는 것이다.

옛사람의 시(詩)를 읽어보면 이르기를

"그대에게 권하노니 제후에 봉해지는 일을 말하지 말라. 한 장수가 공로를 이루는 데는 수많은 해골이 마른다."

라고 하였다. 또 이르기를

"천하 항상 만사(萬事)로 하여금 태평하게 한다면 칼집에 들어가 천년을 죽어있을지라도 아깝지 않다."

라고 하였다.

비록 영웅의 마음과 호걸의 기운이 있을지라도 깨닫지 못하는 사이에 눈처럼 녹을 것이다.

▨ 한 장수가 커다란 공을 세우기 위해서는 무수한 목숨이 베어져야 하듯이 얻는 것이 있으면 반드시 잃는 것이 있고 많이 얻으면 많이 잃는 것이다. 이러한 이치를 알기에 옛시인은 천하가 무사태평하다면 칼을 칼집에 넣고 천년을 썩힌다 해도 아깝지 않다고 한 것이다.

一事起則一害生하나니 故로 天下常以無事로 爲福이니라 讀前人

詩에 云 勸君莫話封侯事[1]하라 一將功成萬骨枯[2]라고 又云 天下常令萬事平하면 匣中[3]不惜千年死라하니 雖有雄心猛氣[4]나 不覺化爲氷霰[5]矣리라

1) 封侯事(봉후사) : 제후에 봉해지는 일. 제후에 봉해지기를 바라는 것.

2) 萬骨枯(만골고) : 만사람의 해골이 마르다. 수많은 사람들이 전장에서 목숨을 잃은 것을 말한다.

3) 匣中(갑중) : 작은 상자의 속. 칼집을 말한다. 칼이 칼집 속에 들어가 있는 것을 말한다.

4) 雄心猛氣(웅심맹기) : 웅장한 마음과 사나운 기운. 영웅호걸의 기상을 말한다.

5) 氷霰(빙산) : 얼음과 눈싸라기.

I29. 항상 음난하고 사특한 소굴이 되는 곳

음탕한 행동을 하던 여인이 행동을 바로잡아 비구니가 되기도 하고 사업에 열심이던 사람이 격분하여 도(道)에 입문하기도 한다.

맑고 깨끗한 문이란 항상 음탕하고 사특한 것이 모여드는 소굴됨이 이와 같은 것이다.

▨ 우리들은 흔히 삶이 어렵거나 삶을 회피하고 싶을 때 절에나 들어갈까 하고 생각한다. 음탕한 여자도 마음을 고쳐 깨끗한 마음으로 비구니가 되는 경우도 있고 열심히 사업하던 사람이 실패하여 실망하고 중이 되는 경우도 있듯이 세상에는 극단에서 극단으로 가는 길을 선택하는 사람들도 있다. 극과 극은 통한다고 했듯이 가장 맑고 깨끗해야 할 절이 이와 같이 음탕하고 사특한 생각을 가졌던 사람들이 모여드는 소굴이 되기도 한다는 것이다.

淫奔[1]之婦는 矯而爲尼하며 熱中之人은 激而入道하나니 淸淨之

門이 常爲姪邪淵藪[2]也如此하니라

1) 淫奔(음분) : 음탕한 행동을 하는 것.

2) 淵藪(연수) : 연은 고기가 모여있는 연못이며, 수는 짐승들이 모여사는
   숲으로, 소굴이라는 뜻.

130. 풍랑 속에 있는 사람은 두려워하지 않는다

파도가 하늘에 닿을듯 심하더라도 배 안에서는 두려움을 알
지 못하지만 배 밖에 있는 사람은 도리어 마음을 졸이게 된다.

취하여 미치광이가 되어 좌중을 욕하여도 같은 술좌석에 있
는 사람들은 경계할 줄 모르지만 술좌석 밖에 있는 사람은 혀
를 깨물게 된다.

그러므로 군자는 몸이 비록 일 가운데 있을지라도 마음은
일 밖에 초연해 있도록 해야 한다.

▨ 사람은 환경에 동화되어 버리면 자신의 환경에 대한 비판이나 객
관적인 사고가 어렵게 된다는 것을 보여주고 있다.

波浪이 兼天[1]에 舟中은 不知懼하대 而舟外者寒心[2]하며 猖狂[3]이
罵座[4]에 席上은 不知警하되 而席外者咋舌[5]하나니 故로 君子身雖
在事中이나 心要超事外也니라

1) 兼天(겸천) : 하늘에 닿는 것.

2) 寒心(한심) : 마음이 서늘하다. 마음이 선뜩하다. 걱정스러워 마음을 쓸
   어내리는 것. 마음 졸이다.

3) 猖狂(창광) : 미친 듯이 날뛰는 것.

4) 罵座(매좌) : 좌석을 욕하다.

5) 咋舌(색설) : 혀를 깨물다. 혀를 차는 것.

131. 1할의 초탈(超脫)

사람이 살아가는 데 있어 1할을 덜어내면 문득 1할을 초탈 (超脫)하게 된다.

만일 교유(交遊)를 적게 하면 번거르움을 면하며 언어(言語)를 적게 하면 허물이 적어지며 생각을 적게 하면 정신을 소모하지 않으며 총명(聰明)을 적게 쓰면 혼돈하여 완전해지는 것이다.

저기 날로 적게 하는 것을 구하지 않고 날로 더하는 것을 구하는 자는 진실로 자기의 일생을 번뇌의 질곡 속에 속박시키는 것인져.

▨ 불교의 교리다운 말을 설파하였다.

세상에서는 때에 따라 많은 것이 좋기도 하고 때에 따라 적은 것이 좋기도 하다. 공부는 열심히 해야 하고 향락은 적게 해야 하며 은혜는 많이 베풀수록 좋고 악은 더할수록 나쁜 것이다.

세상살이 때에 알맞게 행하는 것이 중요한 것이다.

人生이 減省[1]一分하면 便超脫一分하나니 如交遊減하면 便免紛擾[2]하며 言語減하면 便寡愆尤[3]하며 思慮減하면 則精神不耗하며 聰明減하면 則混沌可完[4]이니 彼不求日減而求日增者는 眞桎梏此生哉인져

1) 減省(감생) : 덜어 줄이다. 생략하다.
2) 紛擾(분요) : 번거롭다. 분란(紛亂).
3) 愆尤(건우) : 과실. 허물. 잘못.
4) 混沌可完(혼돈가완) : 혼돈은 사물의 구별이 확실하지 않은 것. 멍청한 것 같아 몸을 완전하게 보전하는 것.

132. 마음의 변덕스러움을 없앤다면

천지의 운행에 따라 생기는 추위와 더위는 피하기가 쉽지만 속세의 따뜻한 것과 냉랭한 것은 없애기 어려운 것이다.

속세의 따뜻한 것과 냉랭한 것은 없애기 쉽지만 내 마음의 변덕스러움은 버리기 어려운 것이다.

이 마음의 변덕스러운 것을 버릴 수 있다면 가슴 속에 온통 화기(和氣)가 차서 스스로 가는 곳마다 봄바람이 부는 듯할 것이다.

▨ 마음 속에서 일어나는 것은 조절하기가 쉽지 않지만 외부에서 일어나는 것은 그래도 조절하기가 쉬운 것이다. 인간의 일평생 공부는 결국 마음을 다스리는 수양이 제일 귀중한 것이다. 모든 병은 마음으로부터 시작되기 때문이다.

天運之寒暑는 易避하되 人世之炎涼[1]은 難除며 人世之炎涼은 易除로되 吾心之氷炭[2]은 難去니 去得此中之氷炭하면 則滿腔[3]皆和氣라 自隨地[4]有春風矣니라

1) 人世之炎涼(인세지염량) : 좋을 때는 매우 친하다가도 서로 멀어지고 싫어지면 냉정한 인정(人情)을 말한다.

2) 氷炭(빙탄) : 얼음과 숯으로 마음 속의 정열이나 차가움의 변덕스러움을 말한다.

3) 滿腔(만강) : 가슴 속 가득히.

4) 隨地(수지) : 땅을 따르다. 가는 곳마다의 뜻.

133. 술잔을 비어있지 않게 하려면

차는 아주 좋은 것만을 구하려 하지 않는다면 차주전자는

또한 마르지 않을 것이며 술은 맛좋은 것만을 구하려 하지 않는다면 술잔도 또한 비어있지 않을 것이다.

　소박한 거문고는 현이 없어도 항상 고르고 작은 피리는 구멍이 없어도 절로 맞는 것이다.

　이는 비록 복희황제를 초월하기는 어려울지라도 또한 혜강과 완적에게는 짝할 수 있을 것이다.

　▨ 최고의 고급만 찾으면 항상 부족함을 느낀다. 그러나 보편적인 것을 찾으면 주위에 널려 있어서 부족함이 없다. 진리는 일상적인 곳에 있는 것이다. 일상적인 것에서 낙을 얻게 되면 옛날 중국의 복희황제에게는 미치지 못하더라도 진나라 때 산림 속에 은거하며 시를 읊었던 혜강이나 완적과 같이는 될 수 있다는 것이다.

　茶不求精而壺亦不燥[1]하며　酒不求冽而樽亦不空하며　素琴無絃而常調하며　短笛無腔而自適하니　縱難超越羲皇[2]하여도　亦可匹儔[3]嵇阮[4]하리라

1) 茶不求…不燥(차다구…불조) : 좋은 차는 구하기 어렵기 때문에 항상 주전자에 채워놓기가 어렵지만 보통의 차라면 얼마든지 차주전자에 채워놓고 언제든지 마실 수 있는 것을 말한다.
2) 羲皇(희황) : 중국 고대의 황제였던 복희씨(伏羲氏)를 말한다.
3) 匹儔(필주) : 필적하다. 짝할 수 있다.
4) 嵇阮(혜완) : 죽림칠현(竹林七賢) 가운데 혜강(嵇康)과 완적(阮籍)을 말한다.

134. 자기의 분수를 지킬 줄 알아야 한다

　불교의 수연(隨緣 : 세상사가 모두 인연에 의한다)과 우리 유학의 소위(素位), 이 네 글자는 바다를 건널 때 사용하는 부낭(浮囊)과 같은 것이다.

대개 세상의 길은 아득하여 한 생각으로 모든 것을 구하려
하면 모든 실마리가 번잡하게 일어나니 분수에 따라서 편안하
게 하면 곧 들어가 얻지 못하는 것이 없을 것이다.

▨ 세상 살아가는 데 있어 자기 분수에 맞추고 분수를 지키며 편안
하게 지내면 가는 곳마다 얻지 못하는 것이 없을 것이니, 타인의 부귀
영화와 명리를 부러워하여 탐내지 말라는 것이다.

釋氏隨緣[1]과 吾儒素位[2]四字는 是渡海的浮囊[3]이라 蓋世路茫
茫[4]하여 一念求全하면 則萬緒紛起하나니 隨寓[5]而安하면 則無入不
得矣리라

1) 隨緣(수연) : 인연에 따라 생긴다는 뜻.

2) 素位(소위) : 자기 위치를 지키는 것.

3) 浮囊(부낭) : 물에 빠지지 않고 뜨게 하기 위해 몸에 지니는 주머니. 부
   대(浮袋). 공기주머니. 튜브

4) 茫茫(망망) : 아득한 모양. 넓고 멀어 아득한 모양.

5) 隨寓(수우) : 분수에 따르는 것.

제사(題詞)

찾아오는 사람을 멀리하고 홀로 조용히 초라한 집에서 은거 (隱居)하였다. 유학(儒學)을 하는 사람과 교유하는 것을 즐거 워하고 형식의 틀 밖에서 사는 사람들과 교유하는 것을 즐기 지 않았다.

망령되게 천고(千古)의 성현(聖賢)들과 오경(五經)의 뜻이 같고 다른 것에 대해 논의하기는 했지만 부질없이 몇몇 제자 들과 더불어 구름걸린 산의 변화(變化)를 쫓아 기슭을 헛되이 이리 저리 돌아다니지 않았다.

매일 어부와 농부와 더불어 오호(五湖 : 다섯 개의 큰 호수) 의 물가나 푸른 들의 오목한 데서 시를 읊고 노래로 화답하였 지만, 날마다 작은 이익을 다투고 얼마 안되는 것을 영화로워 하는 자와는 냉정하고 열정적인 토론의 장을 열지 않았고 냄 새나는 소굴에서 친밀하게 사귀지 않았다.

간혹 주염계(주돈이)와 정호(程顥)의 설(說)을 배우러 오 는 사람이 있으면 가르쳐 주고, 불교의 업(業)을 배우는 사람 은 깨우쳐 주고, 하늘을 말하고 용을 아로새기는 헛된 말을 하 는 사람은 멀리 하였다.

이로써 내 산중에서의 능력을 마치는 데 족하였다.

마침 벗중에 홍자성(洪自誠)이라는 자가 있어 채근담(菜根 譚)을 가지고 와 나에게 보이며 또한 나에게 서문(序文) 써주 기를 청하였다.

나는 처음에는 교만한 마음으로 별것 아닌 것으로 보았다.

　이윽고 책상 위의 옛 책들을 치우고 마음 속에 잡념을 물리치고 직접 읽고 나서 곧 깨달았다.

　그 성명(性命)을 말함에 현묘하고 미묘한 경지로 들어가고 인정(人情)을 말함에 바위와 험난을 자세히 밝히고 천지(天地)를 우러르고 굽어봄에 가슴의 유연(悠然)함을 보이고 공명(功名)을 티끌로 보아 식견의 정취가 고원(高遠)함을 알 수 있었다.

　붓끝에서 만들어내는 것이 푸른 숲과 푸른 산 아닌 것이 없고 입과 입술에서 흘러나오는 것 모두가 솔개가 날고 물고기가 뛰노는 자연현상이었다.

　그의 스스로 도(道) 얻음이 이와 같은 것은 아직 깊이 믿을 수는 없지만 그가 지은 글들을 보면 모두가 세상의 병을 고치는 침이요, 사람을 각성시키는 매우 긴요한 것들로 귀로 들어가 입으로 나오는 부질없이 화려하기만 한 것이 아니다.

　이 글들을 채근(菜根)으로 이름하는 것은 본래 스스로 청빈과 괴로움을 겪고 단련한 가운데에서 이루어졌고 또한 스스로 심고 가꾸며 물주는 속에서 얻었기 때문이다.

　그 풍파(風波)에 넘어지고 뒤집히며 인생의 험난을 얼마나 맛보았을지 가히 상상할 수 있다.

　홍자성이 말하기를 "하늘이 나를 수고롭게 하되 형체로써 하면 내 나의 마음을 편안하게 하여 이것을 보충하고 하늘이 나를 고난에 빠지게 한다면 내 나의 도(道)를 높이 하여 이를 통달하리라." 하였으니 그 스스로 경계하고 스스로 노력한 바를 또한 알 수 있다.

　이로 말미암아 몇마디 말로써 서문의 변(辯)을 삼고 여러 사람들에게 채근담 안에 인생의 참다운 맛이 있음을 널리 알리고자 한다.

삼봉주인(三峰主人) 우공겸(于孔兼)

逐客孤踪 屛居蓬舍 樂與方以內人遊 不樂與方以外人¹⁾遊也 妄與
千古聖賢 置辯於五經同異之間 不妄與二三小子 浪跡于雲山變幻
之麓也 日與漁父田夫 朗吟唱和於五湖之濱 綠野之坳 不日與競刀
錐²⁾榮升斗³⁾者 交臂抒情於冷熱之場 腥羶之窟也 間有習濂洛⁴⁾之說
者牧之 習竺乾⁵⁾之業者闢之 爲譚天雕龍⁶⁾之辯者遠之 此足以畢予
山中伎倆矣 適有友人洪自誠者 持菜根譚示予 且丐予序 予始
鋤訑訑然⁷⁾眎之耳 旣而徹几上陳編⁸⁾ 屛胸中雜慮 手讀之則覺 其譚
性命直入玄微 道人情曲盡岩險 俯仰天地見胸次之夷猶 塵芥功名
知識趣之高遠 筆底陶鑄 無非綠樹靑山 口吻化工 盡是鳶飛魚躍 此
其自得何如 固未能深信 而據所擒詞 悉砭世醒人之喫緊 非入耳出
口之浮華也 譚以菜根名 固自淸苦歷練中來 亦自栽培灌漑裡得 其
顚頓風波備嘗⁹⁾險阻 可想矣 洪子曰 天勞我以形 吾逸吾心以補之
天阨我以遇 吾高吾道以通之 其所自警自力者 又可思矣 由是 以數
語弁之 俾公諸人人 知菜根中有眞味也　　　〈三峰主人 于孔兼 題〉

1) 方以內人・方以外人(방이내인・방이외인) : 방이내인은 유학자(儒學
   者)들을 가리키고 방이외인은 어떠한 것에 구속되어 있지 않은 세계에
   사는 사람을 말한다.
2) 刀錐(도추) : 작은 이익을 말한다.
3) 升斗(승두) : 말과 되와 같은 적은 권력을 말한다.
4) 濂洛(염락) : 염은 염계(濂溪) 주돈이(周敦頤)를 말하고 락은 낙양(洛
   陽)의 정호(程顥)를 말한다.
5) 竺乾(축건) : 불교를 말한다.
6) 譚天雕龍(담천조룡) : 하늘을 말하고 용을 새긴다는 말로 대단히 수식
   하여 허황된 말을 말한다.
7) 訑訑然(이이연) : 경박하고 자존심이 많아 남의 말을 듣지 않는 모양.
8) 陳編(진편) : 옛 책.
9) 備嘗(비상) : 비상간고(備嘗艱苦)의 준말. 고생을 고루고루 맛보다.

시간과 공간을 초월하여
영원한 고전으로 남아질 수 있는 —

자유문고의 책들

15. 묵자 박문현·이준영 역 ●552쪽/15,000원	묵자(墨子)는 '사랑'을 주창한 철학자이며 실천가이다. 묵자의 이론은 단순하지만 그 이론을 지탱하는 무게는 끝없이 크다. 묵자의 '사랑'은 구체적이고 적극적이다. 〈완역〉
16. 효경 박명용·황송문 역 ●232쪽/6,000원	효도의 개념을 정립한 것. 공자의 제자인 증자(曾子)는 효도의 마음가짐이 뛰어났다. 이 점을 간파한 공자가 증자에게 효도에 관한 언행을 전하여 기록하게 한 효의 이론서이다. 〈완역〉
17. 한비자 상·하 노재욱·조강환 역 ● 상·하/각 15,000원	약육강식이 횡행하건 춘추전국시대에 순자의 성악설(性惡說)을 사상적 배경으로 받아들여 법의 절대주의를 역설하였다. 법 위주의 냉엄한 철학으로 이루어졌다. 〈완역〉
18. 근사록 정영호 해역 ●424쪽/8,000원	내 삶의 지팡이. 송(宋)나라의 논어(論語)라 일컬어진『근사록』은 송나라 성리학(性理學)을 집대성한 유학의 진수이다. 높은 차원의 철학적 사상과 학문이 쉽고 짧은 문장으로 다루어졌다. 〈완역〉
19. 포박자 갈홍 저/장영창 역 ●280쪽/8,000원	불로장생(不老長生), 이것은 모든 인간의 소망이며 기원의 대상이다. 인간은 죽음을 초월할 수 있는가? 불로불사(不老不死)의 약은 있는가? 등등. 인간들이 궁금해 하는 사연들이 조명되었다.
20. 여씨춘추 12기 8람 6론 정영호 ●12기/10,000원 ●8람/12,000원 ●6론/4,000원	여불위가 3천여 학객과 이룩한 사론서(史論書)로 유가·도가·묵가·병가·명가 등의 설을 취합. '12기(紀), 8람(覽), 6론(論)'으로 나누어 선진(先秦)시대의 학설과 사상을 총망라해 다룬 백과전서. 〈완역〉
21. 고승전 혜교 저/유월탄 역 ●288쪽/8,000원	중국대륙에 불교가 들어 오면서 불가(佛家)의 오묘 불가사의한 행적들과 중국으로 전파되는 전도과정에서의 수난과 고통, 수도과정에서 보여주는 고승들의 행적 등을 기록한 기록문.
22. 한문입문 최형주 해역 ●232쪽/5,000 원	조선시대의 유치원 교육서라고 하는 천자문, 이천자문, 사자소학, 계몽편, 동몽선습이 수록됨. 또 관혼상제 등과 가족의 호칭법 등이 나열되고 간단한 제상차리는 법 등이 요약되었다. 〈완역〉
23. 열녀전 유향 저/박양숙 역 ●416쪽/7,000원	역사에 큰 발자취를 남긴 89명의 여인들을 다룬 여성의 전기이다. 총 7권으로 구성되었으며 옛여성들이 지킨 도덕관을 한 눈에 볼 수 있는 교양서. 〈완역〉
24. 육도삼략 조강환 해역 ●296쪽/8,000원	병법학의 최고봉인 무경칠서(武經七書) 가운데 두 가지의 책으로 3군을 지휘하고 국가를 방위하는데 필요한 저서이다.『육도』와『삼략』의 두 권이 하나로 합한 것이다. 〈완역〉
25. 주역참동계 최형주 해역 ●272쪽/10,000원	『주역참동계(周易參同契)』란 주나라의 역(易)이 노자의 도(道)와 연단술(練丹術)과 서로 섞어 통하며『주역』과 연단은 음양을 벗어나지 못하며 노자의 도는 음양이 합치된다고 하였다. 〈완역〉
26. 한서예문지 이세열 해역 ●328쪽/7,000원	반고(班固)가 찬한『한서(漢書)』제30권에 들어 있는 동양고전의 서지학(書誌學)의 대사전이다 한(漢)나라 이전의 모든 고전을 일목요연하게 볼 수 있는 서지학의 원조이다. 〈완역〉
27. 대대례 박양숙 해역 ●344쪽/8,000원	『대대례』의 정식 명칭은『대대기』이며 한(漢)나라 대덕(戴德)이 편찬한 저서로 공자(孔子)와 그의 제자들이 예에 관한 기록의 131편을 수집하여 집대성한 것이다. 〈완역〉
28. 열자 유평수 해역 ●304쪽/7,000원	『열자』의 학문은 황제(黃帝)와 노자(老子)에 근본을 삼았고 열자 자신을 호칭하여 도가(道家)의 중시조라고 했다.『열자』는 내용이 재미가 있고 어렵지 않은 것이 특징이다. 〈완역〉
29. 법언 양웅 저/최형주 역 ●312쪽/7,000원	전한(前漢)시대 사마상여(司馬相如)의 영향을 받아 대문장가가 된 양웅(揚雄)의 문집이다. 양웅은 오로지 저술에 의해 이름을 남기고자 힘써 저술에 전념하였다. 〈완역〉
30. 산해경 최형주 해역 ●408쪽/10,000원	『산해경(山海經)』은 문학·사학·신화학·지리학·민속학·인류학·종교학·생물학·광물학·자원학 등 제반 분야를 총망라한 동양 최고의 기서(奇書)이며 박물지(博物志)이다. 〈완역〉

인지
생략

동양학총서[37]
채근담(菜根譚)

초판 1쇄 발행　1998년 8월 10일
초판 3쇄 발행　2004년 5월 30일

해역자 : 박양숙
펴낸이 : 이준영

회장·유태전
주간·김창완 / 편집·홍환희 / 교정·강화진
조판·태광문화 / 인쇄·천광인쇄 / 제본·기성제책 / 유통·문화유통북스

펴낸곳 : 자유문고
서울 영등포구 문래동6가 56-1 미주프라자 B-102호
전화·2637-8988·2676-9759 / FAX·2676-9759
홈페이지 : http://www.jayumungo.com
e-mail : jayumg@hanmail.net
등록·제2-93호(1979. 12. 31)

정가 8,000원
※잘못 만들어진 책은 구입하신 서점에서 바꿔드립니다.

ISBN 89-7030-038-4 04150
ISBN 89-7030-000-7 (세트)